100 discos esenciales
del rock mexicano

100 discos esenciales del rock mexicano

Antes de que nos olviden

David Cortés

Alejandro González Castillo

Grupo Editorial Tomo, S.A. de C.V.,
Nicolás San Juan 1043,
03100, México, D.F.

1a. edición, septiembre 2012.

© 100 discos esenciales del rock mexicano.
Antes de que nos olviden.
David Cortés y Alejandro González Castillo

© 2012, Grupo Editorial Tomo, S.A. de C.V.
Nicolás San Juan 1043, Col. Del Valle
03100 México, D.F.
Tels. 5575-6615, 5575-8701 y 5575-0186
Fax. 5575-6695
http://www.grupotomo.com.mx
ISBN-13: 978-607-415-413-9
Miembro de la Cámara Nacional
de la Industria Editorial No 2961

Diseño de portada e imágenes interiores: Ehekatl Hernández
Las portadas de los discos aquí reseñados han sido reproducidas
conforme a lo dispuesto por el artículo 148 de la
Ley Federal del Derecho de Autor.
Formación tipográfica: Francisco Miguel M.
Supervisor de producción: Leonardo Figueroa

Este libro se imprimió conforme al contrato establecido entre
David Anselmo Cortés Arce y Alejandro González CastIllo y
Grupo Editorial Tomo S.A. de C.V.

Impreso en México - Printed in Mexico

Contenido

Presentación

EL *ROCK* HECHO EN MÉXICO cumplió 51 años en 2011. Fue en 1960 cuando aparecieron los primeros discos de *rock and roll*, el año en el cual grupos como Los Rebeldes del Rock, Los Locos del Ritmo y Los Black Jeans sacudieron, si no las conciencias, por lo menos los medios de comunicación y la sociedad que, impávida ante un fenómeno inimaginado de manifestación juvenil, no encontraba la manera, ni las herramientas para encararlo y, mucho menos, comprenderlo.

Desde entonces no sólo han pasado muchos años, también diversos acontecimientos, buenos y malos, han tenido cabida en este amplio lapso de la historia. Es, como todo adicto al *rock* lo sabe, una historia compleja que sacó del aletargamiento en que se encontraba a la música juvenil y desató la represión hacia los adolescentes en este país; sin embargo, también es cierto que en los últimos veinte años, desde la aparición de una incipiente industria del *rock* en nuestro país, la historia se ha modificado. Hemos pasado de la negación al triunfalismo, aunque aún no hemos hallado el justo medio.

Este libro no es una historia del *rock* en México, pero cuenta fragmentos de la misma. Sumados, estos retazos arrojan una imagen aproximada del devenir de este universo sonoro en un país en donde practicarlo, ejercerlo y escucharlo, es privativo de una minoría. Aquí se recogen 102 discos que consideramos esenciales para entender la música que un sector de la juventud —minoritario, perseguido, contracultural, combativo— ha hecho suya en los últimos cincuenta años. Nunca pensamos en los mejores, ni en construir una lista definitiva; entrar en esa disquisición nos hubiera llevado años y probablemente nunca hubiéramos arribado a sitio alguno. En cambio, elegimos una centena de producciones (elepés, casetes, CD's, EP's) que marcaron rumbos y giros importantes, en sus diferentes corrientes, para el *rock* mexicano.

Ésta es una peculiaridad de este texto. Además de sistematizar una información que se encuentra dispersa, aquí se han reunido producciones discográficas de las diferentes vertientes sonoras que se han registrado en el *rock* mexicano desde su aparición hasta el 2011, año en el que cerramos el recuento. Hay, por tanto, álbumes de *rock pop*, *metal*, *punk*, progresivo, *ska*, experimental, etcétera, etcétera. No creemos haber agotado todas las corrientes que han contribuido al poderoso caudal de lo que ahora conocemos como *rock* mexicano; pero sí hemos hecho una selección representativa de los discos más importantes en las diferentes vetas existentes en esta música. El lector rápidamente se dará cuenta del número reducido de producciones que surcaron estas aguas en las primeras tres décadas, mientras en las dos restantes encontraremos material en abundancia.

Evidentemente se trata de una selección polémica. Lo sabemos y asumimos los riesgos de una decisión semejante. Tal vez el primer punto de inflexión es la definición de *rock*. Aunque pueda resultar sorprendente, cinco décadas después de su nacimiento, la respuesta a esta interrogante genera perogrullos y confusiones. Para evitar cualquiera de estos dos problemas, le pedimos ayuda a la teoría de los campos culturales de Bourdieu. Dice el pensador francés que un campo cultural es un sistema de relaciones sociales constituido por los agentes involucrados directamente en él y que se vinculan por la producción y comunicación de obras, quienes a su vez determinan las condiciones específicas de producción, circulación y valoración de sus productos. En síntesis, un campo cultural es lo que comúnmente llamamos la "escena".

Y la escena del *rock* azteca es amplia, ha crecido y se ha bifurcado, pero incluso en expansión mantiene sus reglas, reglas explícitas, aunque jamás escritas. Todos los grupos representados aquí con alguno de sus discos, sin importar la corriente, han atravesado de principio el circuito de clubes, las revistas, las radiodifusoras y al mismo público roquero; nacieron en el seno de esta escena y aunque hayan generado en sus distintas trayectorias *crossovers*, su lugar natural, su origen, es el *rock*, "la escena" del *rock*. Los autores de las reseñas aquí incluidas, reclaman, atestiguan y conceden la paternidad, a veces incluso a regañadientes, de estos discos al ritmo popularizado por Bill Haley.

Cualquier selección es subjetiva y la presente no se encuentra exenta de ello. Si bien consideramos todos los géneros posibles, no se pudieron incluir todos los discos representativos o seminales de un género en particular; hacerlo de esa manera hubiera demandado un libro por cada una de las vertientes sonoras del *rock* azteca, tarea urgente y necesaria de llevarse a cabo, pero para ello será menester encontrar otro momento. En vez de ello, procuramos conformar un mosaico en el cual estuvieran aquellos discos que, ya fuera en el instante de su aparición o años después, dejaron una impronta importante. Y esta huella no necesariamente se asienta en la mercadotecnia: aunque hay ocasiones en que el valor artístico de un disco coincide con sus ventas, la selección de las producciones aquí recogidas tiene sus méritos en los resultados estrictamente artísticos y no comerciales. De allí que el lector encontrará algunas placas obvias; pero también se percatará de que hemos hurgado lo suficiente en el subterráneo como para sacar a flote discos poco conocidos para la mayoría y que durante años se han mantenido como obras de culto.

Una vez seleccionados los discos, pensamos en los colaboradores. No hay libro de *rock* en México, cosa nada difícil dada la exigua producción literaria al respecto, en donde se hayan reunido tantos especialistas como en el presente. Aquí hay músicos, quienes, además de tocar, deslizan la pluma en diferentes medios escritos; también están los periodistas especializados, aquellos que, junto con los músicos, son responsables de mantener el *rock* nacional a flote.

Procuramos que cada uno de estos escribas se acercara a aquellos discos que los marcaron o que se encuentran cercanos a sus gustos. Prácticamente en la mayoría de los casos lo conseguimos. Cada una de las reseñas perfila parte de la historia del grupo en cuestión, hace mención del contexto en el cual nació la obra reseñada y de su inclusión en el marco general del *rock* mexicano. Es por eso que afirmamos que, aunque de manera fragmentaria, aquí se cuenta la historia del *rock* nacional.

Al inicio pensamos en dejar asentado el formato en el cual se lanzó originalmente una producción, pero conforme el proyecto avanzó nos percatamos de lo superfluo de ese dato, no sólo porque hay discos que fueron editados en varios formatos (elepé, casete, CD) al mismo tiempo; sino también porque justo en estos momentos en los que la industria del disco parece acercarse a su fin, la libre circulación de esta música se encuentra en la web. Sin duda los coleccionistas habrán de poner reparos a esta omisión, pero ellos conocen esta información de antemano. Los otros, quienes por primera vez sabrán de la existencia de varios de estos discos, creemos que no tienen apego a los soportes físicos y por tanto habrán de perdonar la omisión.

Nuestro profundo agradecimiento a los colaboradores. Su esfuerzo fue determinante para llevar a la conclusión este proyecto; sus constantes preguntas acerca del mismo, nos sirvieron de bujías para recuperar la energía cuando sentíamos que ésta se había agotado. Sin ellos, este libro no estaría en sus manos.

Unas consideraciones finales. El título ha sido tomado, con la debida autorización, de una canción de Caifanes, tal vez una de sus composiciones más emblemáticas. Es un tema dedicado a aquellos que se han ido, una advertencia para que pase lo que pase no los olvidemos, pues algo de ellos se ha quedado con nosotros. El paralelismo es simple: Los discos, como los conocimos, se han perdido o están a punto de perderse, pero antes de que eso ocurra su marca ya nos acompaña ("antes de que nos olviden/ rasgaremos paredes/ y buscaremos restos/ no importa si fue nuestra vida"); aquí queremos dejar constancia de su peso e importancia en la cultura. El subtítulo describe con precisión el contenido. *100 discos esenciales del rock mexicano. Antes de que nos olviden* es un punto de partida para futuras investigaciones. De ninguna manera pensamos que todo se ha dicho, ni mucho menos que el tema se ha agotado. Es conocida la ausencia de información relacionada con el *rock* de este país; y aunque este libro no tiene la intención de cubrir ese hueco, sí constituye un aporte. Si lo hemos logrado o no, ustedes, los lectores, tienen la última palabra.

David Cortés y Alejandro González Castillo

Los Locos del Ritmo

Rock!
Orfeón, 1960

Alejandro González Castillo

Un puñado de adolescentes pega los oídos al tocadiscos y escucha con atención mientras una rodaja de vinil gira alrededor de 33 veces por minuto. Excitado tras la experiencia, piensa cómo hacer para que sus propias manos reproduzcan lo que la consola escupió. ¿Quién le impostó esa desgreñada idea a esos jóvenes? ¿Elvis, Chuck, Carl, Bill, Richard? Poco importa saberlo. La historia de Chucho González, Antonio de la Villa, Rafael Acosta, José Negrete, Alberto Figueroa, Álvaro González y Pepe del Río tuvo un arranque de lo más común: un buen día hicieron a un lado sus viejas ocupaciones para rasguñar bajo las piedras con tal de encontrar billetes para hacerse de sus instrumentos.

El vulgar camino adquirió tintes de leyenda una vez que el combo se dirigió al programa televisivo *La hora internacional del aficionado* con la mira en el triunfo. Anunciados como Pepe y sus Locos del Ritmo, los músicos alcanzaron su objetivo: alzar el trofeo del primer lugar —gracias a que contaban con el apoyo incondicional de la porra universitaria— y tomar un vuelo a Nueva York para ser presentados por Ted Mack, quien los envió de vuelta a casa con el segundo premio en las maletas.

Apadrinados por el televisor, los adolescentes fueron recibidos por la radio con tal amabilidad que el siguiente paso resultaba obvio: grabar un disco de *rock and roll*, aunque en México esto significara retar a la mustia sociedad. Una sesión en el estudio de grabación bastó para registrar una docena de temas en una cinta que permaneció enlatada durante algunos meses, el tiempo suficiente para que otros músicos colocaran en los estantes de las tiendas sus productos y de este modo les arrebatasen el título de pioneros a Los Locos. La industria disquera decidió que serían Los Rebeldes del Rock ("La Hiedra Venenosa") y Los Black Jeans ("La Batalla de Jericó") quienes pusieran a la venta los primeros discos de *rock and roll* interpretados en español con sencillos que califican como intentonas —plausibles, claro está— si se les compara con lo que Toño, Jesús, Rafael, Álvaro y José presumieron en su primer LP apenas éste fue liberado por los ejecutivos del sello Orfeón: esbozar el perfil del *rock* mexicano; un rostro de complicada anatomía que tomaría décadas detallar.

En *Rock!*, Los Locos del Ritmo se esforzaron por reproducir con la mayor fidelidad posible temas de probado éxito, aunque adaptando las letras a su idioma natal. De este modo, "Baby I Don't Care" se transformó en "Nena no me Importa"; "A Big Hunk of Love" en "Un Gran Pedazo de Amor"; "Grown for Love" en "Crecidito para Amar" y "Peter Gunn" en "Pedro Pistolas". Sin el filo de las producciones originales, se trató de reversiones que, con el paso de los años, lucieron como el repertorio de la mayoría de los grupos que en su momento engrosaron la denominada "era dorada del *rock and roll*": sempiternamente curiosas.

Sin embargo, una vez que los temas creados por los mexicanos son repasados por la aguja, el asunto se va poniendo interesante. Son seis números escritos por los propios adolescentes, cuatro de ellos instrumentales, los que se colaron a los surcos; por un lado están "Morelia" y "El Mongol", con todo y sus errores de digitación y afinación, además de las ambiciosas "Un Vasito con Agua" y "Blues Tempo", atractivas gracias al desempeño de Negrete.

Mención aparte merece "Tus Ojos", una balada cuya simpleza resulta apabullante y tal vez se erija como la composición más célebre del grupo, y "Yo no Soy un Rebelde", la cual apenas rebasa el minuto de duración; los segundos exactos para establecer un reclamo que la juventud de aquellos años solía arrojar a los adultos discretamente, pero que en unos cuantos compases generó una alarma nunca antes sentida por los padres de los recién nacidos rebeldes. Ahí está la urgente necesidad de dejar de ser calificados como unos desenfrenados para ejercer su derecho a "vacilar sin ton ni son". Dicha canción operó como una declaración de principios que en su momento significó el banderazo de salida para una generación que tenía planeado sacudir el calzado oligofrénicamente, en lugar de seguir los ordenados pasos de sus progenitores.

Rock! determina ciertos parámetros que permanecerían intactos durante las siguientes décadas en los álbumes de otros grupos: la falta de respeto ante las reglas ortográficas (desde el título del álbum), el ansia por incorporar el *folklore* nacional al temario propio ("La Cucaracha") y la condición de trabajar en función de patrocinadores como la TV y los sellos disqueros (de hecho, estamos ante el primer grupo mexicano que sufrió del abuso de la industria discográfica una vez que este álbum resultó enlatado). Por otro lado, es importante acotar que los discos que se generaron en aquella época plena de brillantina significaron un ejemplo para otros jóvenes en Sudamérica y Europa, quienes encontraron en el imaginario *teen top*, loco, *hooligan* y rebelde el llamado que buscaban para también rebelarse. Sin embargo, más allá de las características antes descritas, en la primera rodaja de vinyl de Los Locos del Ritmo se advierte que el *rock and roll* sabe hablar español, y ésa, a más de cincuenta años de distancia, sigue siendo una gozosa revelación.

Toño Quirazco

Jamaica Ska
Orfeón (DIMSA), 1965

Líber Terán

Hablar del disco pionero del *ska* en México es un caso muy particular e interesante. Toño Quirazco y su orquesta hawaiana no sólo introdujeron este género caribeño y tropical de manufactura jamaicana en la escena de la música mexicana de mediados de los sesenta, sino que fueron una influencia muy importante para los grupos de *ska* en México y Latinoamérica a finales del siglo XX e inicios del XXI.

Antonio Quirazco (Xalapa, Veracruz, 1935-2008), nació en el seno de una familia de músicos. Después de formar su primera agrupación en sus años de preparatoria y de estudiar la universidad, viajó a Jamaica donde conoció el género local llamado *ska* representado por agrupaciones como Byron Lee and the Dragonaires y The Skatalites, entre otros. A su regreso a México formó una orquesta en donde tocó dicho género, teniendo como distintivo particular el *lapsteel* (guitarra hawaiana) como instrumento solista.

Este instrumento que saltó de Hawái a la música *country* y *folk* norteamericana, es una guitarra horizontal de seis cuerdas, en forma de tabla, que se toca boca arriba sobre las piernas o en un atril. Se ejecuta con uñas o plectros en la mano derecha y con un tubo-*slide* en la mano izquierda, y su sonido metálico logra un efecto de notas sostenidas o "sustained" a partir de "glissandos" o "slides". Toño Quirazco le dio un estilo propio y novedoso al instrumento a partir de las fusiones entre el *ska* y la música afrocaribeña, haciéndolo su distintivo principal.

La información de los músicos que grabaron en esta producción no aparece en ninguna de las distintas ediciones del disco, pero los instrumentos usados fueron: órganos, contrabajo eléctrico (Baby), guitarra eléctrica, batería, saxofones y por supuesto la guitarra hawaiana o *lapsteel*.

En esta grabación, lo tropical se mezcla con un sonido presicodélico y en los dos primeros temas, "Jamaica Ska" y "Mérida Ska," se declara la llegada del "nuevo ritmo", saliendo de Kingston para llegar a México, pasando por Xalapa, pero ya transformado en "Cha-Cha-Ska". En los temas existe un alto nivel de ejecución por parte de los músicos, quienes muestran una gran capacidad y destreza al hacer solos e improvisaciones grabados en vivo. Esta influencia jazzística se puede escuchar a lo largo del disco en temas como "Tutiricumbanchi Balila Ska", "El Vendedor de Melones" ("Watermelon Man"), original de Herbie Hancock y "El Ska de los santos" ("When the Saints Go Marching in") de Osborn-Frey.

El talento y la versatilidad que Quirazco logra en este disco se reflejan en el sello personal que consigue darle a los diez *covers* que conforman dicha producción. Además, logra un balance entre las versiones de temas instrumentales y cantados, rompiendo las fronteras no sólo de la música popular afrolatina, sino de los de estilos de música norteamericana y europea. Ejemplos de esto son "El Ska Hawaiano," bautizado así en español, pero cuyo título real es "Deed I Do" de F. Rose–W. Hersch; y del penúltimo tema "Moscú Ska," de los autores rusos Soloviev Sadoy-Matosousky. Cabe resaltar que éste es el único tema que se encuentra en modo menor y donde se pueden escuchar melodías con toques de música eslava. A la par, el *lap steel* da toques "blueseros" y "countrys", y los fraseos del saxofón dejan escuchar figuras melódicas que años más tarde podrían relacionarse con temas y *riffs* típicos de canciones como "One Step Beyond" de Madness.

Toño Quirazco gozó de mucha popularidad en el momento en que se lanzó este álbum y con lo que grabó posteriormente; sin embargo, *Jamaica Ska* representa no sólo el inicio de una nueva forma de abarcar la música popular como pionero del *ska* en México, también logra transmutar la música tropical al *rock and roll* hecho vanguardia.

Kaleidoscope

Kaleidoscope
Orfeón, 1968

Ramsés Mactoo

Frank Tirado (Puerto Rico), voz; Pedrín García (España), guitarra; Julio Arturo Fernández (República Dominicana), teclados; Orlando "Orly" Vázquez (Puerto Rico), bajo y guitarra; y Rafael Cruz (República Dominicana), batería, conformaron un quinteto oriundo de Puerto Rico, pero formado en República Dominicana, entre los años 1967 y1968. La suerte quiso que el peruano Edgar Zamudio (una especie de cazatalentos para discos Orfeón en México) visitara los estudios de Discos Fabiola, en República Dominicana, para escuchar el trabajo musical que estaban realizando aquellos jóvenes talentosos para luego plasmarlo en un LP.

Zamudio obtuvo una copia de la música realizada en Centroamérica y la llevó a México, donde convenció a los directivos de Orfeón para que la publicaran y lanzaran como un disco promocional cuyo tiraje original constó de 200 copias. En esa época los grupos mexicanos estaban, digámoslo así, atados de manos a la hora de producir música original, por lo que pocos podían grabar algo en ese sentido. De igual modo, los músicos no podían diseñar sus propias portadas, pues de esa labor se encargaban los directivos, pese a que éstos jamás tuvieran contacto con la música del grupo en cuestión. Bodo Molitor fue el encargado de realizar varias portadas para algunos grupos mexicanos, entre ellas la de Kaleidoscope. Naturalmente, Bodo nunca escuchó las rolas del disco, ni conoció a los miembros del grupo.

Kaleidoscope muestra claras influencias de grupos como Iron Butterfly, The Beatles y The Doors. Se trata de *blues* permeado por el movimiento sicodélico. El grupo inicialmente grabó un sencillo con las canciones "Colours" y "I'm Crazy", mismas que fueron incluidas en el LP. A pesar de sus influencias, escribieron sus propias canciones con total libertad, sin limitaciones por parte de la disquera, y aunque se nota la poca experiencia en cuanto a la producción, el disco es clara muestra de un trabajo con tintes de experimentación musical, como lo ha expresado Tirado en varias ocasiones: "Es quizá el único disco de *rock* sicodélico latinoamericano realizado por adolescentes sin supervisión adulta". Sus canciones intentan reflejar el contexto de la vida con la que lidiaban los jóvenes al final de los sesenta. El *rock* sicodélico era de algún modo una válvula de escape ante el horror que generaba la bomba atómica y lo surreal de las contradicciones sociales.

"Colours" es una obvia referencia a los colores caleidoscópicos, típicos de la era *hippie*, con una guitarra *fuzz* contundente y delirantes efectos sonoros nos transportan velozmente a un viaje total de ácido; "PS Come Back" habla acerca de una mujer liberal, que va y viene por la vida sin complicaciones; mientras "New Man" se refiere al hombre que debió renacer para alcanzar sus ideales. Como puede notarse, el título y contenido de las letras de las canciones, hablan por sí mismas. Por su parte, "A Hole in my Life", "Let me Try", "Hang Out", "Once Upon a Time There Was a World", "I Think it's all Right", "I'm Crazy" y "I'm Here, He's Gone, She's Crying" son aderezadas con *funk*, *rock* ácido y tintes a gogó. La propuesta de Kaleidoscope es clara: letras sin mayores pretensiones escritas desde el punto de vista de cualquier muchacho idealista, pero consciente de su realidad.

Contratados para tocar en México, reclutan a Jorge René González (La Máquina del Sonido, Shakes, Sinners, Epílogo), como su nuevo tecladista, para quedar así integrados: Frank Tirado (bajo), Rafael Cruz (batería), Pol Tirado (voz), Héctor Gutiérrez (guitarra). Con esta alineación alcanzan relativo éxito, presentándose incluso en televisión y efectuando una pequeña gira al interior de la República Mexicana. Tiempo después, ya radicado en Cuernavaca, el grupo cambia su nombre por el de Latino y graba un sencillo para discos Zave con las rolas "Reincarnation Way" y "You Know I've Cried", de corte *funky*. Su siguiente paso fue emigrar a Estados Unidos para grabar un sencillo más.

Cuando se le cuestiona a Frank Tirado si le molesta que Kaleidoscope sea considerado un grupo mexicano, responde contundente: "Por el contrario, me encanta que nos incluyan con la generación de rocanroleros mexicanos de los sesenta. Nosotros conocíamos a todos los grupos de la Zona Rosa y del D. F. en general y me siento orgulloso de haber tocado en los mismos escenarios que ellos". Así pues, digámosle al mundo que Kaleidoscope es y seguirá siendo un excepcional grupo de sicodelia a la mexicana.

El Tarro de Mostaza

El Tarro de Mostaza
Discos Capitol, 1968

Javier Hernández Chelico

En plena efervescencia sicodélica-*hippiosa* —finales de los años sesenta del siglo pasado— e inesperadamente de una ciudad portuaria, Poza Rica, surgió un quinteto que llamó la atención en el circuito rocanrolero por haber conseguido un contrato con la disquera a la que pertenecían The Beatles: Capitol. Ya con el disco grabado y puesto en circulación, la chaviza se dio cuenta del por qué firmaron con la importante compañía discográfica los veracruzanos: sus composiciones eran en nuestro idioma y su sonido ecléctico.

Aunque México es pionero del *rock* en español, en aquellos años casi no había grupos que grabaran *rock* original en castellano, todos cantaban en inglés: Dug Dug's y Javier Bátiz son el ejemplo más claro; todavía después de la grabación del Tarro las bandas seguían cantando en inglés; esto lo hicieron agrupaciones seminales de *rock* en nuestro país: Three Souls in my Mind, Bandido, El Ritual, La Revolución de Emiliano Zapata, La

Máquina del Sonido y hasta Love Army grabó su "Caminata cerebral" en el idioma de Shakespeare. Y los de El Tarro de Mostaza grabaron su disco epónimo en español. Sí señor.

El grupo inició en 1965 bajo el nombre de los Gold Fingers; poco después cambiaron su nombre por el de The Sounds, hasta que su casa grabadora les sugirió el cambio de apelativo. Decidieron llamarse El Tarro de Mostaza en alusión a uno de los alias conocidos de la *cannabis*; el nuevo nombre también sirvió para bautizar el LP. Este disco contiene los siguientes cortes: Lado 1, "Obertura-Brillo de luz" y "Final-Avances"; Lado 2, "En Caso de que Mi Reloj se Pare", "El Ruido del Silencio", "Amor por Teléfono-Brillo de Luz (Reprise)", "La Fuente del Jardín" y "Final".

El disco aporta, desde que empieza, conceptos arraigados entre los músicos jóvenes de esa época: la pretensión de llegar al disco conceptual, donde el escucha interpretará los sonidos según el estado de ánimo —triste, alegre o pacheco—. Así, el acetato arranca con "Obertura" que inicia con sutiles carcajadas para después dar paso a un teclado que es protagonista durante los casi veinte minutos de esta canción que es una amalgama de ritmos, sonidos, instrumentaciones y tendencias cercanas a la experimentación. Respecto al contenido de las letras, es una lírica amorosa, sin más pretensión manifiesta: "Tú nunca has pensado en mí". En la parte de "Brillo de Luz" se escucha: "He buscado y no puedo encontrar el brillo/ que ayer me hacía vibrar/ lo debo de encontrar/ pues lo oscuro viene a mí". Este lado 1 remata con la misma propuesta del inicio: mostrar libertad interpretativa.

El lado 2 entrega cinco cortes con rítmicas diversas; la primera muestra de esto es "En Caso de que Mi Reloj se Pare": guitarra con límpida digitación da el tiempo para que se empate la base rítmica e inmediatamente entre la voz: "Tú nunca piensas en mí/ tú piensas sólo con temor/ y mi reloj siempre has de parar/ sé que necesito tu amor/ y sé que mi reloj también". El segundo corte es "El Ruido del Silencio": guitarra macizona apoyada por un bajo y batería que reiteran el ritmo cercano al *rock* duro sesentero; la letra está basada en el metafórico título de la rola: "quién no ha estado solo/ escuchando alguna vez el ruido del silencio/...lo puedes escuchar/ y pronto tus problemas/ solución encontrarás".

"Amor por Teléfono-Brillo de Luz (Reprise)" es el tercer corte y muestra otro estilo al combinar sonido *pop* con algunos compases de ritmos latinos y la letra es de inconformidad amorosa juvenil: "Teléfono, siempre te hablo, mi amor, por teléfono/... será que tu padre se puede enojar/ pero estoy cansado de tanto esperar". El *reprise* es un breve pasaje de teclado.

"La lluvia que Acompaña mi Camino", es la frase inicial de la canción "La Fuente del Jardín". Es una balada *rock* cantada a dos voces; también se conocía a este estilo interpretativo como *rock* lento. El corte final es otra muestra de las sonoridades sesenteras.

Los integrantes de El Tarro de Mostaza que aparecen en los créditos de esta grabación son Juan Felipe Castro, requinto; Jorge López, organista; Francisco Javier, vocalista; Óscar García, batería y Santiago Galván, bajista.

Al pasar el tiempo es fácil identificar algunos compases de este disco como precursores de lo que después harían grupos setenteros más inclinados a la música comercial. Actualmente, el disco LP de Capitol es de los más cotizados entre los coleccionistas.

La Revolución de Emiliano Zapata

La Revolución de Emiliano Zapata
Polydor, 1971

Ramsés Mactoo

Para La Revolución de Emiliano Zapata todo comenzó un 11 de septiembre de 1970 a las 17:00 hrs., pero fue varios meses más tarde, después de ganar un concurso radiofónico y obtener un contrato con una disquera, que *los revos* se encontraron de gira por la República Mexicana con un sencillo bajo el brazo, "Nasty Sex"/ "Still Don't (Not Yet)", cuyo lado A contiene una de las rolas más recordadas y exitosas de la época *hippie* en México. Gracias a ella, premios y reconocimientos llegaron de botepronto, como el de Grupo Revelación de *El Heraldo* y el premio C-Xóchitl, otorgado por las radiodifusoras del Distrito Federal, entre otros. El grupo logró colarse en el gusto del público de Estados Unidos, Alemania, Francia e Inglaterra, llegando a sonar igualmente en Sudamérica, algo inédito hasta entonces para un grupo de *rock* mexicano. Tal fue su éxito, que la matriz de su casa discográfica en Hamburgo, Alemania, les hizo entrega de varios reconocimientos por las altas ventas alcanzadas. Paralelamente, las estaciones de radio de moda en México como La Pantera, Radio Éxitos y Radio Capital, cuya programación sólo proyectaba música en inglés proveniente del extranjero, también incluían "Nasty Sex" en su programación diaria.

El disco homónimo del grupo resulta memorable desde la portada; de fondo, un costal de yute y, sobrepuesto, un grabado hecho por Guadalupe Posada de Emiliano Zapata. Un *collage* realizado por el escritor Eduardo Rodríguez Solís. Una imagen que forma parte del imaginario popular del *rock* mexicano y que, de acuerdo a su autor, llamaba a la gente a comprar el disco debido a su originalidad. En cuanto al sonido del grupo, encontramos influencias de grupos como Creedence Clearwater Revival, King Crimson, The Who y Eric Burdon. Su estilo está marcado con una muy potente guitarra, la cual le da un toque distintivo a las composiciones. El disco abre con "Nasty Sex", que en su momento rompió con el esquema de canción para la radio con una duración de 7:28 minutos y cuyos *riffs* de guitarra ya resultan tan clásicos como el pegajoso coro: "Hey baby, change your manners and go by the way of the sun...oh my baby forgot that the rocks can also... sing a song of love, sing a song of love...". Pero a últimas fechas la rola sigue vigente, basta recordar que formó parte del *soundtrack* de la película *Y tu mamá también* (2001).

La influencia de Creedence, especialmente del tema "Born on the Bayou", está manifiesta aquí, sin embargo la guitarra estruendosa y áspera del cantante y el sonido cuasi *garagero* y en cierta forma "latino" la hace sin duda excepcional. Le sigue "Melynda", con una guitarra aún más ácida y cuyos solos, enmarcados por la guitarra de Carlos Valle Ramos, la batería y el bajo, crean una canción de súplica y desamor proveniente de un amante desesperado: "Please don't let me standing here alone...", "looking at the times we spent toghether, I want you right now!". Y urgida también suena igual la guitarra, como si coincidiera con el sufrimiento de aquel desdichado hombre. Continúa "I Wanna Know", para aquietar un tanto el viaje y la distorsión. Una balada bien elaborada donde la armónica y la flauta transversal se cortejan, transportándonos a un paseo melancólico. Es el sentimiento de culpa quien canta: "Why does she have to go so far away?", "maybe it's my fault, maybe my way is to long".

"If You Want It" es una canción acompasada con un requinto machacante y un bajo un tanto distorsionado de principio a fin. La voz principal se queja: "Nobody knows nothing of my life, because I never skip to them, I only trying to something...", y luego los coros gritan "I got no money... But I got soul!". A mitad de la rola el requinto descansa para dejar que los redobles de batería de Antonio Cruz rematen y den paso a la parte final: "I got no shoes... I got no friends... I got no home... We gonna love!". La instrumental "Shit City" no ofrece descanso para el escucha con un poderoso *riff* que nos engancha desde la primera nota, pero no conforme con el guitarreo áspero y el bajeo preciso, Oscar Rojas Gutiérrez juguetea con la voz, imitando a la guitarra de Francisco Javier Martín del Campo para así crear un momento excelso (por algo también este tema fue otro gran éxito en Europa).

Tintes progresivos encontramos en "A King's Talks". Pasajes surrealistas provocados, quizá, por alguna experiencia alucinógena: "The magic way is like a sound is open now for you and I", "In the court the people sing some more guilty, some make love". La excelente línea del bajo que ejecuta Francisco Martínez Ornelas en "Still Don't Not Yet" no deja caer el *punch* que imprimen la guitarra y la batería de Antonio Cruz Carbajal a lo largo de sus 3:13 minutos de duración, dejándonos con ganas de seguir escuchando más. "At the Foot of the Mountain", es la clásica balada que se toca entre cuates, para cantarla con harto sentimiento, la enmarca un emotivo solo de flauta que la hace más melancólica: "At the foot of the mountain... there's is a lake...". Cierra el disco "Under Heavens", la encargada de colocar el broche de oro a este clásico de nuestro *rock*, de nuevo con la guitarra de *Javis* diciéndonos: ¡Éste es nuestro sello característico, somos La Revolución de Emiliano Zapata, sí señor!

Bandido

Bandido
Philips/ Universal, 1973

Javier Hernández Chelico

Con el paso del tiempo hay bandas de *rock* que son arrumbadas en el rincón más oscuro de la memoria colectiva. Otras, por el contrario, permanecen en el historial rocanrolero; y en algunos casos no es necesario ser erudito para apreciar sus aportaciones: el buen nivel de instrumentistas entre sus integrantes, la tesitura negroide/jazzera/rocanrolera de su cantante y sin caer en la nostalgia, por la nostalgia misma, el sonido conseguido en sus grabaciones con tecnología de aquellos años, que en la actualidad parece de laboratorio de secundaria. Bandido pertenece a esta última estirpe: la que trascendió su tiempo. Su disco epónimo avala lo anterior.

Banda ecléctica, Bandido transitó por los caminos sinuosos del *jazz*, del *rock*, el *blues* y el *soul*; igualmente, ejecutó sonidos latinos y hasta realizó versiones a canciones de otras agrupaciones, como la de "Vehicle" de The Ides of March; también es innegable la nítida influencia —en ciertas armonías y en el registro vocal— de Blood, Sweat & Tears, en la agrupación liderada por Kiko.

El primer lanzamiento discográfico de Bandido se dio con un EP que contenía "Freedom Now" y "Bandido's Theme". Este *single*, además de traer versiones ex profeso para este disco, mostró una portada que mereció ser la carátula del LP (una pintura con un par de jinetes [¿forajidos?] vestidos a la usanza revolucionaria; una máquina de vapor, al fondo, completa el paisaje. Uno de los bandidos lleva a su chata en su montura).

Bandido fue el nombre elegido para el primer LP de la banda; siete canciones fueron las seleccionadas. Los músicos participantes son los siguientes: Francisco Kiko Guerrero, voz y percusiones; Ricardo Toral, órgano, piano y vibráfono; Eugenio Guerrero, bajo; Efrén Olvera, guitarra; Rafael Sida, batería; Ignacio Ramírez, trompeta; Enrique Sida, trombón; José Luis Guerrero, sax y flauta, y Mario A. Rodríguez, piano en la canción "Dama de Invierno".

El primer corte de este acetato es el "Tema de Bandido (Bandido's Theme)" pieza que es un muestrario de instrumentación donde ocupa un primer plano la sección de metales, tanto en conjunto, como en forma individual: cada instrumento de aliento ejecuta un solo. Es una pieza totalmente instrumental con una duración de 7:37 minutos.

"Mañana (Morning)" es la segunda canción, e inevitablemente, trae reminiscencias de las sonoridades en boga en los inicios de la década de los setenta, por ahí, existen compases que recuerdan a bandas como Chicago, If y hasta Electric Flag. Un redoble anuncia "Exhortación (It'll be Better)" que entrega sonidos prístinos de guitarra y voz bien cobijados por los metales y la base rítmica con tintes *funkys*. El surco cuatro lo ocupa una rola muy representativa —y premonitoria— de esa época: "Pobre Ecólogo (Poor Ecologist)". El siguiente corte en este acetato es la canción más conocida de Bandido: "Libertad Ahora (Freedom Now)" con una letra muy de acuerdo a la mentalidad juvenil post sesentayochera y avandareña: "Freedom now/ Wake up to your mind/ Help yourself brother/ Do right now/ Be the one you want to be / For tomorrow you'll be free./ Freedom now/ Wake up to your mind", cantaba Kiko para la chaviza —así se llamaba a la juventud que gustaba del *rock*— mientras la sección de alientos sonaba entre melancólica y latina.

La sexta canción se titula "Dama de Invierno (Winter Lady)", una rola sin alardes sonoros; con una línea melódica cercana al *pop* de finales de los años sesenta con una textura musical adecuada para el sosiego. "Un Nuevo Día (It's a New Day)" es el corte final de este disco que en su momento concitó tanto a la incipiente crítica musical rocanrolera como a

los melómanos que gustaban de este tipo de propuestas sonoras que fusionaban diferentes ritmos, apoyadas principalmente en el trabajo de saxos,
trompetas, trombón e instrumentos afines. El disco de Bandido tuvo varias reediciones: la más reciente en el 2009. Es necesario mencionar que
Bandido fue una de las bandas participantes en el Festival Rock y Ruedas,
celebrado en Avándaro, Valle de Bravo, los días 11 y 12 de septiembre de
1971.

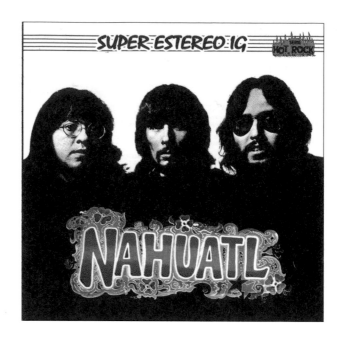

Náhuatl

Náhuatl
Cisne/ Raff, 1973

José Manuel Aguilera

¿Cómo se construye un sueño? Toda música, sin importar cuán innovadora o vanguardista nos parezca, proviene de las músicas que le preceden. Toda canción parte del deseo de su autor por imitar, adaptar, superar o incluso negar lo que otras canciones han hecho antes. En ese sentido, todas las canciones son parte de una gran canción que se construye y modifica paulatinamente, toda música acaba siendo "tradicional". Pero a veces hay saltos cuánticos.

Lo que sorprende y emociona del disco debut y homónimo del grupo Náhuatl es que nos presenta a unos músicos, liderados por el guitarrista Ricardo Ochoa, en el momento justo de intentar *crear* la tradición del verdadero *rock* mexicano: a sus espaldas, un inmenso vacío con apenas unos peldaños en donde apoyarse; delante de él, las posibilidades infinitas de los sueños.

Sobreviviente de la gesta avandariana, en la que participó con la banda de nombre anglo Peace & Love, apenas unos años después Ricardo reaparecía con una propuesta nueva, algo hasta entonces no visto tan claramente en el *rock* hecho en este país: la posibilidad del *rock* como manifiesto de identidad cultural. Todo esto en el árido paisaje de la represión juvenil post 68 y 71.

Los nombres definen. Y en este caso las intenciones de Ochoa no pueden ser más claras. Náhuatl trasciende las pretensiones de amalgamar el *rock* con el idioma español para incorporar, así sea de manera obvia, elementos mucho más profundos de la identidad nacional: los símbolos gloriosos de nuestro inalcanzable pasado precolombino.

Más intuitiva que razonada, la propuesta discográfica de Náhuatl nos ofrece fundamentalmente tres cosas: en primer lugar un sonido propio y convincente. Seguidores de la senda del *power* trío trazada por Cream y The Jimi Hendrix Experience, el sonido de Náhuatl no está exento de influencias. Pero no aparece como una copia indiscriminada de sus contemporáneos, sino matizado por las aportaciones personales de sus integrantes. Ochoa es un guitarrista imaginativo, fluido y sumamente efectivo con sus *riffs*, que constituyen el principal elemento estructural de su música. En "Volveré" y "El Hongo" se desenvuelve con soltura en el *slide*, quizá de forma pionera en México, y su solo de tres etapas con la eléctrica en "Tiempo Perdido" (que remite a "Stairway to Heaven" sin parecer jamás un fusil) es francamente notable. Pero estas habilidades están siempre al servicio de las canciones, nunca aparecen como desplantes de lucimiento por sí mismas. El bajo de Ramón Torres y la batería de Carlos "Bozzo" Vázquez le siguen en soltura y efectividad.

El disco balancea las composiciones basadas en estos *riffs* de origen *blusero*, algunos con precisos quiebres protoprogresivos ("Machismo"), con otras basadas en la guitarra acústica, de inclinaciones más baladescas. "Déjame" aparece aderezada por un insólito banjo.

En segundo lugar, el disco muestra una clara intención de tomar las canciones como vehículo para decir cosas, cosas que nos tocan localmente ("Machismo", "Pobreza"). A pesar de ello, las letras son quizá, su aspecto menos afortunado. A veces por lo fallido de su construcción, a veces por el carácter admonitorio que asumen. O simplemente por el *shock* que representa oír un *rock* de tan fiel manufactura setentera cantado en español. Pese a todo, o quizá precisamente por esto, *Náhuatl* es un disco de *rock* con un sonido sumamente convincente, que busca sus propias melodías vocales y que nos habla de cosas de las que jamás nos hablarían ni Led Zeppelin, ni Black Sabbath.

Finalmente, el disco muestra una asimilación de las técnicas de producción del *rock* que resulta avanzada para su época, y que sería una constante en los subsecuentes trabajos de Ochoa. Esto se refleja en primer lugar en los arreglos mismos de las canciones, que siempre hacen brillar las diferentes partes de sus estructuras; y luego en los aspectos meramente técnicos. Ochoa conoce los secretos primigenios del *rock* y sabe cómo sonar bien, algo que no muchos grupos de la época lograban.

Ignoro cuál haya sido el impacto inmediato del disco de Náhuatl. Me consta que en vivo el trío poseía la potencia y actitud como para volarle la cabeza a cualquier adolescente que tuviera la suerte de topárselos en una de sus presentaciones. La reedición en CD del disco cierra con una curiosa anomalía: "Rock Jarocho" (editada originalmente en un sencillo y luego en *Vol. II*, 1975). En ella Ochoa mezcla, literalmente, los elementos de un son veracruzano, incluidas arpas y jaranas, con un *riff* a la Chuck Berry, órganos y ¡sintetizadores! Ahí, de manera casi inocente y festiva el guitarrista nos habla de su deseo de "hacer un *rock* jarocho". Quizá la aparición, lustros después, de bandas como El Personal, Caifanes, Café Tacvba, Maldita Vecindad, todas ellas con una clara conciencia de la búsqueda de un sonido propio mediante la incorporación de elementos locales (y quienes probablemente desconocen el trabajo de Náhuatl), sea una medida de la materialización del sueño de Ricardo.

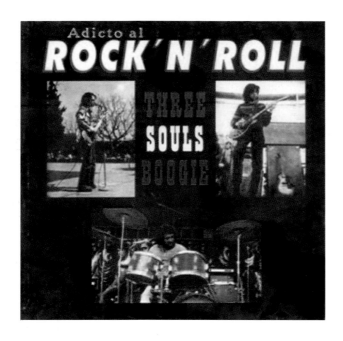

Three Souls in my Mind

Adicto al rock'n' roll
Cisne/ Raff, 1973

Ali Gardoki

¿Qué fue primero, la palabra *rock and roll* o la palabra onda? No lo sabemos. Lo cierto es que es casi imposible pronunciar la primera sin la segunda. Los dos términos llegaron para quedarse y en 1973 nació el "Chavo de Onda", tal vez el hijo no reconocido entre Parménides García Saldaña y Roberto Gómez Bolaños. El mencionado himno *rocker* azteca contiene varios de los mexicanismos ("las tocadas", "cotorrear", "rola" y "rol") que definirían el léxico musical popular en nuestro país. Además, el *boogie* rítmico del tema (junto con "Perro Negro") fundaría la cadencia primitiva de lo que hoy denominamos *rock* urbano.

"Chavo de Onda" es una canción que contribuye significativamente a la gestión del *rock* mexicano. Con ella, por primera vez el ritmo anglosajón cantado en español sonó bien, encontró una voz personal (irónica, divertida, atiborrada de cinismo y resentimiento) y dejó atrás las letras adolescentes metidas con calzador que caracterizaban a las versiones de éxitos importados que Los Teen Tops, Los Camisas Negras y Los Rockin Devil's, entre otros, se dedicaban a masacrar con orgullo. Cierto, en "Chavo de Onda" la lírica sigue centrándose en alabanzas tiernas al *rock and roll*, pero desde un punto de vista marginal, retratando la realidad de "la banda" metropolitana y no la de los universitarios *rockers* o los chicanos bilingües.

Adicto al rock'n' roll, por lo tanto, es una celebración, un cántico y una oda al ritmo musical que infectó a la generación Tlatelolco. Diez canciones durante 29:11 minutos donde Alejandro Lora menciona treinta veces la palabra *rock*, *rock and roll* o rocanrolear. La insistencia de repetir este mantra a cada minuto sólo puede entenderse al considerar que entonces el *rock* era considerado un problema juvenil. Reiterar su nombre funciona entonces como panacea y válvula de escape a la realidad política de un México corrupto ("Abuso de Autoridad"). Es el *rock* aplicado como antídoto a los demonios amorosos y a la normatividad social ("Viejas del Distrito Federal", "Déjenos Gozar", "He Pensado Mucho"). Se trata de un disco hecho cuando se pensaba que el *rock and roll* podía cambiar al mundo ("¡Otro Avándaroooo!" se deja oír en "Three Souls Boogie"), en cada uno de sus temas hay referencias a la temática musical y lírica que seguiría la banda hasta nuestros días (¡Y los que le faltan!, diría el mismísimo Lora).

Pero, sobre todo, se trata de un disco crisálida; el génesis del monstruo que estaba por venir. Ya hay acá excesos de rimas con la terminación "ar", atisbos de moral católica y misoginia latente. Por ejemplo, en la feveriana-garagera "Todo Tiene una Razón" se escucha la rasposa voz de Lora casi declamar "todos quieren ir al cielo y nadie deja de pecar", "esta vida Dios te la prestó y se la vas a devolver" o "la mujer es un poema y el hombre su creador"; frases que remiten a las canciones que años después definirían el perfil lírico del poblano, más cercanas al discurso de un mesías mediático que al de un cronista social.

En *Adicto al rock'n' roll* se escucha un trío que ejecuta *blues*, así de simple. Y es uno de los pocos discos de la banda en donde no existen soporíferos solos de saxofón o de armónica, una virtud que deja gozar a pleno la guitarra azul de Ernesto De León y el acompañamiento *groovy sexy* del tapatío Carlos "Charlie" Hauptvogel. Así, la ley de "menos es más" se cumple, con la alineación que parece gustar más a los "threesouleros" de hueso colorado.

El significado cultural de este disco en el México de los setenta es relevante, pues en esos momentos los grupos "serios" cantaban en inglés y el *rock* estaba prácticamente prohibido, censurado por el gobierno. En los años 80 —antes del TLC y OCESA— aún era posible atestiguar las reminiscencias de este disco, ya con el grupo transformado en El Tri, pues el *rock and roll* seguía siendo peligroso. Todavía el pelo largo era repudiado y los tatuajes eran sinónimo de cárcel. Tuvo que pasar mucho tiempo y una fuerte oleada de *rock pop* argentino y español para que el panorama empezara a cambiar.

Modas van y modas vienen. Pero una cualidad del Tri es que siempre ha estado ahí. Fiel. Tocando. Resistiendo sexenios. Haciendo discos de calidad cuestionable, cierto, pero haciéndolos año con año. Y esa terquedad y aferramiento es mucho más de lo que se le puede pedir a la mayoría de grupos jóvenes en nuestro país.

Dug Dug's

El loco
RCA Victor, 1975

Jorge Rugerio

La escena del *rock* mexicano en 1975 es sinónimo de persecución, atrincheramiento en las periferias de las ciudades donde se daban tocadas clandestinas, giras de pequeños grupos que se arriesgaban, con tal de seguir vivos, después de la guerra declarada por las autoridades debido a su miedo hacia las concentraciones de jóvenes. Lo marcó Avándaro en 1971: los medios de comunicación se negaban a incluir en su programación *rock* nacional y mucho menos si éste era cantado en español. Para 1975 quizá era una locura seguir haciendo *rock*; ese mismo año aparece este disco.

El loco, cuarto disco de Dug Dug's, se grabó después de *Cambia cambia*, entregado un año atrás, donde los músicos querían mostrarse sin hipocresía, arriesgando por sonidos populares; el resultado fueron duras críticas a su trabajo y un desencanto por parte de los aferrados a su sonido. *El loco* regresó a Dug Dug's a su propuesta pesada, ácida, progresiva, siendo el motor creativo en esta locura Armando Nava, líder del *power* trío.

Repasemos el disco en sus nueve *tracks*:

"Stupid People", canción que había sido grabada en 1971, pero se regrabó para este disco. Inicia en lo alto con la batería que distribuye el sonido desde una batucada hasta el acoplamiento de trompetas, violines y guitarras distorsionadas que se acoplan en coros psicodélicos. Sonidos de un ritual de tribu india con golpes de voz y un mariachi en tercer plano que se hace presente hasta llegar al primero, ya al final de la canción. Así, el mariachi se descubre, por fin. Sin duda estamos ante uno de los primeros temas en el *rock* mexicano que logró fusionar el *folklore* del Mariachi Vargas de Tecatitlán con el *rock* de Dug Dug's. Onda total.

"Let me Breathe" es el *track* número dos que desde el principio es pesado, lento, denso. La canción por instantes se vuelve la antesala de lo explosivo, aunque a manera de súplica, es fiel a sólo ser un respiro.

"Joy to People" fue grabada en 1971, pero se incluyó en esta nueva propuesta. La versión original se reedita en un disco de grandes éxitos que saldría a mediados de los ochenta. Guitarras en alta distorsión se amalgaman con un agitado ritmo de batería, flautas, teclados y solos de guitarra eléctrica. Un viaje de lento retorno.

"We Always Hate Your Manners" pareciera la obertura de una ópera *rock* donde no se cansan de narrar; con buena instrumentación, los solos de guitarra muestran la habilidad de Armando Nava, creador de sonidos que emulan silbidos de pájaros. Canción llena de *rock* que sorpresivamente desaparece en un simple *fade out*.

"La Gente". Para un caminar por las calles la propuesta es una guitarra acústica en primer plano, donde luego aparece una guitarra eléctrica que produce cambios de velocidad en el personaje central, quien va haciendo su narración de las personas que observa. Éste es el primer tema del disco cuya letra es en idioma español. Debemos de mencionar que en estos días difundir una banda con la etiqueta de *rock* y que ésta cantara en español no era bien recibido por los medios de comunicación. Esta canción termina siendo, quizá, un himno de los que vienen y los que apenas van.

"El Loco", un viaje de sonidos progresivos, sintetizadores del Dr. Robert Moog, carcajadas de locura, instrumentos a *full*. Una pieza digna de estar en cualquier escenario, cualquier película de vida en su parte dinámica, donde exista la locura.

"Quiero Verte" es el segundo tema cantado en español del disco, es una completa balada, redonda, digna para escucharse en cadena nacional. Todo lo opuesto al hilo conductor del disco, el loco que la escribió estaba loco de amor, pero quizá no estaba tan loco como productor, ya que estos cambios

de ritmo comenzarían a ser constantes años adelante en otras producciones del *rock* nacional.

"La Flauta del Fauno", *track* instrumental que muestra la habilidad
del grupo como *power* trío para atraer la atención previamente al desenlace del disco:

"I Got My Emotion", la despedida del álbum que declara la máxima de
estar en onda, en sintonía con los pocos fieles a este sonido que no permi-
tían que dejara de suceder.

El loco fue la última producción de la banda en estudio. Se trabajó para
la compañía RCA que meses después les dio su carta de retiro. No eran
buenos tiempos para el *rock* en México, se apostaba más por otros géneros.
Dug Dug's, para todo aquel seguidor del *rock* nacional, fue una agrupación
que retaba e inspiraba desde sus gloriosas tocadas en la pista de hielo en
el D. F. a finales de los sesenta. Al separarse, varios de sus integrantes re-
forzaron proyectos tan sólidos como Peace and Love y El Ritual. *El loco* le
muestra a la escena del *rock* nacional el por qué Dug Dug's era un laboratorio de experimentación sonora.

Nuevo México

Hecho en casa
Orfeón, 1975

Iván Nieblas

Nuevo México es una de las leyendas poco reconocidas del *rock* mexicano. Sus aportaciones fueron fundamentales para el desarrollo del *rock* progresivo en nuestro país. La génesis de la banda tiene lugar cuando Carlos Mata (guitarra) se une a Miguel Suárez (batería) y Armando Suárez (bajo) para formar un trío llamado Abraham Lincoln. Sería hasta que la oportunidad de grabar un disco se les presentó que decidieron cambiar de nombre a Nuevo México e integrar a sus filas a Jorge Reyes (flauta), quien ya antes había estado en Al Universo, hasta que se fue a vivir tres años a Europa y quien muchos años después se convertiría en integrante del legendario Chac Mool y luego daría un giro drástico a su carrera como intérprete de música prehispánica. Los Suárez salieron de la banda y fueron sustituidos por Raúl Noriega (bajo) y Francisco López (batería). Aunque fue grabado en 1973, diversos factores hicieron que el álbum se editara hasta 1975.

El álbum fue toda una revelación por su similitud con el sonido del *rock* progresivo sinfónico similar al de Jethro Tull, Yes, ELP y Genesis, debido a que la flauta ejecutada por Reyes era la protagonista principal de las canciones, esto es notorio en temas como "Dreams" y "El Talón de Aquiles". "Preludio" es una clara muestra del estilo lleno de florituras que sería tan popular algunos años después en las bandas progresivas mexicanas. En el *track* "Después de la Muerte" ya se notaba una marcada tendencia en Reyes por incluir elementos de la música prehispánica con el *rock*, aunque la guitarra pesada, ácida y sicodélica de Carlos Mata también se hacía notar. Sin duda el *track* "Sinfonía del Rock No.1" era la pieza más ambiciosa de este trabajo.

Siguiendo todos los cánones de la música clásica, la canción está dividida en tres movimientos que van desde la música de cámara, hasta los coros angelicales, pasando por las respectivas piruetas progresivas de rigor. *Hecho en casa*, a pesar de su retraso de dos años, estuvo muy adelantado a su tiempo, si tomamos en cuenta que el grupo compartía cartel con contemporáneos como Árbol, Ciruela, Dug Dug's y Three Souls In My Mind, bandas cuyo sonido estaba basado en un *blues rock* más convencional. El álbum sembró las bases para el posterior desarrollo del *rock* progresivo mexicano, su música era muy elaborada; quizás demasiado para el público que aún flotaba en las nubes sicodélicas post Avándaro.

Desafortunadamente el álbum no tuvo mayor repercusión entre el público por la cerrazón de las disqueras y medios a hacer nula promoción de cualquier expresión de *rock* en el país, debido a una tajante represión proveniente del Estado, que no estaba dispuesto a permitir que la juventud se "corrompiera" como había ocurrido en los sesenta. Esto aunado al poco entusiasmo del público por la música del cuarteto que representaba todo un reto para quienes preferían una música menos pretenciosa.

Después de haber lanzado este disco Carlos Mata decidió abandonar la saga progresiva (en la que nunca tuvieron un espíritu más arriesgado y experimental como demandaban las reglas no escritas del género), y grabó un segundo álbum con Nuevo México en un estilo totalmente diferente, mucho más simple, y luego se dedicó a tocar *new wave*, pues en los ochenta "había que estar al día" y querían hacer que la gente sacara lo que traía dentro por medio del baile. Más allá de la preferencia estilística, Nuevo México dejó un legado con este álbum, aunque no se reconozca conscientemente, y la música que estaban creando reencarnaría en bandas posteriores, manteniendo vivo de alguna manera el trabajo que habían plasmado.

Chac Mool

Nadie en especial
Polygram-Phillips, 1980

Sr. González

Para entender la trascendencia de *Nadie en especial*, habría que ubicarlo en su contexto. En esos días, a diferencia de otras partes del mundo, en México el *rock* se daba en forma atemporal y raquítica. Después de la represión gubernamental a este género, apoyada por los medios de comunicación y que tuvo como punto de partida el Festival de Avándaro en 1971, las manifestaciones culturales de los jóvenes de entonces se convirtieron en algo marginal, excluyente y en la mayoría de los casos, de dudosa calidad. En este periodo es cuando nace el *rock* urbano, sobreviviendo en los hoyos fonquis de la periferia citadina, donde en condiciones paupérrimas se dio una expresión de rebeldía visceral para un segmento de la población sin ningún tipo de oportunidades, ni expectativas de futuro. En una suerte de "desmadre por el desmadre", se dejó en un segundo plano la calidad de producción en grabaciones y eventos. A su vez, en otros estratos sociales, sin rebasar los ámbitos amateurs en escuelas y universidades, se formaron agrupaciones con la fantasía de pertenecer a un "*mainstream* internacional" por el simple hecho de cantar en inglés, mientras en otros países hispanohablantes, el *rock* en castellano ya era una realidad más allá del *cover*. Y también estaban propuestas intelectualizadas y excluyentes, como el *rock* en oposición, subterráneo y más teatral que musical.

Fue así como al comenzar los años ochenta, en un pequeño foro del sur de la Ciudad de México conocido como la Carpa Geodésica, comenzó a escucharse en forma habitual a Chac Mool (Jorge Reyes, guitarras, flauta, voces, analizador de frecuencias y mellotrón; Mauricio Bieletto, voces, violoncello y vocoder; Armando Suárez, bajo, mandolina y voces; Carlos Castro, batería y percusión; Carlos Alvarado, sintetizadores: ARP Odissey, Korg MS20, orquestador Crumar, mellotrón, vocoder Korg y voces), agrupación que significó una renovadora fuerza dentro del *rock* mexicano. Con ella renacía la idea perdida de una banda de *rock* en español como parte de la industria musical de nuestro país. Tras la tenacidad de su representante-productor José Xavier Návar, el grupo logró lo impensable para entonces, un contrato con la disquera transnacional Polygram.

Mientras en el mundo el *rock* progresivo entraba en una franca decadencia al ser desplazado por el *punk* y su consecuencia, el *new wave*, en México, desfasado en el tiempo y en un ambiente en el que las ganas solían estar por encima de las aptitudes, Chac Mool le dio cara nacional a esta corriente musical. En una suerte de estilo progresivo "naive", el grupo no partió del característico virtuosismo de las legendarias bandas europeas de los años setenta, pero sí generó un complemento musical para las imágenes mágicas, épicas e incluso existenciales de sus letras.

Esto era lo que estaba detrás de su primera producción *Nadie en especial*, con su disco transparente y su portada abatible, conteniendo las letras de las canciones y créditos, en su momento, algo que salía de la norma en la fabricación de discos en México.

Todo parecía estar en contra de llevar a buen fin dicho proyecto. Sus temas duraban demasiado para ser radiables, el aspecto físico de la banda no tenía nada que ver con el de artistas más comerciales y el arraigado prejuicio negativo ante el *rock* en nuestro país era una roca dura que romper. Cuál fue la sorpresa de todos al ver el éxito comercial que se generó tras su lanzamiento, abriendo el paso a una nueva dinámica comercial para las bandas de *rock* posteriores.

En los siguientes años, Chac Mool editó tres discos más. El ambicioso y bien logrado *Sueños de metal* de 1981, *Cintas en directo* de 1982 y *Caricia digital* de 1984, en el cual la banda dio un giro estilístico hacia la *new wave*. Después vino la separación en 1985 de un integrante fundamental, Jorge Reyes, quien comenzó una prolífica carrera como solista. Para el año 2000, Armando Suárez y Carlos Alvarado grabaron como Chac Mool *El mensajero de los dioses*.

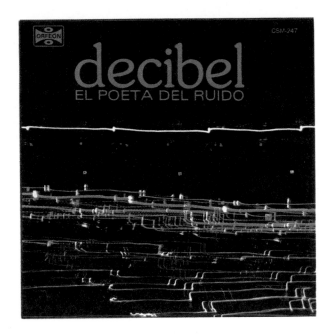

Decibel

El poeta del ruido
Orfeón, 1980

David Cortés

En la década de los setenta, Decibel fue uno de los grupos pioneros del *rock* progresivo en una de sus vertientes menos socorridas en nuestro país: el *rock* en oposición. A pesar de la dificultad de tocar en directo música con tendencias experimentales y de improvisación, y de los problemas internos, el grupo logró entrar al estudio de grabación para grabar su primer disco. En ese momento el colectivo estaba integrado por Alejandro Sánchez (violín, clarinete, silbatos, voz, etcétera), Carlos Robledo (piano, sintetizador, orquestador, etc.), Jaime Castañeda (batería, tambores, tabla, etc.), y Walter Schmidt (bajo, contrabajo, mandolina, etc.). Entre los músicos invitados tenemos a Carlos Alvarado (orquestador y sintetizador), José Luis Romero (clarinete), Víctor Robledo (violín) y Mónica, Virginia y Piro Maniac (coros).

El álbum retrata las dos facetas principales que Decibel explorara a lo largo de su vida: composiciones estructuradas y temas aleatorios, signados por la experimentación. En el primer grupo podemos incluir "El Poeta del Ruido", "Terapia de Faquirato" y "El Titosco"; en el segundo, "Orgón Patafísico", "Fakma", "El Fin de los Dodos" y "Manatí".

Desde su comienzo, *El poeta del ruido* es sorpresivo. Si revisamos las pocas grabaciones existentes en su momento, nos percataremos que prácticamente nadie exploraba los vericuetos allanados por este combo: técnicas de música concreta, música electrónica, *free jazz*, improvisación, *rock*, *folklore*, música sinfónica.

El trabajo abre con el corte que da título al disco. Se trata de un tema de estructura atípica, caracterizado por cambios de tiempo y por sonidos más cercanos a la música contemporánea que al *rock*. En su parte media encontramos uno de los momentos más "convencionales" de la agrupación cuando insertan algo próximo al *rock* sinfónico, aunque el devaneo es muy breve. Su cierre es apocalíptico, un anuncio de un mal presagio presto a desatarse al menor pretexto.

En los *tracks* con vocación más experimental y de búsqueda que forman un bloque compacto, estamos más cercanos a la creación de atmósferas y a la búsqueda de texturas. Se trata de composiciones más abstractas en donde la voz se utiliza como un instrumento más, los instrumentos tienden al minimalismo y se atacan de forma experimental ("Orgón Patafísico"), se ponen en juego técnicas de música concreta y destellos de música electrónica ("Fakma"), y la dominante es un onanismo manipulativo de los instrumentos con la idea de encontrar nuevos sonidos, alejados de lo convencional. Incluso hay momentos en los cuales se advierte que estas piezas, junto con "Manatí" (muy lúdica en su ejecución y perlada por percusiones y alientos), parecen estar en un proceso de construcción continuo.

Esta sensación contrasta con el bloque en donde las composiciones se muestran más acabadas, aunque nunca dejan de lado la vocación experimental. En "Terapia de Faquirato" el inicio es con un piano que tantea el terreno, pero una vez que se escucha el redoble de la batería, el tema entra en una dinámica diferente; los instrumentos (violín, bajo) se adicionan paulatinamente y ayudan a consolidar la idea de un *crescendo*, de una fuerza en tensión continua que repite el motivo inicial y lo desarrolla como si éste fuera una espiral.

El fin del disco es con "El Titosco", una composición más estructurada que no obstante muestra sus matices experimentales. Es un corte muy breve en el cual el grupo deja constancia de que su vocación por la libertad sonora y la búsqueda va más allá de ser un capricho. Por el contrario se trata de una postura estética, fundamentada, aunque en su momento no del todo comprendida.

El poeta del ruido sólo tuvo eco en aquellos círculos experimentales y abiertos a nuevos sonidos, que no era el caso de la mayoría del *rock* mexicano en el momento de su gestación. Sin embargo, en el extranjero esta producción fue acogida con mayor respeto y pronto se le inscribió como uno de los álbumes importantes del *rock* en oposición, al grado de que el sello israelí MIO Records lo reeditó junto con el resto de trabajos del grupo, en una caja de tres CD's.

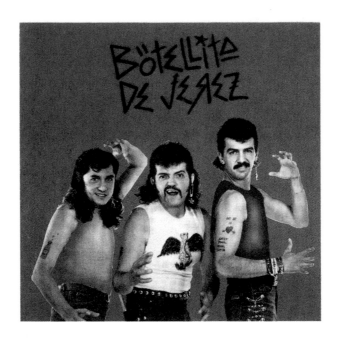

Botellita de Jerez

Botellita de Jerez
Karussell/ Polygram, 1984

Javier Hernández Chelico

Bajo un subsello de línea económica, Polygram lanzó el disco debut de
Botellita de Jerez. Desde la portada, las señales del concepto a manejar
de este trío eran claras: el nombre aparecía escrito con estilizadas grafías
copiadas de los grafitis de chavos banda/*punks* de mediados de los ochenta
del siglo XX. Los integrantes del grupo adoptaron nombres artísticos con
fuerte olor a barrio: el Cucurrucucú, el Mastuerzo y el Uyuyuy; además,
su forma de vestir era un revoltijo de prendas aparentemente discordan-
tes entre sí: pantalones de mezclilla con adornos charros o de mariachis;
espuelas plantadas en tenis y playeras con las mangas arrancadas que deja-
ban ver su cuestionada musculatura y sus tatuajes *kitsch*.

Igualmente, el contenido musical era una mezcla de ritmos y estilos
sonoros disímiles: guaracha, son, danzón, *rock* y regional mexicano, tocados de manera muy básica. Referente al contenido letrístico, los entonces
muchachos entregan historias basadas en cuadros citadinos, situaciones
cotidianas, vivencias entre jóvenes de la época y su entorno: la ciudad, la

autoridad, el romance y mitos urbanos; de estos elementos se nutren las canciones de este elepé; además de uno que otro ripio inducido.

El disco empieza con una canción que determinó el eslogan de Botellita: "Guaca *Rock*". Desde entonces, el ritmo que toca el grupo lleva ese apelativo, *guacarrock*. La canción, en esta grabación, no alcanza adjetivo alguno, sin embargo, con los años y la experiencia adquirida por los Botellos al interpretarla, alcanzó el estatus de representativa; es un *crossover* que va más allá del guacamole, ya que inicia con el tradicional grito danzonero: "Heyyy familia: *guacarrock* dedicado a la chata y amigas que la acompañan". Inmediatamente se escucha un requinto rocanrolero *chuck-berriano*; compases adelante, la misma guitarra emite retraídamente la melodía del danzón Nereidas; la pieza remata con sonidos de *rock* ochentero.

En total son cinco canciones las alineadas en el lado A del LP: "Heavy Metro", "Buscando la Fama", "De Fábula" y "Saca": "Saca el zacatito/ pa'l conejito/ saca el sacamuelas/ y estaba pelas" dice una parte de esta última canción.

El lado B abre con "Charrock and Roll" que inicia con una guitarra que trata de imitar los sonidos del "Son de la Negra"; la letra es un corrido campirano/citadino: "Voy a mentarles una historia muy contada/ lo que en un hoyo muy pesado sucedió/ un charro negro interrumpió a media tocada/ pistola en mano su caballo nos echó/ los chavos de onda se prendieron con la afrenta".

El segundo corte es "San Jorge y el Dragón", canción que cuenta la desventura de un dragón que trabajaba de tragafuegos en un crucero; "Simpatía por el Débil" viene en los créditos como el otro nombre de este corte. El número musical/ letrístico que sigue es "Oh Dennis", letra construida con base en palabras gabachas: "Oh, Dennis, no la'gas de toks en wings". La siguiente canción es quizá la que posesionó a Botellita en el gusto de los chavos, "Alármala de Tos", rola basada en los titulares de la revista *Alarma!*: "Siguiola, atacola, golpeola, violola/ y matola, con una pistola". El disco termina con "Los Maderos de San Juan", canción infantil a ritmo de "guacarrock".

La aparición de este primer disco de Botellita de Jerez provocó infinidad de comentarios: defensores a ultranza y denostadores radicales. Fue una producción polémica que devino en un nuevo modo de ver/ escuchar y comentar un LP. Algunos opinaban que el *rock* de Botellita alojaba sin pudor sólo ocurrencias. Otros alabaron el nuevo modo de decir y fusionar el *rock*. Lo cierto es que con los años, el proyecto de Armando Vega Gil, bajista; Francisco Barrios, batería y Sergio Arau en la guitarra —los tres vocalizan— continúa. Y 25 años después se puede constatar: además del estreno de la película *Naco es chido. La verdadera historia de Botellita de Jerez*; el trío se reunió bajo el proyecto *El regreso del hijo del guaca rock* y retomó algunas de las canciones de éste, su primer álbum, para interpretarlas en sus conciertos realizados en los albores de la segunda década del año 2000.

Iconoclasta

Reminiscencias
Discos Rosenbach, 1984

David Cortés

Ricardo Moreno (bajo) y Ricardo Ortegón (guitarra) integraron, a mediados de los setenta, una banda para interpretar *covers* de los grupos de la época: Deep Purple, Led Zeppelin, Grand Funk y The Who. En 1978 se les unió Víctor Baldovinos en la batería y a finales de 1979 entraron Nohemí D'Rubin (bajo) y Rosa Moreno (teclados); Ricardo Moreno pasó a la guitarra y al año siguiente nació formalmente Iconoclasta con la idea de ir más allá de la música convencional, basándose en la mezcla de diferentes estilos como la música clásica, la electrónica y el *jazz*, pero con la fuerza del *rock*.

A partir de ese momento la agrupación comenzó a recorrer un incipiente circuito de salas para tocar y pronto comenzaron a llamar la atención por su filiación progresiva y las buenas hechuras de su música. Esos años en México, inicios de la década de los ochenta, son los de la época dorada del progresivo en su vena sinfónica; un florecimiento tardío si pensamos que en otras latitudes, principalmente en Europa, cuna del género, éste entraba en un *revival* después de haber atravesado una fuerte crisis.

Así, en 1984, luego de un prometedor debut en donde encontramos todos los elementos que habría de explotar el grupo —una vigorosa batería que coquetea fuertemente con el *hard rock*, un par de guitarras veloces y el predominio de los teclados— apareció su segundo disco: *Reminiscencias.* "La grabación de este disco —cuenta David Overstreet, autor de las notas interiores de la reedición en CD— se llevó más de once meses por verse afectada toda la Ciudad de México por el terremoto de septiembre de ese mismo año. Por lo tanto, *Reminiscencias* fue presentado en abril de 1986 en vez de 1985, como dice en la portada original".

Reminiscencias es una obra conceptual y uno de los trabajos más logrados en la carrera de la banda; probablemente no sea el mejor de sus discos; sin embargo, por sus aspiraciones, por su osadía artística, por el instante en el cual ve la luz y por lo que vino a significar en el futuro de Iconoclasta, pronto alcanzó el estatus de clásico.

"La Gestación de un Nuevo Mundo", el corte abridor, comienza con un zumbido de sintetizador, al cual se suma el piano acústico que entrega tintes clásicos y lentamente el orquestador crea el primer clímax. Es la imagen clara, fiel, de un nacimiento. "El Hombre Sobre la Tierra" fabrica un entorno tranquilo, idílico y semivalseado que, conforme transcurre, modifica su tiempo. Es aquí donde el grupo se revela como una agrupación fina, sutil; este corte contrasta con la atmósfera menos esperanzadora de "La Era de los Metabolismos Tecnológicos", un tema urgente y vertiginoso que deriva en un desenfreno premonitorio, en una voz que alerta al género humano.

El lado dos abre con "Reminiscencias de un Mundo sin Futuro", un largo *track*, uno de los primeros en explorar la larga duración, una de las características del *rock* progresivo, pero poco explotada en nuestro país hasta ese momento. Es uno de los cortes de más largo aliento en el progresivo mexicano que está dividido en siete "movimientos". El primero, "Presagio de Extinción", se liga con la urgencia del tema anterior; "Primeras Conflagraciones", con una guitarra arpegiada y el sintetizador, forman un lamento sicodélico, ácido. Hay cambios de tiempo frecuentes a lo largo de una ambiciosa composición bien llevada en la que sobresalen las guitarras —que marcan las transiciones, los rasgos principales, los detalles de este gran fresco.

Por su parte, "Secuelas Holocaústicas" posee toques barrocos reforzados con un coro majestuoso; es una pausa antes del regreso al vértigo de "La Conciencia en el Ocaso", a la cual sigue la desesperación de "Un Grito en el Vacío" y la tétrica calma de "El Abbadón" para finalmente cerrar de manera climática con "Los Insectos", únicos sobrevivientes de los estragos causados por los humanos.

Reminiscencias es un trabajo balanceado, un disco indispensable no sólo en la discografía del *rock* progresivo nacional, sino también en la internacional y que brindó reconocimiento al grupo en dicho ámbito. Fue tal la reputación del grupo en el extranjero que en 1989 el sello norteamericano Art Sublime editó en un doble CD los dos primeros discos de la agrupación.

Iconoclasta sigue en el camino luego de 31 años y no se ha conformado con vivir de sus glorias pasadas; si bien sus grabaciones se han vuelto esporádicas, es uno de los grupos con mayor trayectoria en las aguas del progresivo en su veta sinfónica. Y en ese abigarrado mar discográfico que ha construido, éste, su segundo álbum, es una placa de las más celebradas.

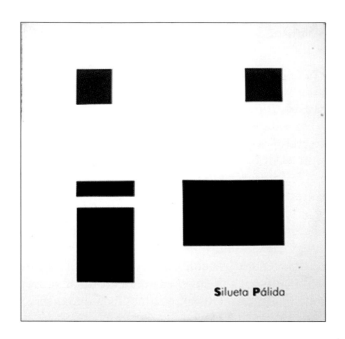

Silueta Pálida

Silueta Pálida
Discos A.E.I., 1984

Marcos Hassan

En México, el *garage rock* en los setenta fue "el progre", como a principios de los años ochenta fue la electrónica. Size, Syntoma, Casino Shangai, Artefakto, Capitán Pijama, eran algunos de los que se dedicaban a tocar con los sintes y aparatos más modernos de la época; por crudos y ridículos que llegaran a sonar, se grababan ellos mismos en estudios caseros donde editaban su material independientemente. Se trataba de adolescentes que usaban estas máquinas para crear sus primeras composiciones hasta mejorar su desempeño, escribiendo rolas como las de las bandas de Inglaterra que sacaban sus sencillos vía Mute Records, discos que se conseguían importados, aunque seis meses después de su lanzamiento original.

Entre los pocos discos que se editaron durante este periodo —porque, aunque fueran muchos los músicos de aquella época, no todos fueron lo suficientemente afortunados para llegar a lanzar un casete; olvidémonos de que sus sonidos retrofuturistas pudieran imprimirse en un surco para que una aguja les diera vida— se encontraba Silueta Pálida con un vinyl de 12 pulgadas, poseedor de un arte minimalista (de entrada, una funda blanca con texto negro. Al frente, el nombre del grupo; atrás, el resto de la información y algunas fotos) que presumía el número de catálogo 001 del sello Discos A.E.I. Un trabajo firmado por Carlos García y Jaime Herranz, quienes incluyeron a invitados como Arturo Meade, Rafael Gaitán, Ramón Tomás y Enrique Herranz.

Carlos había sido miembro de Glissando, mientras que Jaime tuvo participación en el Escuadrón del Ritmo, una experiencia que se nota en las composiciones y sonidos encontrados en este EP desde su arranque, donde una percusión y unas ligeras campanitas ceden paso a lo que parece ser un sintetizador golpeado en sus tonos agudos; melodías simples, retorcidamente oscuras. La calma moderna que podía escucharse en el Batcave en Londres, haciendo referencia a Bauhaus y a los melancólicos de la época.

El disco es conformado por cuatro temas de los cuales dos no cuentan con voces. Una de las canciones que incluye lamenta la pérdida que nos genera el tiempo y añora el regreso a ese punto en la vida donde todo era más inocente, mejor: "La Infancia". Y es precisamente ese sentimiento que generan ciertos momentos en la vida, aquellos deseos de hacer algo a sabiendas de que es imposible, el fuego que propaga este disco. Las herramientas de la llama son más comunes de lo que se piensa, aunque generan emociones de lo más desconcertantes: bajo eléctrico, pianos, guitarras acústicas y eléctricas y batería acústica (nada de una *drum machine* o *pads*). Ahondando respecto a la instrumentación orgánica del grupo, el sonido que se escucha en "El Paso del Tiempo", inmediatamente después de la batería, es el de una marimba real, no se trata de un *preset* en un sintetizador. La unión de todos estos elementos trae consigo un disco muy rico en tonalidades que, aunque intenta capturar un ambiente de luminosidades blancas y negras, producto de la frustración depresiva propia de las influencias musicales de sus creadores, conduce a un sonido expansivo, suelto, cuyas líneas y repeticiones, por simples que parezcan, sorprenden.

Cada tema va desenvolviéndose como si sus sonoridades estuvieran encogidas en papel y se fueran revelando a cada segundo. Esto se refleja especialmente en los ruidos análogos que se escuchan en la remezcla de "El Paso del Tiempo" y ese piano rodeado por camas de sintetizadores tendidas para el corte instrumental "Impensado". Se trata de elementos que llegan en el momento preciso, haciendo de este trabajo uno de los mejores lanzamientos en la historia de la música en nuestro país, aunque no ha tenido el reconocimiento merecido. El grupo se separó poco después de la grabación de éste, su único material. Carlos pronto formaría a los héroes de culto Década2 —quienes continúan activos a la fecha— mientras que Jaime intentó transitar un camino más tradicional en su siguiente proyecto musical, poco antes de retirarse del medio.

Apenas tres canciones, un tema instrumental y una remezcla cohesionados por dos grandes músicos en un disco tremendo.

El diablo en el cuerpo

Size

El diablo en el cuerpo/ La cabellera de Berenice
Independiente, 1984

Pilar Ortega

Hay discos cuyo valor musical es atemporal y discos que deben ser entendidos en su contexto. *El diablo en el cuerpo/ La cabellera de Berenice*, de Size, pertenece a esta segunda categoría.

Para comprender mejor el trabajo de este grupo es necesario hacer referencia al México de principios de los ochenta; un país provinciano donde el rock estaba prohibido y difícilmente sobrevivía en hoyos *funkies*; para quien la máxima figura musical era José José y cuyo último gran movimiento cultural fue encabezado por Alejandro Jodorowsky. De este modo puede entenderse lo que para un adolescente de aquella época significaba escuchar la voz de Illy Bleeding cantando: "Tengo 21 años, sueño continuamente con luces y letras" o "Mis tristezas van a un lado de las tuyas" con sintetizadores detrás. No era poca cosa aquello. Significaba que había jóvenes que se atrevían a abordar temas absolutamente personales y que para expresarse elegían sumarse a la música de vanguardia.

Cuando los miembros de Size se presentaban en vivo —en los pocos lugares donde podían hacerlo— sus ojos pintados, ropa y actitud confirmaban que, por fin, la modernidad estaba llegando a nuestro país tal como debía ser; de manera furtiva, elitista, *underground*. Integrado desde sus inicios (en 1979) hasta su disolución (aproximadamente en 1984) por Illy Bleeding (Jaime Keller, voz), Dennis Sanborns (Walter Schmidt, sintetizadores), This Grace (Carlos Robledo, teclados, guitarra y coros) y Dean Stylette (batería y coros), el grupo fue una de las primerísimas figuras que desataron y protagonizaron dicho movimiento al lado de Dangerous Rhythm.

El diablo en el cuerpo/ La cabellera de Berenice fue editado de manera no sólo independiente, sino prácticamente artesanal, y contiene los dos temas que le dan nombre al EP. Se trata de la segunda grabación del grupo; en 1980 editó un sencillo de 7" titulado *Tonight/ Daily*, con letras en inglés y un sonido más *punk*, ejecutado con instrumentos tradicionales. Este trabajo fue seguido de un LP que nunca ha visto la luz, *Nadie puede vivir con un monstruo*. Para su segunda grabación, dos cosas importantes habían pasado: en el mundo, el *punk* había dado paso a la *new wave* y en México Illy y compañía se habían comprado unos sintetizadores, los cuales dominaban su sonido. Además, habían roto (junto a otras bandas) el mito de que el *rock* no podía cantarse en español.

El disco, editado en el estudio de Raúl Acosta, de Los Locos del Ritmo, y producido por los propios integrantes, es una suma de opuestos: post *punk* indiscutible (con clarísimas referencias a grupos como The Cure, New Order y Ultravox) poseedor de un sonido casero e imperfecto que resulta fácilmente bailable y captura fielmente el sentir de la época. Pero hay más, las letras, a pesar de contar con una gran inocencia, resultaban en su momento provocativas e, incluso, contestatarias por no encajar en el espíritu "revolucionario" que todavía dominaba la cultura en esos años. En este EP, Size habría de introducir los dos grandes temas del *rock* mexicano que sobrevivirían durante décadas —de Caifanes a Zoé— y que son la muerte y la fascinación por el cosmos.

Pero la mayor aportación de esta banda va más allá. En su momento, provocaron en el escucha la sensación de ser cosmopolita y formar parte de algo en lo que hasta entonces sólo podía participarse de manera referencial. Con dicho disco se probó que en México se podía hacer música para jóvenes, que así como en Estados Unidos e Inglaterra grupos como The Velvet Underground, Sex Pistols y Pixies lograron que los pocos fans que los vieron en vivo corrieran a formar sus propios grupos, en México podía ocurrir lo mismo tras presenciar el desenvolvimiento escénico del grupo liderado por Illy. En ese sentido, al escuchar *El diablo en el cuerpo* puede entenderse lo que pasaba hace treinta años, pero también lo que sucede en la escena actual.

Casino Shanghai

Film
Comrock, 1985

Jacobo Vázquez

La escena *rockera* mexicana de los años ochenta se podría dividir en dos categorías: la compuesta por músicos que colocaron los cimientos de ésta, pero no obtuvieron éxito comercial, y la que engrosan quienes aprovecharon el *boom* del "Rock en tu Idioma" para consolidar una carrera profesional de muchos años. Casino Shanghai pertenece a la primera de estas dos categorías. El grupo capitalino estaba integrado por Walter Schmidt y Carlos Robledo, quienes decidieron formar un nuevo grupo tras la separación de Size, su anterior banda. Schmidt y Robledo se hicieron acompañar de Humberto Álvarez y la cantante Ulalume, quien se convertiría en el punto de atención de su nueva propuesta.

El estilo de Casino Shanghai estaba centrado básicamente en el *techno pop*. Esta corriente musical se caracterizaba por el uso de sintetizadores y cajas de ritmos y, en este sentido, *Film* es un álbum orientado hacia el sonido de grupos como The Human League o Depeche Mode. Los integrantes de Casino Shanghai eran conocedores de las tendencias musicales de vanguardia de aquellos años y aunque la efervescencia del *techno pop* ya había terminado en países como Inglaterra o Estados Unidos, en México existía un rezago en cuanto a propuestas nacionales.

Grabado durante la primavera y verano de 1985, el lanzamiento y promoción del álbum debut del nuevo proyecto de Walter y Carlos se vio afectado por el terremoto de septiembre de ese mismo año. Sin embargo, ambos tuvieron la oportunidad de presentarse en programas de televisión que poco a poco abrían espacios a las propuestas *rockeras* de aquellos años.

Film contiene ocho canciones, todas cantadas en inglés (aunque existe una versión en español de "Hollow Bodies", un tema utilizado para las presentaciones de promoción). No hay que perder de vista que era 1985 y todavía no se daba la explosión del llamado "Rock en tu Idioma", así que muchas bandas mexicanas seguían cantando en inglés. Sin embargo, algunas de ellas siempre tenían una versión en español de sus sencillos.

Las letras de *Film* reflejan su interés por la soledad y la poesía erótica; elementos adheridos a escenarios de oscuridad y, en algunos momentos, de terror. En el tema "Sexy Bodies", Ulalume se convierte en una coleccionista de amantes, los cuales son pinchados en el corazón como si fueran mariposas después de haber pasado la noche con ella. "Strangling me (With your Love)" relata la historia de una relación sadomasoquista imaginaria cuyo protagonista es un sonámbulo que hace el amor con una fotocopia y al final cae por la ventana para terminar en una ambulancia. La ya mencionada "Hollow Bodies" se centra en la soledad de una mujer tras una decepción amorosa y la posterior creación de un mundo irreal para darle sentido a su vida. Sin embargo, la realidad tendrá que ser confrontada, tarde o temprano.

Una de las virtudes de Casino Shanghai fue su parte visual, pues la imagen del combo iba totalmente de acuerdo con su propuesta musical. Desde la portada del disco se puede ver a sus integrantes elegantemente vestidos. Vale la pena recalcar que la elegancia no era un elemento muy común en los grupos mexicanos de esos años, ya que se pensaba que el traje o los vestidos eran más apropiados para baladistas que para la gente que se dedicaba al *rock*. En la parte musical, el grupo demostraba su elegancia también, al alejarse de los instrumentos convencionales del *rock*. En sus actuaciones en vivo, el cuarteto solía presentarse con Ulalume al frente, apoyada por Schmidt, mientras Robledo y Humberto Álvarez permanecían en la parte de atrás. Esto hacía que las miradas recayeran totalmente en Ulalume, quien parecía estar rodeada por tres estatuas detrás de un sintetizador. Sin duda, esta mujer fue influencia para muchas *rockeras* mexicanas, desde Rita Guerrero (Santa Sabina) hasta Julieta Venegas.

Film podría considerarse como el mejor disco de *techno pop* nacional de los años ochenta debido a su producción y propuesta musical, innovadora para aquellos años. Marcaría el camino para que la siguiente generación de músicos mexicanos explotara la imagen como parte fundamental en la promoción de su propuesta. Basta comparar la portada de *Film* con la de los primeros discos de Caifanes, Los Amantes de Lola, Neón y Fobia. Quizás uno de los puntos determinantes en el poco éxito comercial de Casino Shanghai fue el hecho de haber cantado en inglés. Lección aprendida por Moenia más de diez años después, cuando se convirtió en el primer grupo de *techno pop* mexicano en entrar a las listas de popularidad de la radio comercial.

Varios

Éxitos
Comrock, 1985

Javier Hernández Chelico

A más de cinco lustros del lanzamiento de este LP se constata el sobresaliente instinto musical y de cazatalentos de Ricardo Ochoa. Él seleccionó a los participantes de este acoplado: Ritmo Peligroso, Kenny y los Eléctricos, Mask, Los Clips y Punto y Aparte. Cinco bandas representativas de las diferentes propuestas emergidas en el *rock* mexicano ese año clave: 1985.

El disco inicia con "Me Quieres Cotorrear", de Ricardo 8-A y Kenny e interpretada por Kenny y los Eléctricos. Rola que es ejemplo de esta producción: ritmo *pop*, estribillo contagioso y letra dirigida a los adolescentes: "Cuando me invitas sola a salir/ buscas pretextos para seducir/ siempre me tratas muy tan natural/ y de repente quieres darme más/ no, no, no sé qué pasa/ creo que me quieres cotorrear..." Esto se lee en la funda impresa que está incluida en este LP y que contiene letras y créditos de esta grabación. La rola dos corresponde a Ritmo Peligroso (antes de este disco:

Dangerous Rhythm) con su, quizá, canción más conocida, "Marielito", cantada por Piro, quien presenta la alineación de músicos que estarían con él muchos años: Marcelo, guitarras y coros; The Cat (el Gato, poco después), batería y percusiones, y Jorge D' Ávila en el bajo.

En ese lejano año, formaba parte de Mask un cantante que después sería figura en otra banda: José Fors. Él canta en este vinyl, "The Fox", canción inspirada en la letra del libro *Le Petit Prince*. En esta rola ya se escuchan los sonidos metalosos que después aparecerían en los proyectos musicales de Fors. El cuarto surco, interpretado por Punto y Aparte, contiene una de las rolas destacadas del disco: "Don't Cry for the Radio", canción bien estructurada dentro de un *hard pop* ochentero y con buena vocalización por parte de Javier Alorda, quien también se encarga de la guitarra; la base rítmica es sostenida por Abraham Calleros en la batería y Waldo Chávez en el bajo. La letra de la rola es sobre la soledad y la necesidad de amigos. Cierran el lado A, Los Clips, agrupación formada entonces por Agustín Villa, el Cala, en la voz; Óscar Salazar, guitarra; Quetzalcoátl (Cacual), batería y Víctor Inda en el bajo. La canción, "Una Buena Lección", es una rolita con ritmo *pop* que cuenta la historia de un alumno que se enamora de su maestra.

Lado B. Al voltear este acetato, la primera canción es una muestra del metal que se tocaba en los ochenta: Mask inicia su rola "Going Down" con la plegaria "Praise the Lord" para después continuar, por medio de sonidos rudos y la voz grave/ aguda de Fors, con una letra, entre mística y pagana. La siguiente canción corresponde a la banda Punto y Aparte con la rola "Heart Break", que muestra otra faceta del trabajo de esta agrupación con respecto a la canción grabada para el lado A. "Heart Break" tiene una estructura sonora, entre metal ochentero y *pop* contemporáneo, pero sin definirse por alguno ni lograr amalgamarlos, no obstante, el resultado es interesante.

La segunda rola elegida de Kenny y los Eléctricos es "A Woman in Love" que inicia su letra con una confesión, cantada en inglés: "Tengo que decirte algo muy malo/ no puedo aguantar por más tiempo/ No quiero pasar mi vida/ como una buena y agradable chica/ invítame a hacer una nueva mujer de mí". El sonido de la rola es el que manejaron Kenny y Ricardo: *pop* rítmico bailable. La cuarta canción del lado B de este compilado es "Modern Minds", de Ritmo Peligroso, rola que da tímidas muestras del *punk* que tocaba Ritmo al inicio de esa década, sobre todo por los macizos guitarrazos de Marcelo y la letra, que es una crónica a los tiempos modernos que se vivían, y a los cuales, Piro profetizaba que las nuevas mentes terminarán gobernando. El disco cierra con la canción que, sin duda, se convertiría en la más famosa de la colección de este disco: "El Final". En su letra dice: "Llegando a la fiesta/ te veo besándote con otro/ yo no lo quiero pero/ hoy te tengo que olvidar". Esta composición de Cala y de Óscar Salazar fue grabada posteriormente por Rostros Ocultos y le volvió a funcionar a Cala y hasta la fecha, en las fiestas de jóvenes, se sigue cantando.

En el año 2005, el LP es remasterizado y convertido a formato CD. Es puesto a la venta en tiendas de discos, pero poco después desaparece de los estantes, hecho que convierte esta producción en objeto de culto.

Luzbel

Metal caído del cielo
Comrock, 1985

Carlos A. Ramírez

Si alguna vez el nombre de un grupo mexicano respondió perfectamente a su discurso lírico y musical ése es Luzbel, el ángel caído rebosante de belleza que se atrevió a rebelarse contra la tiranía hipócrita de Dios y al que, en castigo, éste condenó a vivir en los apretados infiernos; maldecido y temido, además, por los humanos, esos insignificantes seres que, por alguna incomprensible razón, son el objetivo de su lucha eterna. Ya se sabe: el de la barba blanca quiere salvarnos y el de los cuernos y el rabo pretende nuestra condenación eterna. Mientras Dios trata de llevarnos por la aburrida y poco excitante senda del bien, Luzbel suele tentarnos con placeres y perversiones varias que muy pocos son capaces de resistir. Una de ellas, por supuesto, tendría que ser el *heavy metal*, un género musical no pocas veces anatematizado desde púlpitos de la iglesia católica y que en México hace su aparición de manera deslumbrante con este disco.

El título del EP de cuatro canciones alude, a la vez, al ángel desterrado y a la declaración de cierto crítico inglés que alguna vez afirmó que la música de Jimi Hendrix lucía "como metal pesado cayendo desde el cielo". Algo que debió ser escuchado por el guitarrista Raúl Fernández "Greñas", chilango radicado en Inglaterra durante la ebullición de la llamada Nueva Ola del Heavy Metal Británico —encabezada por Iron Maiden y Judas Priest— y que a su regreso a tierras aztecas, tras la desintegración de Red, su intentona inglesa, formó junto a Antonio "La Rana" Morante, bajista; Sergio López, baterista; y Arturo Huízar, poeta y cantante de inusuales rangos y tesituras, la que muchos consideran la primer banda mexicana de *heavy metal* de envergadura. Y que en ésta, su carta de presentación producida por David Guerrero, demostró por qué, en una época en la que ninguna disquera grande se atrevía a contratar grupos de *rock* —mucho menos de metal— el sello de reciente creación Comrock, perteneciente a WEA, se acercó para grabar su música.

Metal caído del cielo posee canciones poderosas en la frecuencia de lo que ahora conocemos como *heavy metal* clásico (Led Zeppelin, Black Sabbath) con un trabajo de guitarras elaborado y propositivo, lleno de solos y memorables *riffs*, siempre al servicio de la canción más que del lucimiento personal. Cierran el círculo de fuego una batería y un bajo más que cumplidores y un manifiesto lírico que fustiga inmisericordemente a la iglesia —lo cual llegaría a su máxima expresión en trabajos posteriores— y reflexiona de manera pesimista sobre el vacío existencial de la vida moderna y la hipocresía de la sociedad con respecto a temas fundamentales como el sexo. Todo esto hilvanado de manera sorprendente para una ópera prima.

Las primeras frases de "El Ángel de la Lujuria", el corte que abre el disco, pronunciadas después de escuchar a una cabra —¿o a un macho cabrío?— balando, son el mejor ejemplo: "Me he caído del cielo para esta noche estar contigo. He atravesado el umbral del tiempo para amarte. Para poseerte. Para transformarte". El preámbulo para un huracán de *speed metal*, cuyo solo intermedio recuerda al mejor Ritchie Blackmore y presenta al singular Huízar, un hombre capaz de llevar sus vocalizaciones de graves a agudos imposibles sin apenas despeinarse.

"El Loco", por su parte, es un alegato existencialista acerca de un hombre incapaz de encontrar su lugar en un mundo que le resulta ajeno e incomprensible. "Hace tiempo descubrí que yo no vivía aquí. Era un sonámbulo de mi realidad. Reconocí el vacío de mi existencialidad. Soy un humano por casualidad". Una reflexión que está muy lejos de encontrar respuestas, sobre todo en la religión organizada; "le pedí a Dios que se me apareciera para que así en él y en su palabra creyera y sólo encontré a una iglesia que peca de convenenciera". Quizá, parece decir Huízar, sólo la música, representada aquí por los enormes solos y las distorsiones de la guitarra de Greñas, podrían darle sentido a la vida.

"Esta Noche es Nuestra" es la canción menos oscura del disco, pero sin dejar de ser crítica: "Mi cuerpo es confianza donde puedes explorar todas esas fantasías que te han hecho ocultar. Esta noche es nuestra, nadie nos la va a quitar. No pongas pretextos para vivir nuestra libertad. Quizás mañana tu maquillaje y mi corbata nos harán cambiar". Todo un himno para los metaleros mexicanos.

Cierra el disco "La Gran Ciudad", un tema desesperanzado, pero hermoso que baja la velocidad, en la vena de Deep Purple, y que sirve como colofón a un gran debut discográfico con versos del calibre de "sólo estoy soñando en un río de muertos. Me atrapa en sus adentros la gran ciudad... Y si te escondes del agua y si te escondes el alma y si no quieres morir, verás la risa del loco, cómo se come tus ojos, cómo te da eternidad".

Metal caído del cielo es un trabajo que quizá no haya sido debidamente apreciado en su momento por diversos motivos, pero sobre todo por esa idiota etiqueta de satánicos —¿a ésta, una banda más bien de formación humanista?— que a alguien se le ocurrió colgarle a los músicos. Basta decir, sin ironía y guardadas las distancias, que Greñas y Huízar son como los Plant y Page del *metal* mexicano.

Rodrigo González

Hurbanistorias
Discos Pentagrama, 1986

Alberto Escamilla

La historia de Rodrigo González (Rockdrigo) está rodeada de una serie
de acontecimientos que terminaron por transformar al cantautor en una
figura mítica para el *rock* mexicano. Exponente notable del *rock* urbano y
rupestre junto con Jaime López, Rafael Catana, Roberto González y otros,
Rodrigo llegó al Distrito Federal proveniente de su natal Tampico en 1975
y a principios de los años ochenta comenzó a presentarse en diversos espacios no sólo en la capital, sino en otras partes del país. Con el paso de los
años ha sido considerado uno de los mejores letristas de dicho género y, en
su momento, para muchos, fue su más digno representante. Los incesantes
rasgueos de su guitarra, sus ingeniosas letras y espontáneas presentaciones
le dieron una personalidad única no sólo a él, sino a su música, cuyas influencias provenían de los cantautores anglosajones de música *folk* de los
años sesenta y setenta. Para Rodrigo, bastaba una guitarra acústica y una

armónica para dar rienda suelta a su creatividad, la cual, por momentos, parecía desbordada.

González era un músico scmiprofcsional que se curtió en las calles. Le interesaba conocer las historias y experiencias de la gente que vivía en la ciudad. Fue un autor prolífico que en cuestión de pocas horas era capaz de componer varias canciones con los más diversos contenidos y estilos. En el momento en que llegó a tener un repertorio considerable de canciones, decidió llevar a cabo grabaciones caseras a falta de un estudio profesional. Aquellos demos son los que han llegado hasta nuestros días y sirvieron para editar cuatro discos (*Hurbanistorias*, *El profeta del nopal*, *Aventuras en el defe* y *No estoy loco*) que quedaron como legado de su obra, además de los programas de radio y la presentación en directo en el Café de los Artesanos, en la ciudad de Aguascalientes. Hay tambíen canciones "perdidas" que algunos de sus colegas, productores de radio, representantes de disqueras y amigos han venido rescatando. El periodo más prolífico de Rodrigo tuvo lugar entre 1983 y 1985, etapa en donde fue invitado a la radio, grababa sus demos e iba de un lugar a otro presentando su material en directo. En 1985 se presentó en el Museo Universitario del Chopo con el grupo Qual para dejar de lado la pureza de su sonido original y dar paso a un concepto de banda.

En 1983 seleccionó doce canciones de su repertorio para grabar un casete cuya edición fue completamente independiente, en 1984. Se trató de la primera edición de *Hurbanistorias*, la única grabación que realizó mientras vivió. Resulta increíble que un compositor con ese talento no grabara jamás en un estudio profesional (el trabajo fue reeditado en LP por Discos Pentagrama en 1986, después de la muerte del tampiqueño y, desgraciadamente, fue poco o nada lo que se hizo por mejorar su calidad sonora), sin embargo dicha cinta recoge las canciones más representativas de una obra cuyas temáticas giran en torno a historias que tienen lugar en una gran urbe como el D.F.

El disco abre con una de sus mejores composiciones: "El Campeón". Una oda al insensato que, no conforme con serlo, le gusta exhibirse como tal. Aquí, Rodrigo despliega sus recursos literarios para describirnos de manera irónica a un personaje frío e indiferente. Otro corte en donde muestra su capacidad como letrista es "Perro en el Periférico", en donde el individuo es consumido por la voracidad insaciable de la sociedad industrial, sintiéndose indefenso frente a la vorágine y el bullicio urbano. "La Balada del Asalariado" trata sobre el trabajador de clase media que espera puras buenas noticias y no encuentra más que deudas, por lo cual se hace presa de la angustia. Por otro lado, "Instante Distante" es un momento de introspección donde se manifiestan sentimientos de soledad y arrepentimiento. En esta canción, el cantante alude a la muerte, quien lo llama para estar a su lado. No es la única pieza en donde hay referencias al tema, en otros cortes como "Dicen que la Muerte" y "Algo de Suerte" encontramos también metáforas similares. Mención aparte merece "Rock en Vivo", un tema pleno de pasajes citadinos, máquinas, esmog, calles y una masa de gente indiferente (similar al retratado en "Vieja Ciudad de Hierro"). Se trata de una de las composiciones más sobresalientes del disco.

En "Ratas", el compositor habla de un pequeño mamífero delincuente, un político rapaz que precede la aparición de la "Estación del Metro Balderas", donde un tipo enloquece después de extraviar a su novia en aquella estación subterránea, en medio de los tumultos. Buscándola desesperadamente se transforma en "el terrorista de la línea tres". Por otro lado, "No Tengo Tiempo de Cambiar mi Vida" es una de sus canciones mejor logradas. En ella, ya nos avisaba que el tiempo se le acababa y que las excusas no servían de nada. Finalmente, en "Oh, Yo no Sé", "Canicas" y "El Rock del Ete", encontramos a Rodrigo en su versión humorística.

Después de 27 años cada 19 de septiembre se celebran puntualmente homenajes y tributos en diversos foros de la Ciudad de México, donde todavía se habla del legado del tamaulipeco. Algunos consideran que Rodrigo fue el personaje que cimentó un movimiento de *rock* rupestre que con su muerte en 1985 se extinguió. Quizá. En todo caso, lo que sí podemos decir es que justo cuando el futuro parecía más prometedor, cuando González estaba a punto de firmar contrato con una disquera y más aplausos recibía, sucedió la historia que todos conocen; aquella telúrica mañana del 19 de septiembre de 1985, cuando se vino abajo el edificio donde vivía en la colonia Juárez. El final de una historia increíble.

Atoxxxico

Punks de mierda
PPR Records, EP, 1987

Iván Luna

Corría el año 1980 y en la escena *punk* mexicana se conocía la carrera de las primeras bandas influyentes del género como Dangerous Rhythm, Size y The Casuals, cuyo sonido sería absorbido por jóvenes de clases marginadas (Rebel'D Punk, Síndrome, Solución Mortal, Xenofobia, Herejía), provenientes de la periferia de la Ciudad de México: Netzahualcóyotl, Iztapalapa, Tacubaya y San Felipe de Jesús.

La última colonia mencionada, ubicada al norte del Distrito Federal, vio los inicios de Atoxxxico con su alineación original: Trasher (guitarra), Daniel Anti (bajo), Warpig (batería) y El Pañal (voz). En un pequeño cuarto de ensayo aquellos músicos comenzaron a darle forma a canciones como "Puerco Policía", "Divisiones Absurdas" y "Tu Diversión", todas incluidas en su disco debut bajo el nombre de Atoxxxico: *Punks de mierda*. Se trata de composiciones directamente influenciadas por bandas *crossover* y *thrash* de la época como Suicidal Tendencies, S.O.D., Corrosion of Conformity y D.R.I., además de grupos *hardcore* como Siege y Lärm.

Eran momentos de austeridad, no era sencillo hacerse de un distorsionador para las guitarras, había que sacar el sonido saturado desde el amplificador. Detalles como éste se vieron reflejados en la primera grabación del cuarteto, un disco del cual los músicos jamás se sintieron del todo orgullosos, pero que de manera inesperada hizo que en otros países el nombre del grupo fuera reconocido gracias a su sonido, completamente orgánico (pocos sabían que se trataba de un asunto meramente accidental). Para contrarrestar su insatisfacción, la banda se excusaba diciendo que su mejor rostro se encontraba en las presentaciones en directo.

Uno de los grandes problemas que acompañó la salida al mercado de esta colección de temas fue la intolerancia entre las diversas escenas que se codeaban en el ambiente marginal del país, pues había dificultades ideológicas entre *punks* y *metaleros*. Sin embargo, las letras de Atoxxxico resultaban conciliadoras; siempre fueron de crítica y burla a la sociedad, a la clase política y a la escena *punk* misma. Tal y como lo dice la canción que da título al trabajo: "Vaya grupo de anarquistas por las drogas gobernados, frustración siento de verlos mentalmente retrasados".

Aquellos días fueron clave para la expansión del *metal* en México gracias a tiendas especializadas como SuperSound y Discos Aquarius, además del Tianguis Cultural del Chopo. Por su parte, *Punks de mierda* se definiría como uno de los discos precursores del *hardcore* en México y Latinoamérica, aunque la idea inicial de Atoxxxico era únicamente intercambiarlo en pleno auge del *tape trading*, costumbre de la cual sus integrantes eran asiduos.

Con el *tape trading* muchas bandas y sellos discográficos independientes se contactaban para intercambiar demos y grabaciones (en vinyl y casete). Aquella fue una generación que se desvivía por tener distintos apartados postales, ahorradora con tal de comprar música proveniente de lugares distantes. El ritual consistía en asistir al correo postal, recibir cartas, leerlas, hacer paquetes con mercancía propia y enviarla para así generar un intercambio. Para los verdaderos melómanos de la época esto significaba una adicción, una manera de conocer nuevos grupos, todo un arte. Atoxxxico hizo numerosos *tape trading* con personalidades como Lee Dorrian (Napalm Death, Cathedral, Probot), Bill Steer (Carcass, Napalm Death) y Jello Biafra (Dead Kennedys). De hecho, fue de esta manera que Trasher y Warpig se conocieron; el primero era experto en *hardcore* y el segundo en *heavy metal* subterráneo.

Tras la aparición de *Punks de mierda,* otras bandas comprobaron que era redituable sacar un EP o LP. Atoxxxico fue la punta de la flecha. Provocó intercambio de materiales discográficos, la publicación de fanzines y la creación de colectivos como J.A.R (Juventud Antiautoritaria Revolucionaria), y U.P.L. (Unidad Punk Libertaria). Entonces se contaba con la música, la literatura que giraba alrededor del verdadero *punk* y la ideología "Do it yourself"; sólo hacía falta la organización y la actitud apropiadas.

Influencia directa para grupos integrados en las filas tanto del *metal* como del *punk*, Atoxxxico tocó de 1987 a 1995. Sin embargo, debido a problemas con el registro legal del nombre, de 1998 a 2002 regresaron como tóxico-A, y de 2002 a la fecha como A//toxico. Ya lo decía el propio grupo como frase regidora: "El hardcore es infinito".

Jorge Reyes

Comala
Producciones Exilio, 1987

David Cortés

En este disco, sin duda, Jorge Reyes consiguió amalgamar a la perfección los sonidos de la música prehispánica con el *rock* progresivo. Es la cristalización de un largo viaje que inició en sus días con Al Universo, Nuevo México, continuó en su autoexilio por Alemania, su estancia con Chac Mool, y ese precioso proceso de aprendizaje que fue su trabajo con Antonio Zepeda en *A la izquierda del colibrí.*

Comala es una placa oscura, premonitoria. Comienza con un ruido de viento combinado con flautas prehispánicas, mientras del fondo surge un ritmo tribal, guerrero, que se mantiene en segundo plano. De pronto un sintetizador irrumpe e instaura una dimensión diferente, clausura lo antiguo para ceder el paso a lo moderno, sin dejar de lado el tono misterioso. La voz de María Sabina, fondeada por un sintetizador, añade misticismo y marca la entrada de otros ritmos construidos con percusiones prehispánicas, los cantos del grupo Tribu y música de cuerpo de Jorge Reyes.

En "Adiós mi Acompañamiento", otro de los invitados, Humberto Álvarez, marca el tono sobrecogedor de la composición con su piano preparado que es reforzado por los instrumentos prehispánicos de Reyes. Arturo Meza, en el *track* siguiente, "Hekura", interpreta un canto con la garganta, mientras las voces de Tribu salen de un teléfono y el todo es soportado por la percusión. La atmósfera general es inquietante, como un presagio, un augurio. Destaca aquí la mezcla entre lo prehispánico y lo electrónico (procesamiento de voces).

"Nadie se Libra en Tamohuanchán" es como el nacimiento de un día, pero los sonidos oscuros (aquí enmascarados y pretendidamente indescifrables) nos recuerdan el carácter lóbrego de la obra. Está marcado por un desarrollo lento, pero éste se aviva cuando el sonido de un clavado marca el ingreso de los sintetizadores y las voces, nuevamente ininteligibles, confirman el aura de misterio. Al final, el corolario lo imprimen la guitarra y los violines huicholes.

El corte siguiente, "La Diosa de las Águilas" es igualmente ominoso. Aparece nuevamente la voz de María Sabina, el ritmo se teje con los cántaros, crepitar de fuego, un sintetizador y el viento. El único color, y calor, en la composición lo imprime una guitarra en la cual apenas se tocan algunas notas.

En "El Ánima Sola", las voces del grupo Tribu emergen otra vez del aparato telefónico y el ritmo se bosqueja con los instrumentos prehispánicos. Lo prehispánico y lo electrónico se van entrelazando, las voces se procesan con eco, unas surgen de un tercer plano y amenazan con elevarse, pero nunca llegan al papel protagónico. Mientras, los sintetizadores dominan con su melodía hasta que la oscuridad se cierne sobre el *track* y éste se desborda, se torna uno diferente, como si fuera una caja que se descubre, se abre y cumple la función de otorgarle circularidad al disco, completa la vuelta, anuncia la espiral.

En la primera edición en CD de esta producción se incluyó un *bonus track*, "El Arrullo de la Mujer Día, Mujer Luz", una pieza muy atmosférica y grabada en vivo, construida con el sintetizador, los ritmos corporales de Reyes y los cánticos de María Sabina, que si bien no rompen con el concepto primigenio de la obra, tampoco añaden novedad alguna.

Comala es un disco pivote en la discografía de Jorge Reyes, es el trabajo que permite entender de mejor manera el antes y el después; marca una separación con sus obras precedentes y abre puertas al futuro. Es a partir de este disco que la obra de su autor deja de ser local para insertarse en el mercado global del *rock* progresivo, siendo el esfuerzo tan importante como para consolidar la vena del etno *rock*, una categoría que pronto se manifestó como una limitante más al vaciarse de contenido.

Es un disco luminoso en el sentido de que aquí Jorge Reyes consigue ordenar los elementos sobre los cuales trabajará en el futuro, la repetición rayana en la monotonía como herramienta para salir del tiempo mundano y abrir puertas hacia otros mundos; la fusión no de dos épocas, sino de dos cosmovisiones del mundo (lo azteca, lo "auténtico", lo "nuestro", con el Occidente, "lo moderno", el "avance"). Con *Comala* Jorge Reyes inaugura su mejor etapa artística; sin embargo, no obstante los logros posteriores, ninguno de sus discos alcanzó esa oscuridad y misterio que aquí logró plasmar acertadamente.

Cecilia Toussaint

Arpía
Discos Pentagrama, 1987

Francisco Zamudio

Un clásico. Granítico monumento que ha permanecido como una declaración de intenciones para las mujeres *rockeras* en México. Originaria de una familia eminentemente musical en la que sus hermanos Enrique, Fernando y Eugenio se convirtieron en leyendas del *jazz*, Cecilia Toussaint entonaba música popular hasta que conoció a Jaime López, quien la presentó con el guitarrista José Luis Domínguez. De ahí nació el grupo Arpía, cuya primera presentación se realizó el 23 de septiembre de 1983, en el Teatro Carlos Lazo de la Facultad de Arquitectura de la UNAM. El bajista Rodrigo Morales, el baterista Héctor Castillo Berthier y el tecladista Roberto Morales (quien abandonó al grupo antes de la grabación de este álbum), completaban la alineación que entró en septiembre de 1986 al estudio Joe's Garage, propiedad de José Stephens, ex tecladista de Palmera, grupo de *jazz* liderado por Fernando Toussaint en el cual Cecilia hacía coros.

Con todo y haberse planteado como una producción independiente, la placa fue lanzada desde una óptica más comercial: El crédito grupal le fue arrebatado al conjunto otorgándoselo a su cantante, tal cual si se tratase de un trabajo en solitario, estatus que se guarda en la memoria colectiva desde entonces. *Arpía* fue editado bajo un planteamiento conceptual dividido en dos partes: "El amor" y "La ciudad". Arranca con "Testamento", galimatías sónico donde un fragmento de bolero interpretado por Cecilia, se corta abruptamente con el sonido de un "rayón de vinyl", para darle paso a un manifiesto leído al revés, en un cuadro en el cual ella cuenta desde el número 58 hasta el 1, escoltada por la aguda resonancia de un metrónomo. El inicio de su carrera en el *rock* llega con "Prendedor", tema cincelado en el pentagrama a ritmo de *hard rock*, sonoridad que domina gran parte del disco, donde la guitarra de José Luis Domínguez corta quirúrgicamente las estelas dejadas por los párrafos de José Elorza, quien también firmó la siguiente canción, "Astrágalo", enigmático dardo de tintes progresivos que se incrusta dolorosamente en la piel, gracias a una sentida ejecución vocal.

El enfoque lírico cambia de dirección con "Me Siento Bien Pero me Siento Mal" ubicándose en un terreno ampliamente explorado aquí: El sexo. Desde este episodio de infidelidad amparado por la oscuridad y el sofocante calor de una playa, hasta la sexualidad que se vive y se compra sobre las calles narrada en "Sex Farderos"; la libido desplegada tanto por Elorza como por Jaime López, principales escritores del disco, alcanza elevadas cotas lo mismo en "Ámame en un Hotel", subversiva petición realizada en una época en la que las féminas no reivindicaban todavía el derecho a ejercer su propio goce, que en "La Viuda Negra", donde la mujer toma el control completo del acto, al grado de matar a su pareja, en franca analogía con el mundo animal. Firmada por Cecilia, "La Viuda Negra" posee una historia única: Es una pieza de *blues-rock* en la que la instrumentación cambia diametralmente, al incluirse un saxofón y una armónica. Suena sin duda a una colaboración entre El Tri de Alejandro Lora, quien aparece en los agradecimientos, y la intérprete.

Rodrigo De Oyarzabal, uno de los productores junto con Modesto López, se refiere a ella como "la canción *outsider*", grabada sin el conocimiento de nadie más que de "ellos", los músicos invitados anotados en los créditos. Localizada para arrojar una luz definitiva sobre el tema, Cecilia Toussaint fue enfática al contestar: "No te lo voy a decir. Es una decisión que se tomó en esa época y hay que respetarla", dijo tajantemente. Otras grandes canciones como "Corazón de Cacto", "Tres Metros Bajo Tierra", "Viaducto Piedad", "La Primera Calle de la Soledad" y "Buldog Blus", en la cual la Ciudad de México se convierte en la principal protagonista de las narraciones, incluida una cruda referencia al '68 en la que "La razzia de bronce la sangre regó", terminan por redondear una producción energética, instantánea al espíritu y genuina al oído.

Después los intereses se diversificaron: Cecilia dejó Arpía y con el tiempo trasladó su fuerte carácter interpretativo hacia terrenos menos ásperos. Regresó a la música popular de vez en vez, recordándosele como una de las últimas intérpretes de Consuelo Velázquez y, cierto es que ha grabado materiales de talante *rockero*, aunque nunca un álbum tan poderoso e inmediato como éste. Su forma de cantar aquí inmortalizada, ha quedado de modelo a seguir para todas sus sucesoras.

Tex Tex

Un toque mágico
Discos Gas, 1988

Carlos A. Ramírez

En este país ocurre un fenómeno, por decir lo menos, curioso: las cosas suelen no ser lo que parecen y la impostura se valora como una de las virtudes superlativas. Ladrones de alta escuela pasan por hombres respetables; degenerados de apetitos ignominiosos por líderes espirituales y analfabetos funcionales por estadistas brillantes. Y en el *rock and roll* ocurre lo mismo. La escena está plagada de sujetos que se ostentan como *rockeros* e interpretan cumbias o, lo que es peor, tipos con apariencia *glam* metalera que han obtenido éxito masivo ejecutando un *pop* paupérrimo, lamentable. Tex Tex podría ser también un ejemplo pero, afortunadamente, en sentido inverso. Tres sombrerudos a quienes, por su imagen, se les podría ubicar de manera perfectamente natural, encabezando el cartel de un baile grupero, pero que desde este *Toque mágico*, su primer disco, un compilado de diez canciones divertidas y ponedoras —la vena cómica que más adelante iba a volverse una de sus características aquí hace ya su aparición— hacen un *rock and roll* con todas las de la ley; imprimiéndole un estilo que toma elementos del *rock* urbano, el *blues*, la *big band* e incluso sonoridades tropicales al estilo de la Sonora Santanera —como en "Cantinero", la canción que cierra el disco— para concretar algo que ellos han llamado jocosamente "rock ejidal".

Originarios de Texcoco, Estado de México, cuenta la leyenda que un tal Fernando Arau, entonces programador de Rockotitlán, lugar clave para el desarrollo del *rock* mexicano, al verlos les propuso usar sombrero porque "Texcoco sonaba como Texas y aquello podría venirles bien". La anécdota no es gratuita porque aun cuando Lalo, guitarra y voz; Paco, batería; y Chucho, bajo y coros, los hermanos Tex, aceptaron a regañadientes la idea, nunca imaginaron que la imagen del sombrero enmarcando sus facciones aztecas iba a ser al *rock* mexicano, guardadas las debidas proporciones, lo que las barbas del ZZ Top al *rock* norteamericano. Porque desde aquellas lejanas primeras presentaciones, Los Muñecos, como también se conoce al trío, comenzaron a hacerse de un nutrido grupo de seguidores que atraídos en primera instancia por su estrafalaria pinta se topaban con tres músicos dotados y en perfecta armonía que, con una guitarra punzante y poderosa como punta de lanza, interpretaban canciones singulares que hablaban de la calle, el desamparo y la inexorabilidad del fracaso en las relaciones amorosas.

Así, en 1988, en pleno *boom* del *rock* en español, Discos Gas les edita en vinyl ésta, su ópera prima, bajo la dirección artística de Francisco Barrios El Mastuerzo y con la participación de gente como El Sr. González, El Papayo (de El Tri), Alejandro Giacoman (de Bon y Los Enemigos del Silencio) y Javier de la Cueva. El lado A inicia con "Un Toque Mágico", una espléndida canción que con el tiempo se iba a convertir en clásico, que da cuenta del desamparo cósmico en que navegamos los seres humanos; de la inmensa soledad compartida de los habitantes de las grandes ciudades que entre el humo del esmog y los apretujones del transporte público se cuestionan sobre el sinsentido de la existencia. Interrogantes a las que la banda pretende responder, regocijándose en el doble sentido de la frase que titula el tema. El segundo corte es "Dinero y Amor", una ambiciosa composición acerca de una mujer interesada únicamente en el dinero de su hombre, que emociona con un gran solo de guitarra intermedio y termina sorprendentemente, en un auténtico derroche de talento, al estilo de las *big bands*. Enseguida viene "San Francisco", una especie de "bluesecito" *tex-mex* de apenas 1:43 minutos que, de hecho, funciona como toda una declaración de principios: "Yo nací en San Francisco Achicomula: el lugar donde se matan los hombres por el amor de una mujer, yo soy de ahí. Si me quieres encontrar, ya sabes dónde buscar". "Déjame", por su parte, es una extraña mezcla de nostalgia y chacoteo en donde Lalo se decanta abiertamente por la comedia (que alcanzará su cúspide en el otro lado del disco con "La Calle Dieciséis") y al principio de la canción se lanza al ruedo a "recitar" frases del calibre de "Yo siempre he sido humillado y arrastrado, por todas la chicas lindas de este pueblo. Ellas saben que soy sabroso pero siempre me están desperdiciando". Una joya. Este lado termina con "Rosa Lola", la historia de una adolescente que sufre un embarazo no deseado, por lo demás un tema recurrente en todos los grupos de la época.

El lado B arranca con "La Calle dieciséis", un *blues* callejero en donde, como mencionamos anteriormente, El Muñecote se avienta ya de plano una rutina de *stand-up comedy* poco afortunada de la cual sale bastante magullado. Pero enseguida se reivindica con la espléndida "Devuélvelo", acaso la mejor canción del disco: *rock* duro, sin desperdicio, en el cual el papel protagónico de la guitarra va *in crescendo* hasta alcanzar momentos verdaderamente sobresalientes, acompañados por una batería que sólo podríamos calificar de alucinante. "Ahora Ya no Te Quiero", por su parte, es un rocanrolito sabroso, con tintes *blueseros*, en el cual incluso se deja oír un piano de verdad espléndido. "Regresa", la penúltima rola, tiene una letra sencilla sobre traición y desamor, pero aquí el solo de guitarra es nuevamente notable y el bajo, espectacular. Finalmente, el disco termina con "Cantinero", una lamentación con sonoridades tropicalosas del borracho que deja todo su dinero en la cantina y lloriquea porque teme lo que va a ocurrir cuando su mujer se entere que *no quedó ni pa'comer*. Pero no hay de qué lamentarse porque la guitarra del tema transita de principio a fin por los territorios más exquisitos del *rock and roll*.

Únicamente restaría decir que ésta es una obra verdaderamente mágica: como la fantasía, como la yerba a la que hace referencia. Habría que valorarla en su justa dimensión.

Massacre 68

No estamos conformes
Edición independiente, 1989

Alejandro González Castillo

"Massacre 68. Para algunos el recuerdo de la matanza del 2 de octubre en Tlatelolco; la noche oscura. Para otros, sólo una banda de *hardcore punk*; el ruido estruendoso donde un grupo de *punks* se reúne para chocar sus cabezas". Así sintetiza Aknez la historia que protagonizó junto a los tres compinches con quienes grabó *No estamos conformes* en un *track* incluido en la reedición que de dicho álbum se hizo en el 2003. Escuchándole, queda claro que su discurso, provocador y disidente, se presume improvisado, pleno de divagaciones. Un estado de confusión similar al que lo rodeaba, tanto a él como a Pedro, Chopis y July ("cuatro elementos no muy conformes con las reglas establecidas por el sistema, que se proponen llegar al desacato verbal y musical, haciendo un enfrentamiento entre varias culturas"), al momento de grabar su LP debut.

Tras vender sus propios instrumentos para hacerse de unos cuantos billetes, aquel cuarteto de *punks* anduvo por la Av. Canal del Norte hasta toparse con los estudios del sello Gamma, donde registró en un par de días quince rijosos temas dedicados a ese ente opresor llamado "sistema" por la amigable cantidad de 12 000 pesos. El grupo tardaría un semestre en recuperar sus armas de disparo y mucho más que eso en agotar el primer tiraje de ese plato de plástico (la segunda tanda circularía tiempo después ya sin el mañoso logo que Gamma colocó en la tapa). ¿"Crimen capitalista", "Sistema podrido"? Mejor hacer de lado los señalamientos hostigosos y detallar el rebuscado plan de distribución del "producto" que tuvo lugar entonces. Repartido de mano en mano, de *mohawk* a *mohawk*, la audiencia de oídos filosos tuvo que debatirse entre hacerse del disco —naturalmente, regateando hasta el último centavo con los propios creadores— o asumirse como una "Victima del vicio" más y solicitar su dosis de analgésico en la tlapalería más cercana. Sin un aparato de difusión de su lado, vamos, sin el dinero de la industria sonando a su favor, fue complicado convencer a los compradores potenciales de que valía la pena soltar la estopa para dejar caer la aguja. De hecho, cuando la obra fue presentada en suciedad sólo tres osados decidieron hacerse de ella, y vale la pena anotar que dos de los compradores eran familiares del encargado de escupir las blasfemias ante el micrófono. "Miseria", ni más ni menos.

Cutre y mal encarado, *No estamos conformes* carece de matices. No hay descanso entre tanto reclamo a Derechos Humanos, entre el excedido anuncio de insumisión ante los "Policías Corruptos" y sus "Torturas"; y qué decir de los espesos escupitajos arrojados a la hipocresía eclesiástica, al "Ejército Nacional" y a la verborrea política que acarrean las "Elecciones". La instrumentación se escucha a tope y sin las bondades del *hi-fi* a su favor. Hay que poner mucha atención para descubrir cómo un bajo y una guitarra con famélicas distorsiones se jalonean con una opaca batería que apenas es aplacada por los gritos de Aknez, quien no se desgañita leyendo un soporífero panfleto tras un megáfono en un mitin, sino que señala de manera encabronada a los ensangrentados ejecutores de un matadero clandestino de bestias.

Se trata de un encontronazo de razas callejeras, un tiro hostil entre perdedores; esos miserables que los propios músicos denominan "abortos sociales". Una batalla campal sucedida antes de que a alguien se le ocurriera encerrar a esos grupúsculos en los inofensivos corrales de las tribus urbanas.

Para abordar el diseño gráfico del álbum hay que inaugurar un nuevo párrafo, pues toda la pandilla agreste que vivió con los pelos de "punkta" el fin de la década de los ochenta, los inconformes que se amontonaron en conciertos improvisados donde las únicas constantes eran el tufo a resistol

5000 y el lodazal bajo las botas, son desmenuzados en la abigarrada portada, un viaje visual diseñado por Nene, entonces miembro de Los Puercos
y cuyo crédito comparte protagonismo con el nombre del grupo, tal como
ocurrió alguna vez con Warhol y The Velvet Underground. Por otro lado,
hubo un obsequio adicional para los gamberros que se atrevieron a hacer
girar ese primer tiraje: un *fanzine* que el cantante diseñó y cuyo ejemplar
original —él mismo argumenta— extravió en medio del éxtasis que sintió
al recibir su primer millar de vinyles; "durante algún tiempo lamenté haber perdido aquel *fanzine*; aunque si lo encontrara ahora seguramente me
limpiaría el culo con él".

Disco de culto si los hay en el panorama del *punk* mexicano y ejemplo
de autogestión que tiempo después seguirían combos como SS-20, Herejía, Atoxxxico o Xenofobia, este LP de Massacre 68 funcionó para erigir
la figura de Aknez como el mesías del *hardcore* chilango, aunque también
como la segueta con la que los propios fans desmembrarían al cantante,
pues jamás le perdonaron que los abandonara en su podredumbre para
dedicarse a sus "negocios capitalistas". Y ya que se pisan los terrenos del
fundamentalismo, queda como anotación final la auténtica inspiración
de Aknez y sus compinches: más allá del impulso constructivo de Minor
Threat, Discharge o Agnostic Front se trata del conjunto brasileño Olho
Seco, al cual los *punks* con apellido 68 homenajearon en "Malditos Candi-
datos".

El Personal

No me hallo
Discos Caracol, 1989

Enrique Blanc

Una serie de cosas llamaban la atención de cualquiera que acercara el oído al disco que El Personal lanzó en 1989, en una edición muy modesta, con la idea inicial de compartirlo con sus amigos más cercanos, en la entonces muy conservadora ciudad de Guadalajara. Una de ellas era que, pese a estar hecho en la total autogestión, el disco tenía indiscutible calidad en su producción. Otra, el humor y la irreverencia que permeaba cada una de sus canciones, algo que no se veía mucho en el *rock* de aquellos años. Finalmente, el que sus composiciones exhibían una inclinación hacia la fusión de ritmos, elocuente en las etiquetas impresas en la funda del elepé con que el grupo las describía una a una: "Reggae-Cumbia", "Rock guapachoso", "Foxtrot en tu idioma", "Reggae montuno ecologista", etcétera.

    No me hallo se grabó entre octubre y diciembre de 1988 en los estudios Midi bajo la supervisión de Sergio Naranjo y la asistencia de Paco Navarrete. Meses atrás, El Personal había comenzado a tocar en vivo en foros, centros culturales, como la Peña Cuicacalli, y espacios públicos. Su primera alineación consistió de Julio Haro en voz y melodión, Alfredo Sánchez en guitarra y teclados, Óscar Ortiz en guitarra, Andrés "El Boy" Haro al bajo y Alejandro López Portillo, quien después fue reemplazado por Pedro Fernández, en batería. Sus presentaciones, al igual que sus pretensiones artísticas, estaban marcadas por la modestia y el mero gusto que les daba el llevarlas a cabo. Los integrantes de El Personal eran parte de una generación de solidarios artistas tapatíos independientes decididos a romper con los esquemas establecidos, ello explica la larga lista de invitados que participaron en su elaboración: los también músicos Gerardo Enciso y César Maliandi, la cantante Jaramar, los moneros Jis y Trino, que ilustraron el cuadernillo del disco, y el pintor Alejandro Colunga, autor de la pintura impresa en la tapa de su primera edición, entre otros.

Son varias las razones que fueron haciendo de *No me hallo* un disco de culto al paso del tiempo y una influencia importante para la generación de grupos de *rock* en México que surgió a fines de los ochenta, al menos así lo han expresado miembros de Maldita Vecindad y Café Tacvba. Pero de todas sus virtudes, la más importante es la inimitable imaginación de Julio Haro para escribir letras con tal ingenio como "La Tapatía", "Nosotros Somos los Marranos" y la que da nombre al álbum. En la primera, Haro, con su perverso sentido del humor, hace un recorrido a través de la ciudad de Guadalajara, su gastronomía y sus costumbres más añejas a partir del ligue que tiene con una chica local. Llama la atención que con toda libertad la letra alude al consumo de la marihuana, en uno de los varios atrevimientos de quien siempre se asumió abiertamente como homosexual, en años que no era tan común hacerlo en México. La segunda es una declaración de principios con toda la sinceridad de su autor, quien acepta ser junto a los de su especie, la mayor calamidad para el equilibrio ecológico del planeta, hecha con el desparpajo, el sarcasmo y la espontaneidad característica de su lenguaje. Y, "No me Hallo", es la confesión de un inconformista que se siente fuera de lugar en el mundo. "Me busqué en el directorio, me busqué en la enciclopedia, me busqué en el padrón electoral, me busqué en la filosofía oriental, y no me hallo", dice uno de sus versos, ejemplificando el estado de confusión en el que se encuentra quien reflexiona y otorga doble sentido a la tan coloquial frase que le da nombre. Una más de las geniales ocurrencias de un racimo de canciones que lo ha tenido todo para perdurar en el tiempo sin perder frescura.

Como puntualiza Paco Navarrete en *El rock tapatío. La historia por contar,*★ El Personal ya no existía cuando se grabó el disco y algunos de sus

---

★ Editado por la Federación de Estudiantes de Guadalajara, FEU, en 2004.

integrantes accedieron a participar en éste a cambio de una remuneración económica. Muy pronto, tanto a Pedro Fernández como a Julio Haro se les diagnosticó SIDA. El primero falleció en noviembre de 1989, el segundo en enero de 1992.

La edición de *No me hallo* editada en CD por Pentagrama el mismo año de la muerte del cantante, incluye además de las ocho canciones del LP otras cuatro más grabadas en vivo; una de ellas, "Rumba sin Rumbo" tomada del concierto de presentación del disco realizado en el Foro de Arte y Cultura de Guadalajara.

Secta Suicida Siglo 20

Secta Suicida Siglo 20
Independiente, 1989

Alejandro González Castillo

Deben ser frías. Esas planchas de metal que suelen sostener a los cadáveres que llegan a su última revisión médica en el macabro salón que coloquialmente denominan forense. Tal vez las yemas de los dedos del "Cachis", quien tomó la foto que ocupa la tapa del único disco de Secta Suicida Siglo 20, sepan algo al respecto; quizá este fotógrafo palpó la temperatura de la lámina sobre la cual reposa ese tipo semejante a una gallina desplumada en el mercado. Sin embargo, Zappa Antibacteria, Xorge Gorgon, Demon Lemon y Ángel de Crimen jamás le preguntaron a quien disparó el *flash* menudencias respecto a su tacto; simplemente decidieron que aquella piel, arrancada de un tirón como si de la cáscara de una naranja se tratase, sería usada como escudo para sus canciones.

Pero, ¿qué era exactamente lo que aquel cuarteto de *punketas* pretendía con la proyección de una imagen así de perturbadora? Zappa tiene la respuesta: "reflejar cómo es que el ser humano es explotado aún después de su muerte. Panteones, funerarias, trámites burocráticos; ya no estás vivo, pero tienes que seguir pagando. ¿Por qué no puede uno enterrar a su familia en algún lugar de la casa y todos en paz, por qué seguir gastando varo? El ser humano sigue siendo sometido por el sistema más allá de la muerte".

El ánimo acusador del grupo venía de tiempo atrás, antes de que Ángel desmembrara Crimen Social y Demon se separara de Energía, mientras la chica que solía arrojar gritos en Virginidad Sacudida (un cuarteto de chicas carente de prejuicios y sobrado de huevos) decidiera que ya era hora de cambiar de aires. Por fortuna, el hoyo que Zappa y el resto eligieron para escupir el micrófono se hallaba en la colonia Granjas, México, D.F. (más tarde la residencia cambiaría a San Felipe de Jesús), al lado de Xorge. Juntos moldearían los temas que más tarde integrarían el debut y despedida de SS-20, ese trabajo que cariñosamente fue apodado como el disco del "degollado".

Grabada en los Estudios ÁREA en quince horas, la colección de temas sorprende por la "limpieza" de su producción. De los ocho que el vinyl aloja, cuatro fueron firmados por la fémina antibacteriana: "Virginidad Sacudida", epílogo del grupo previo de la cantante y defensor de la inutilidad del himen; "Cadáver Exquisito", un veloz repaso ideológico, poseedor, además, de un tinglado verbal zigzagueante; "Ahora Quiero ser tu Perra", apropiación de la salvajada original de The Stooges; y "SS-20", un buen pretexto para chocar codos con otros rijosos en medio de la polvareda. Por otro lado, "Ojos Infantiles", "Juventud Reza el Rosario" y "Monumentos de Piedra" pertenecen a Demon, mientras que "Otro Día" fue escrita por Xorge. Éstos últimos son temas que van de un distorsionado homenaje a Cri Cri a las ráfagas de lumbre comandadas por una voz traicionada, que dicta jalar gatillos.

Lejos de las colonias carentes de servicios sanitarios básicos que vieron nacer a pandillas como Los Cachorros, Los Ramones o las Morras Punks 82, la presentación oficial de estos ocho plomazos ocurrió en una perfumada sucursal de la librería El Sótano, ubicada en Coyoacán. Zappa describe con elocuencia aquella cita con la suciedad: "el toquín fue gratis, para la banda. Me acuerdo que nos mochamos chido; dimos puro vino tinto, panquecitos y la chingada porque se consiguió un patrocinio con Bacardí o un pedo así. Estuvo muy chingón todo". Esa cita, por cierto, fue lo más cerca que estuvo la música de SS-20 de los canales de distribución que manipula la cultura oficial (congruencia absoluta si se considera que en la contraportada del álbum se advierte categóricamente: "el disco no siempre es cultura").

Tras seis años de sobrevivencia en el subterráneo, el cuarteto se desintegraría para no dar muestras de vida jamás. Ángel de Crimen formaría un efímero grupo llamado Cadáveres; por su parte, Zappa se mudaría a Cd. Juárez para trabajar, paradójicamente, como obrera en la RCA (y atención a su siguiente altercado sónico, varios años después: Convulciones). Sin embargo, ninguno de esos proyectos consiguió erizar el pelaje como ocurre cuando se escucha el "degollado" mientras se observa esa helada cama sobre las cual reposa el muerto anónimo.

Y hablando de cuerpos tiesos, Zappa advierte que nadie debería sentir escalofrío al imaginarse ahí, echado, listo para que alguien le remueva las entrañas. De hecho, opina que ahora mismo muchos se encuentran así, en la posición de ese infeliz que aparece en la portada de su segunda banda. Para aplacar temblores, hurga profundo antes de tapar el boquete: "los *punks* conformamos una especie de secta, pues tenemos ideales que confrontan un chingo de tabúes y mitos impuestos por la sociedad. En ese sentido, a SS-20 mucha gente la catalogó como una banda narco satánica que le clavaba rollos acá, suicidas, a los demás, pero en realidad ése no era nuestro pedo. ¿Cómo íbamos a pretender algo así cuando en realidad desde hace mucho tiempo todos estamos de una u otra forma muertos? ¿O no nos hemos suicidado ya gracias al sistema?".

Caifanes

Volumen II (El diablito)
BMG/ Ariola, 1990

Alejandro González Castillo

Tras ser recibidos por las escasas marquesinas que se atrevían a presentar algún acto de *rock* nacional, Caifanes vivió un momento decisivo una vez que puso a la venta aquel mítico maxi *single* de *La negra Tomasa* (RCA Victor, 1988), pues con ese vinyl bajo la axila, Sabo Romo, Alfonso André, Diego Herrera y Saúl Hernández generaron ventas jamás imaginadas por un combo de su calaña. La maniobra también trajo consigo cierto desdén; hacer un tema totalmente distante del perfil oscuro de su álbum debut hizo creer que ese "Viento" del que hablaba Hernández era más bien una brisa tropical. Raúl Velazco hubiera brincado de gusto si el entonces cuarteto hubiese seguido la senda de la cumbia-*dark* sugerida por esa negra linda; sin embargo, la ruta que el conjunto decidió trazar entonces fue una que nadie jamás imaginó: rebosante de espinosos nopales.

De pronto, Saúl y sus compañeros se transformaron en personajes de la lotería e, incluso, protegieron su imagen con el ángel que resguarda los pies de la virgen de Guadalupe. Observando la tapa del segundo álbum del conjunto, sorprende que los velos negros hayan sido reemplazados por frescas flores y que las cabelleras perdieran todo su filo, pero más allá de esos detalles es notable la aparición de un quinto caifán: Alejandro Marcovich, compinche de juerga junto a Saúl y Alfonso desde Las Insólitas Imágenes de Aurora, el germen de Caifanes. Alejandro venía de una excursión como guitarrista de Laureano Brizuela, un antecedente grave si se considera que en aquella época los ángeles del *rock* no provenían de Argentina, sin embargo, su arribo no pudo ser más afortunado. Y eso es perceptible desde el primer *track* de un álbum que, gracias a un error de impresión gráfica, se le conoce como *El diablito* (aunque en ediciones de otros países lo rotularon así, como Satán en diminutivo).

Apenas pasados tres minutos del arranque, y desde el fondo de una garganta aún sin laceraciones, Hernández advierte que Caifanes no marcha más en las filas del *Rock* en tu Idioma al grito de "Detrás de ti". Quizá el escenario sea el mismo que el otrora cuarteto ocupó en su álbum debut, pero las lápidas ya no lucen abandonadas, pues varios deudos han llegado con ramos y —lo más importante— veladoras encendidas para darle vida al camposanto. ¿Chamanismo o mesianismo? Quizá todo eso y más, el asunto es que "Antes de que nos Olviden" culmina con un amén y no es una casualidad que con esa palabra surgiera un autor cuyos crípticos pasajes serían recibidos como salmos por una naciente horda de fieles.

Con *El diablito*, una generación anunció por radio y televisión el bautizo oficial de un *rock* mexicano que aún hoy no se atreve a hablar de frente, que recurre a las metáforas para manifestar su inconformidad política y social, pero que escudriña obsesivamente en los canales televisivos hasta toparse con el perfil *punk* de Tin Tan. Con su *Volumen II*, Caifanes abanderó a una nueva camada de grupos cuya mira de proyección llegaba hasta donde el televisor se lo permitía y, en ese sentido, ocupó los foros que oficialmente le pertenecían a José José y Juan Gabriel. Un auténtico salto al vacío.

"La Célula que Explota" es el ojo del huracán que confeccionaron los encargados de la consola —Gustavo Santaolalla, Óscar López y Daniel Freiberg— junto al quinteto de músicos y se erige, además, como el tema que posee el espíritu de búsqueda que dotaría de vida a Caifanes en el futuro. Tal vez no sea el *track* mejor logrado del álbum ("Sombras en Tiempos Perdidos", "Los Dioses Ocultos" o "La Vida no es Eterna" podrían alzar ese premio), pero un detalle lo hace brillar más que el resto: durante las sesiones espiritistas que el quinteto realizó durante su grabación se manifestó un mariachi. Se trató, pues, de un asunto solemne, pero aquella aparición etérea trajo consigo una desfachatada solicitud: hacer a un lado el sonrojo de quitarse el sombrero para gritar "¡Viva México, cabrones!". Definitivamente los Caifanes no fueron los primeros que creyeron que el *rock* podía llevar el apellido de mexicano, pero con la proyección mediática de ese tema celular consiguieron llegar a más oídos que nadie y eso, con el paso del tiempo, le proporcionó un halo mítico a su atrevimiento.

Pocas veces una portada ha resultado tan reveladora. Ahí están, cinco músicos de mirada retadora que se asoman entre las flores que Juan Diego encontró en cierto cerro. Fe y agresión en once *tracks* que narran una época donde el *rock* manufacturado en México lucía desesperado por anunciar su denominación de origen, tal como si de un frasco de tequila se tratase. El tomo II de Caifanes embriaga al tercer sorbo, y como todo mal consejero sugiere caminar con la botella entre las manos por una ruta de magueyes hasta el arribo del amanecer. Provoca una borrachera peligrosa porque al llegar a "Amárrate una Escoba y Vuela Lejos" existe sólo una certeza apestosa a premonición: al final del camino del *rock* que aquí se fermenta —y que grupos como Zoé explotarían años después— no existe más que un apabullante vacío. "El Negro Cósmico", lo llaman.

Flor de Metal

Ciudad azul
Discos Pueblo, 1990

David Cortés

Solitario e incomunicable, el amor hace de una experiencia íntima, un universo bajo cuyo tamiz el género humano es diseccionado. Para Gabriela García (teclados y voz), Sibila de Villa (sax soprano) y Norma López (batería), integrantes de Flor de Metal, el objeto amoroso no presenta recovecos, aunque sí matices distintos.

Flor de Metal pasó por varias encarnaciones y logró subsistir sin marchitarse. El grupo comenzó en 1984 como un proyecto de canto nuevo que originalmente integraron Gabriela y Angélica García y Sibila de Villa. Posteriormente se unieron Marcela Garza (teclados) y Mariana Ferreiro (violín). Era difícil mantener estable esta alineación y por sus filas también pasaron María Elena Sánchez (bajo y futura integrante de La Perra) y Gabriela Luna en las percusiones. Los cambios constantes propiciaron un *impassé* y luego de un periodo de ajuste Gabriela García invitó a Norma López (tecladista proveniente de Crisálida) para que el trío se completara con Sibila de Villa.

En su única producción, Gabriela García hizo de los nueve cortes una declaración alterna, propuesta desde el lado femenino. El álbum no se erige como una disquisición del porqué, sino como un alegato desinhibido, francamente cachondo. A quién no le gustaría que le dijeran así, sin ambages y de entrada: "Quiero hacer un movimiento lento/ que sea muy bueno y enredar tu cuerpo/ y que me pueda morir de saber que estás aquí adentro". O: "Ya no aguanto más, ni una hora más sin ti/ frente al espejo pasas tanto tiempo/ yo te veo, / te digo que te quiero/ ¿Cómo es eso?/ Que yo, contigo, donde quieras quiero", con ese saxo envolvente, cargado de erotismo, y la batería que eleva la sensación a un plano irresistible.

Si el canto a Eros acostumbra vestirse con lánguidos ropajes, gritos plañideros y pujidos pretendidamente orgásmicos, la desenfadada elucubración de Flor de Metal se gesta a partir de elementos musicales de diversa procedencia, ensamblados en una sonoridad en la cual la cohesión como grupo resulta notable.

Pero, ¿a qué suena Flor de Metal? Una decisión apresurada designaría esta variedad como fusión; pero el término, por su amplitud, no aclara nada y esta banda lo que menos poseía era indefinición y sí idea para enlazar los ritmos sin hacer de las composiciones una burda yuxtaposición de sonidos. Dueño de una dinámica interna con respiración propia, con giros en los momentos idóneos, el grupo echa mano de *bossa nova*, *jazz*, *rock* y *reggae*, ritmos que se esparcen sin tropiezo gracias al manejo que se hace de ellos en cada corte y cuyo secreto, a veces, es crear una atmósfera preparatoria, como el piano melancólico de "Puertos", la textura *jazzística* en "A Media Luz", el *scat* en "Ciudad Azul" y la inmersión electrónica de "Ya Ves Cómo Estoy". Matices que se desarrollan bajo una aparente convencionalidad para que los contrapuntos y los cambios de tiempo de la batería suplan la ausencia de instrumentos como el bajo, mientras el sax hace las de líder y los teclados orquestan la sección armónica.

Pero, por fin, ¿a qué suena Flor de Metal? A ciudad, a la confluencia de ruidos y sudores, a noche y día en amigable convivio. Cada nota es una forma de declarar el amor a un ser que vive y se hace presente en el desvaído y grisáceo rostro del Distrito Federal de principios de los noventa; una ciudad que encontró en este trío una forma de expresarse. "Allá afuera recuperas fuerza/ y un latido normal/ en cualquier esquina puedes encontrar/ una locura en una noche oscura, y acordarte del mar/ en un bar tropical, y aquí estamos viviendo de color azul".

Un año después de la aparición de *Ciudad azul*, el grupo se separó. Las razones, dice Sibila de Villa, "fueron que crecimos hacia direcciones diferentes, gustos e intereses diversos". Como testimonio, las tres dejaron un trabajo que, no obstante el paso del tiempo, aún conserva su frescura primigenia.

Real de Catorce

Mis amigos muertos
Discos Pueblo, 1990

Alex Otaola

José Cruz ha sido un luchador, un *bluesero* forjado en Austin, un poeta, un chamán, un enamorado de la carretera y del camino que ha *vivido en los patios de cristal de la prisión* y que actualmente vive de pie en una silla de ruedas.

Es alguien que en 1990 creó una serie de siete canciones o "litografías sonoras", que forman la obra *Mis amigos muertos*. El tono emocional del disco no es de tristeza o melancolía, sino que retrata la personalidad de una banda inquieta, que busca que el lenguaje del *blues* norteamericano eche raíces en el desierto mexicano, en la costa del Golfo, en las calles de pueblos perdidos o en el imaginario de los sueños narcotizados. El espíritu purista del *blues* se escucha en un segundo plano y la travesía por nuevas sonoridades es la constante. La guitarra deja de ser el eje en la personalidad de la banda y los teclados, por momentos, se vuelven los protagonistas de estas historias. Hay pocos instantes para el virtuosismo instrumental y en cambio nos encontramos con canciones de arquitectura rebuscada que emplean mucho más de los tres acordes básicos del *blues*.

El aspecto iconográfico que identificó a Real de Catorce en su trilogía discográfica inicial, consistió en intensas fotografías en blanco y negro. En esta ocasión se retratan unas vías subterráneas que se doblan hacia el interior de una mina, un viejo letrero escrito a mano nos indica que el material que se extrae de las entrañas de la tierra es pólvora. El primer toquín de la banda fue el 12 de diciembre del terrible 1985 y pareciera que éstos serían los dos extremos que enmarcarían su explosiva historia: El universo místico y la desgarrante realidad.

El tercer disco de Real de Catorce, que brotó del subsuelo fue grabado por la alineación formada por José Cruz (voz, letras, guitarra y armónica), Fernando Abrego (batería), José Iglesias (guitarra solista) y Severo Viñas (bajo). Los teclados estuvieron a cargo de Carlos Nuñez; los coros al frente de Nathalie Arriagada, Maribel Arriagada y Armando Báez Pinal, mientras que el violín fue ejecutado por el gran Jorge "Cox" Gaytán.

Dos de las canciones son de completa autoría de José: "Recargado" y "Llévate la Historia". La primera es una canción aletargada cuya introducción con flauta y órgano Hammond, más sus coros femeninos remiten inmediatamente al sonido *soul* de Al Kooper o Traffic. El segundo es un tema de clara influencia *reggaesera* que no muestra ningún rastro de *blues*, ni siquiera un solo de guitarra.

"Radio Morir", tema con el que abre el LP, podría ser el primo mayor (y más vicioso) de alguna composición de Ritmo Peligroso: percusiones selváticas, acordes de *jazz*, sax y una historia de amor entre boleros de arrabal y mares eléctricos nos muestran a una banda que busca sorprender al escucha. Inmediatamente después "Patios de Cristal" nos ataca con un virtuoso unísono de armónica y guitarra eléctrica que da pie a un movido *rock and roll* aderezado por el sureño sonido del *slide guitar* y el piano *honky tonk*, *blues* como el dios Jack Daniels manda.

En "Barcos", una de las joyas de este acetato, el ritmo vuelve a acercarse al *reggae*, pero no busca el movimiento corporal, es un tema lento donde convergen *soul*, *jazz*, y que curiosamente nos lleva a un puente de tintes moriscos donde el sintetizador hace las veces de guitarra española (¿?). "Malo" abre de manera acústica, con unos acordes que seguramente serían del agrado de Pete Townshend, para después pasar la estafeta a los sintetizadores que nos llevan de vuelta al *reggae*. "Polvo en los Ojos" comienza con heroicas guitarras estilo Queen que dan paso a otra lenta balada *soul* en la que el piano y los coros femeninos marcan la pauta emocional. El disco concluye con "Botellas de Mar" en latitudes más cercanas a la personalidad de Real de Catorce: un festín de guitarras *slide*, acústicas, coros y violín *country*.

En su siguiente disco, *Voces interiores*, la banda continuó su proceso de evolución tanto lírica ("Niña Virgen María") como musical (ahora con elementos de *world music*) reforzados por la llegada del maestro Juan Cristóbal Pérez Grobet en el bajo. La banda comenzó acompañando a Betsy Pecanins y forman parte de la historia del *blues* hecho en México junto a otros exponentes como Follaje, Hangar Ambulante, Memo Briseño o la última etapa de los Sinners. Pero era imposible que no se situaran inmediatamente como el exponente más importante de esta corriente cuando su primera producción abre con "Azul".

Maldita Vecindad
y los Hijos del Quinto Patio

El circo
BMG/ Ariola, 1991

José Manuel Aguilera

Un disco es siempre una fotografía de sus creadores en el momento específico de su grabación. Algunos discos trascienden los espacios personales para ser también una fotografía de una escena, de un movimiento. Cuando aparece *El circo* de Maldita Vecindad, en 1991, había una efervescencia en la escena del *rock* en México que no se había visto antes y no se ha vuelto a repetir después. Constantemente surgían bandas nuevas con propuestas diferentes y por un instante, un parpadeo, las puertas de las discográficas transnacionales se abrieron para dejarlas pasar. Había una sensación de velocidad en el ambiente y a la Maldita le correspondió hacer el disco emblemático de ese momento, uno cuyas canciones habrían de sonar con ubicuidad en todos los rincones del país.

Por supuesto, la gestación de este ambiente no fue espontánea ni tampoco una dádiva generosa de las disqueras. Tenía como antecedente, o paralelo, el éxito que movimientos de *rock* similares habían logrado en España y Argentina. Con ello surgió también una camada de productores especializados, capaces de conducir a los grupos en los procesos de grabación y garantizar que las inversiones de las disqueras redituaran un producto comercializable.

Maldita Vecindad había surgido como un grupo hiperquinético que mezclaba un poco de *ska*, algo de *punk* y elementos de la llamada *world music* en una afortunadísima combinación de personalidades e instrumentistas. Había también un deseo, más intelectual de lo que podría parecer a simple vista, de incorporar al propio México en ese coctel posmodernista. Para éste, su segundo disco, Maldita decidió representar lo nacional a través de elementos tomados de la época de oro del cine mexicano, con Tin Tan y su pachuquismo como figura arquetípica. Resulta paradójico entonces que, fuera del bolero en "Kumbala", haya pocos ritmos de esencia local en el disco. Hasta la parodia yucateca "Mare" se basa en un motivo africano.

Dirigidos por Gustavo Santaolalla, el productor argentino que sería clave en las grabaciones más exitosas del *rock* mexicano de la época, los Malditos llevaron al estudio un puñado de canciones ya probadas en sus explosivas presentaciones en vivo. En ellas el grupo se muestra embalado, conciso y sumamente efectivo. Y esto pese a que en los momentos previos a su entrada al estudio habían perdido a su guitarrista original, el Tiki, uno de los instrumentistas más originales y creativos no sólo de la banda, sino de la escena mexicana del momento. Un acierto de su sucesor, El Pato, fue llevar muchos de los hallazgos del Tiki a esta grabación.

Como corresponde a su credo posmodernista, el disco es un afortunado *collage* de canciones, grabaciones callejeras, diálogos tomados del cine, ritmos globales y hasta "bombas" yucatecas. Pero hay siempre una unidad: de sonido, de energía, de intención.

Líricamente, el disco deja de lado los temas personales y las metáforas (que serían la especialidad de Caifanes, el otro grupo ultra visible del movimiento y el único rival en popularidad de Maldita en esos años) para abocarse a la creación de historias y personajes de supuesta extracción callejera. Más que en sí mismas, estas historias resultan efectivas en la medida que todo el conjunto lo es. Como cantante, Roco siempre fue más un *frontman* y un excitador que un melodista, y esto es difícil de transferir a un disco. Por eso, otro de los logros de *El circo* es que parte de este carisma haya quedado atrapado entre los *tracks*.

Los arreglos son claros y sencillos, una muestra de la diligente mano de Santaolalla. En ellos hay espacio de sobra para el lucimiento de Sax, quien con la salida del Tiki pasaría a ser el instrumentista líder de la banda. La base rítmica de Pacho y Aldo hace gala de una precisión inusual. Resulta paradójico, como siempre, que en un disco tan energético y con rolas incluso cargadas a la crítica social, como "Un Poco de Sangre" o la que da título al disco, fuera el suave bolero "Kumbala" el que lograra mayor difusión. Por otra parte, el único *cover* del disco, a la conocida "Querida" de Juan Gabriel, funciona desde el punto de vista conceptual al poner al divo compositor como otro elemento más del que se puede echar mano en el caldo posmoderno, e incluso por la irreverencia del tratamiento. Aunque no funciona tanto en lo musical.

La aparición del mismísimo Monsiváis, con una de las "bombas" de la divertida "Mare", de alguna manera lo reivindica con el *rock* mexicano tras su desafortunada descalificación del Festival de Avándaro. Y redondea la idea de una cultura popular vista desde la intelectualidad.

El éxito artístico y comercial de un grupo tan explosivo como Maldita, con procesos creativos colectivos y hasta quizá democráticos, depende de la precisa conjunción de todas las circunstancias y elementos involucrados. Un delicado acto de prestidigitación y malabarismos sincronizados, difícil de programar y más aún de repetir. En *El circo*, Santaolalla y La Maldita Vecindad logran atraparlo de manera espectacular e inequívoca.

Caifanes

El silencio
RCA / BMG, 1992

Alejandro González Castillo

¿Qué habrá pensado Adrian Belew una vez que Saúl Hernández le mostró su imaginario lírico? Porque debió suceder. En algún punto de la grabación de *El silencio*, el tercer álbum de Caifanes, los músicos y su productor tuvieron que sentarse a analizar los alcances verbales de Hernández, así como las posibilidades como instrumentistas de sus compañeros: Sabo Romo, Diego Herrera, Alfonso André y Alejandro Marcovich. Y luego de razonar las rutas, ¿cuál habrá sido el plan? ¿Cómo habrá llegado a un consenso aquel equipo? Es decir, hasta qué punto Belew metió la nariz en el bestiario de Saúl, cómo fue que Marcovich consiguió domar sus ansias protagónicas con tal de favorecer a las canciones y, más allá de su eficiente desempeño musical, cuáles fueron las reacciones de André, Romo y Herrera al descubrir el vendaval que se les venía encima.

Para 1992, los miembros de Cuca, Santa Sabina, La Lupita, Café Tacuba, Tijuana No! y La Castañeda presumían sonrientes sus álbumes debut bajo el cobijo de un sello trasnacional. Parecía que los años de indigencia en el *rock* nacional se ocultaban bajo zarapes de colores chillantes que de golpe combinaban de maravilla con las guitarras eléctricas. Sin embargo, los Caifanes estaban lejos de aquella historia; ya habían vendido su alma al diablo cuando grabaron música tropical para luego erizar las cabelleras de los músicos de la plaza Garibaldi tras sus escarceos con las tonadas vernáculas. Además, el quinteto se codeaba con Verónica Castro en el televisor y ofrecía giras de calibre apoteósico; circunstancias nunca antes vividas por un grupo de *rock* local. Así, parecía que lo que le restaba a aquellos tipos que solían entiesar sus matas de cabello era dejarse retratar por los fotógrafos de la revista *ERES* hasta que su facha dejara de lucir "fresca" para la industria del entretenimiento; nadie sabía que aún faltaba que el conjunto se encerrara en el estudio de grabación con Belew, para así, sin extraviar un ápice de integridad, grabar su mejor colección de canciones.

Pero pongamos el disco y vayamos desenmarañándolo. Mientras se escuchan las guitarras salvajes de "Metamorféame" mezcladas con la desgañitada voz de Saúl, parece ser que se está, efectivamente, frente a un grupo que poco tiene qué ver con el de la entrega previa. Aunque ese desorden controlado no es más que un truco para desorientar a los desprevenidos, pues "Nubes" advierte que el combo no ha hecho de lado sus anhelos tropicales. Sí, atendamos esos ganchos melódicos; todavía hay ganas de ganarse a los programadores de las estaciones radiales. "Piedra", la siguiente en la lista, opera como un confesionario sobre ciertos hábitos de consumo y en ella la participación del ex King Crimson es notable, aunque lo son más los finos rasgos que Herrera detalla con cada trazo en el sintetizador. La oda al *crack* es seguida por "Tortuga", un paisaje semejante a un bosque húmedo, netamente psicotrópico, donde el guitarrista argentino se interna sin protección alguna. Por otro lado, "Nos Vamos Juntos" —uno de los motivos por los cuales Hernández llegó a ser considerado un mártir digno de veneración— y "No Dejes que…" (poseedora de un solo de guitarra imbatible) bien podrían formar el dúo de baladas mejor producidas por el grupo.

Luego de considerar la muerte como un fin apropiado para la pasión ("Hasta Morir"), se descubre que la disección capilar celeste existe "Debajo de tu Piel" —mucho cuidado con el estupendo fraseo del sax de Diego—, para luego cederle el paso a un réquiem creado por Alejandro, dedicado al amor que aparenta somnolencia: "Estás Dormida". La adhesión de tonalidades sintéticas, una herramienta poco común en discos de *rock* de aquella época en México, dota a "Miércoles de Ceniza" de una personalidad excepcional que, sorpresivamente, vira hacia el final para transformarse en un *rock* de lo más ortodoxo y así encontrarse con "El Comunicador", nada menos que una diplomática mentada de madre a Televisa. Mantarrayas y mujeres etéreas son buscadas en "Para que no Digas que no Pienso en Ti", el único permiso jacarandoso otorgado por la solemnidad en un disco que cierra con una versión a "Mariquita", un arcano son jarocho que de pronto luce desquiciante. Respecto al porteño punto final del plato, luego de apreciar su perfil de producción resulta inevitable preguntarse: ¿qué habrá pensado Adrian cuando se encontró con él por primera vez?

Tras escuchar los resultados del encuentro entre Belew y Caifanes (se rumoraba que Brian Eno ocuparía el lugar de Adrian), resulta evidente que el grupo poseía un hambre insaciable; parecía encontrarse listo para tragar, sin masticadas de por medio, lo que se le pusiera enfrente. *El silencio* es definitivamente la obra cumbre de los autores de "Detrás de Ti" —aunque Marcovich prefiera *El nervio del volcán* (RCA / BMG, 1994), donde se encargó de tomar las riendas— pues en sus surcos se manifiesta un puñado de creadores listo para asumir su mexicanidad, pero sin la necesidad de echar balazos al aire mientras se afila los bigotes. Se trata de un álbum sofisticado, elegante (desde la tapa se advierte su clase) y con una personalidad estética bien delineada que a la distancia carece de edad e, incluso, gana talla. Atributos muy pocas veces apuntados en la historia del *rock* manufacturado en México.

El Haragán y Compañia

Valedores juveniles
Discos y Cintas Denver, 1992

Francisco Zamudio

Piedra de toque del llamado *rock* urbano. Fotografía musicalizada de las muchas problemáticas existenciales que viven millones de seres humanos en la periferia de la megalópolis, envueltos en brutales contextos sociales. El ácido sentido del humor de Luis Antonio Álvarez Martínez brota desde el título, una parodia al concurso televisivo *Valores Juveniles Bacardí y Compañía*, uno de los laboratorios mediáticos donde Televisa recibía, moldeaba y lanzaba a su "talento artístico".

La paradoja del caso, es que el propio Luis acepta haber participado varias veces en dicho certamen de índole aspiracional, en el que siempre perdió frente a chavos mayoritariamente bien parecidos, muchos de ellos con ojos y cabellos claros, en evidente contraste con su propia fisonomía.

La historia de "Juan el Descuartizador", honorable padre de familia que por las noches se transforma en un depravado sexual, inicia el desfile de ásperas píldoras letrísticas, las cuales pasan laboriosamente por la garganta de quien se confronta con el triste destino de "Mi Muñequita Sintética", chica perdida en un laberinto de drogas químicas y alcohol, cuyas correrías acaban inevitablemente con ella recargada sobre una barda, semidesnuda, sin saber ni cómo se llama. Otro de los testimonios líricos que terminó erigiéndose en himno fue "Él no lo Mató", crónica sombría de un chavo estrenado en el mundo del hampa tras atracar una tienda de abasto popular, acribillado por un policía calles adelante. Sin ser programado por la radio o expuesto en la televisión comercial, y antes de la llegada masiva del Internet, el álbum encontró en el llamado "boca a boca" su mejor canal de difusión, con un éxito en ventas imposible de medir exactamente, gracias al carácter independiente del sello que lo editó, aunque podemos darnos una idea aproximada con las propias palabras de Luis, quien en el 2004 dijo en una entrevista publicada por la Revista *Zyn*: "Del primer disco del Haragán, por ejemplo, se han vendido hasta ahora 1 millón 200 mil copias (...) aunque los conciertos no se promocionen en radio, sino en pósters y volantes que se corren entre la banda", manifestó.

Visto a la distancia, puede afirmarse que el álbum ganó mucha notoriedad, y se instaló en el inconsciente colectivo de toda una generación de escuchas, gracias a la honestidad lírica que destilan las diez canciones aquí cinceladas, las cuales se hicieron acompañar de un marco sencillo pero muy efectivo. El *blues rock* es el ancla principal donde se detiene el peso sónico de esta placa, aunque a lo largo de ella aparecen guiños hacia otros géneros y estilos como el *hard rock*, el *heavy metal*, el *folk rock* o el *rock and roll*. Un material discográfico cuya base estuvo compuesta por el propio Luis Antonio en la guitarra acústica y voz, así como Jaime Rodríguez en el bajo. A ellos se les unió el talento del guitarrista rítmico Rodrigo Levario (cantante de *heavy nopal* en ese tiempo); Jaime y Juan Mejía, componentes del grupo Yey en la batería y la guitarra líder respectivamente; así como de Octavio "El Sopas" Espinoza, mítico saxofonista de amplia carrera, la cual puede rastrearse hasta los orígenes del *rock and roll* en México, y cuya labor suena omnipresente en todo el disco. "El Sopas" terminó integrándose más tarde a la alineación oficial del grupo.

Otra de las agrupaciones nodales del *rock* urbano, La Banda Bostik, acompañó a Luis en la grabación del corte final, "Basuras" y, según los créditos, el disco fue producido por Octavio Aguilera y Edith F. De Aguilera, quienes no son otros que los dueños de la discográfica, personas que solían rubricar sus nombres de la misma forma en todos los álbumes editados por Denver, por lo cual se presume que todos los músicos, ayudados por el Ing. David Guerrero en la grabación y el Ing. Jesús Pérez en la masterización, fueron realmente los productores. Contundente álbum debut editado originalmente en 1990 (aunque en posteriores reediciones aparece fechado en 1992), que ha dejado una honda huella en todo el *rock* mexicano más allá de un ambiente, el urbano, que tardó varios años en ser reconocido al menos por los medios masivos de comunicación, y que al día de hoy ha quedado como un sólido referente de los inicios de su trayectoria musical, misma que ha tratado de diversificar hacia otras latitudes sonoras aun en contra de la reticencia de sus primeros fans. Ya él mismo escribió en "A Esa Gran Velocidad", octavo *track* de este material: "Voy a inventar una tonada, que se parezca a Pink Floyd".

Maná

¿Dónde jugarán los niños?
Warner Music, 1992

Julián Woodside

¿Dónde jugarán los niños? es la tercera producción de la agrupación tapatía Maná, uno de los conjuntos más exitosos dentro de la historia del *rock* mexicano. Fue grabado en Devon Shire Studios en Hollywood, California y producido por los integrantes Fher Olvera y Alex González en conjunto con el productor José Quintana. Cabe destacar que Olvera y González decidieron participar en la producción del mismo después de no haber quedado satisfechos con el resultado del sonido de su disco anterior, producido por Guillermo Gil. El álbum cuenta con la participación de Fher Olvera en la voz, Juan Diego Calleros en el bajo, Alex González en la batería y percusiones, Iván González en los teclados y César López "Vampiro" en la guitarra, siendo la única vez que el conjunto fue un quinteto, ya que en 1994 Iván González y César López "Vampiro" deciden abandonar la agrupación.

Su sonido se caracteriza por una línea de *pop rock* en donde se insertan múltiples referentes a ritmos afrolatinos como el *reggae*, la bachata, el vallenato y el bolero. La producción consta de 12 piezas y es considerado por la crítica como el mejor disco del conjunto, ya que de él surgieron múltiples sencillos como "Oye mi Amor", "Vivir sin Aire", "Cachito", "Cómo te Deseo", "Te Lloré un Río", "Cómo Diablos" y "Me Vale", además de publicarse simultáneamente en más de 40 países y tener tal impacto en Sudamérica que la canción "De Pies a Cabeza" se convirtió en 1993 en el tema principal de la serie de televisión colombiana con el mismo nombre. Finalmente el disco fue relanzado en 1994 con dos remezclas a "La Chula" y "Como te Deseo" como *bonus tracks*.

La principal virtud de esta producción radica en la ligereza con la que se puede reproducir una y otra vez sin desgastar el humor del escucha. La variación y exploración de diversos estilos musicales, además de la lírica sumamente pegajosa, hicieron en su momento de *¿Dónde jugarán los niños?* la muestra de la actitud relajada y altamente comerciable que empezaría a tomar el *rock* mexicano; a su vez dicho sonido se volvería una declaración colectiva a partir de que diversos grupos buscaron retomar las raíces musicales "mexicanas" y "latinas" que dio identidad a lo que mediáticamente se denominó como Rock en tu Idioma.

La temática gira en torno al amor, el desamor y las rupturas, sin embargo en *¿Dónde jugarán los niños?* se muestran las primeras exploraciones ecológicas de Fher Olvera con la canción que le da título al disco, la cual levanta interrogantes acerca del mundo que se le deja a las futuras generaciones. Asimismo, cuenta con uno de los himnos juveniles más importantes en México: "Me Vale", canción que a la fecha se puede escuchar en fiestas de secundaria y preparatoria en todo el país.

Precedido por el homónimo *Maná* (1987, Polygram) y *Falta amor* (1990, Warner Music), *¿Dónde jugarán los niños?* lanzó a Maná a la fama de manera internacional, ya que si bien contaban con logros como tocar en el Coliseo General Rumiñahui de Ecuador —cuestión por la cual grabarían el video de "Cómo te Deseo" en dicho país— no fue sino hasta este disco que la banda obtuvo amplio reconocimiento por parte de la crítica y el público mexicanos, además de permitirles participar en festivales como el de *jazz* de Montreux (Suiza), la conferencia de Midem (Francia), y tener cinco fechas con lleno total en el Auditorio Nacional de la Ciudad de México, cuestión que no se había logrado hasta ese momento por un grupo de *rock* mexicano.

Tras su lanzamiento el disco tuvo ventas cercanas al millón de copias y facilitó la posibilidad de que la banda realizara una gira por 17 países y

268 presentaciones en dos continentes, dejando como registro *Maná en vivo*, lanzado en el año de 1994. A la fecha ha vendido más de ocho millones de copias a nivel mundial, cuestión que no es de sorprender ya que musicalmente cuenta con una limpieza y calidad en los arreglos como pocos discos mexicanos han logrado. Además, las composiciones resultan sumamente agradables al oído, cubriendo distintos estados de ánimo y emociones, facilitando la identificación del escucha en distintas situaciones, y demostrando la cualidad pegajosa en la composición de Fher Olvera y la meticulosidad casi obsesiva en los detalles de la producción por parte del conjunto.

Arturo Meza

A la siniestra del padre
Gente de México, 1992

David Cortés

Arturo Meza es un ejemplo de lo que sucede cuando las condiciones para llevar a cabo música experimental son inexistentes. Estamos frente a un músico de probada capacidad que desde los comienzos de su carrera solista, a mediados de la década de los ochenta, enfrentó la disyuntiva entre el ejercicio de la canción y el desarrollo de lo experimental.

Durante un lustro, el guitarrista, cantante y compositor trató de conciliar ambas vertientes, casi siempre con favorables resultados, y si hay un trabajo ambicioso en la trayectoria del bardo, éste es *A la siniestra del padre,* un conjunto de canciones reunido en un casete doble y originalmente acompañado de un poemario.

Para la consecución de sus fines, Meza echó mano de algunos de sus amigos (Marisa de Lille, José Luis Fernández Ledesma, Tribu, Laura Herrera, Julio Sandoval, Edmundo Islas, Pedro Tello, Arturo Romo, Ismael Corche y Víctor Rufino) y dejó rodar su imaginación sin constreñimiento. A la manera de Bob Dylan, las canciones de Meza se edifican con muchas palabras, con un aluvión de ellas y cada uno de los cortes de esta producción está marcada por ese tenor. De hecho, más que canciones, estamos frente a extensos poemas musicalizados ("Everness" es un texto de Jorge Luis Borges) en donde hay vampiros, unicornios, gnomos, elfos y estrigones.

La mayoría de los cortes tienen largas introducciones y van "desenvolviéndose" paulatinamente, instaurando el tema, generando una tensión propia del *track* y otra en el escucha. En una composición como "Esbirros" tenemos un fondo tétrico, desquiciante, perlado por sonidos extraños y voces que van y vienen. Es un corte en el cual Arturo Meza ejecuta todos los instrumentos y que se enlaza, por la música, con algunas de sus obras primigenias (por ejemplo, *In principio*, 1985). Los colores que traza con sus sonidos son febriles, inquietantes; hay chirridos, disonancias, la representación de una lucha entre el bien y el mal.

También hay canciones dulces, reposadas ("La Palabra Azul", "Amar"); pero en general la obra tiende hacia lo épico y lo majestuoso y prueba de ello son aquellos cortes en los cuales su autor echa mano de idiomas desconocidos ("El Juglar se ha Marchado del Reino") o de una lengua muerta como el latín ("Relojes Celestes") para fabricar una atmósfera de irrealidad y de extrañeza en el escucha. Si esto no fuera suficiente, se refrenda con las letras, la mayoría de intrincada temática, con tendencia hacia el esoterismo y temas afines.

Sin embargo, la obra tiene una gran luminosidad en su música. Se abre a la experimentación, no se detiene a respetar la letra de la canción para teñirla de diferentes colores. Sus afanes son progresivos en su totalidad, aunque hay ocasiones en que ello no es del todo evidente; sin embargo, en cortes como "El Canto de la Sangre" o "El Ángel Exterminador" se advierte esta vocación, esta manera de hacer una letra arropada por una música extraña y que redunda en una concepción atípica del formato de la canción.

Líricamente, *A la siniestra del padre* es un gran experimento, representa el punto final en una etapa de la obra de Meza, tal vez el último de sus coqueteos con el *rock* de vanguardia y con su veta experimental. Cuando vio la luz este disco, a su alrededor no había ninguna producción similar; pero tampoco había el fermento para crear una escuela, pues no hubo quien continuara este trabajo.

Al final, Arturo Meza claudicó a favor de la canción. Antes había dado pruebas suficientes de su capacidad para internarse en la música de vanguardia y salir airoso de ella; sin embargo, los sonidos que "rebotaban" continuamente dentro de su cabeza y pugnaban por salir, nunca tuvieron las condiciones materiales favorables para ver la luz. Hay momentos en que una guitarra acústica es mucho más poderosa, funcional y directa que una gran orquesta, a pesar de los deseos de su portador.

Tijuana No!

No!
Culebra, 1992

Carlos A. Ramírez

Si en Europa grupos como The Clash, The Specials y Mano Negra habían incorporado a su primigenio espíritu *punk* ritmos afrocaribeños y latinos como *ska*, *dub*, *reggae* y salsa, en México el encargado de reclamar esa labor para sí fue un grupo de seis músicos tijuanenses aglutinados bajo el significativo y rabioso nombre de Tijuana No! Y no podía ser de otra manera. En ningún otro sitio de este país podría haberse fraguado de manera tan exacta ese sonido rebelde y contestatario, pero a la vez juguetón y sabroso, más que en la frontera tijuanense; la ciudad bicultural por excelencia en donde los tacos se pagan con dólares y desde el lado mexicano se puede apedrear impunemente a las patrullas gringas.

    La Ópera prima de los fronterizos está integrada por trece canciones, en su mayoría compuestas por Luis Güereña, percusionista, cantante y activista político a quien Manu Chao llegó a calificar como "un músico y revolucionario inmenso", quien además de fusionar las cadencias antes citadas, compartía las principales preocupaciones de los iconos de estos géneros: injusticia social, reivindicación de los derechos humanos, segregación racial, combate a la pobreza extrema y apoyo decidido a los movimientos revolucionarios. Los demás participantes en este álbum —que comienza con las simpáticas voces de un padre e hijo idiotas e ignorantes a quienes suponemos texanos, las cuales sirven como preámbulo para una insólita pieza instrumental de *rockabilly-western* titulada "Cowboys Asesinos"— son Teca García (percusiones y flautas), Cecilia Bastida (teclados y voz), Jorge Jiménez (guitarra), Alejandro Zúñiga (batería) y Al Borja (bajo). Julieta Venegas, quien tiempo atrás fue parte de la banda, participó escribiendo, junto a Zúñiga, el que después se iba a convertir en su mayor éxito a nivel masivo: "Pobre de Ti", la historia de una chica presa tras una traición contada al ritmo de un *ska* agresivo y machacón, cuyas líneas de saxofón han quedado grabadas ya en la memoria colectiva.

El segundo corte del disco, es "Fantasma", un *ska 2 tone* sencillo, festivo, cuya letra que habla de una historia bélica contrasta con la alegría que contagia la música. Por otra parte, "Niños de la Calle" introduce el *reggae* al sonido de la banda y anticipa de manera un tanto ingenua, hay que decirlo, ("¿por qué anda este niño en la calle cuando debería estar soñando?... Hay que rescatarlo, hay que ayudarlo") un grave problema que aqueja a todas las grandes ciudades del país: el de los niños en situación de calle. "Kill Steal" es un furioso e individualista reclamo, muy emparentado con el *world beat* de Mano Negra, en contra de los gringos racistas y sus gobiernos corruptos, compuesto en inglés y español. Por su parte, "Fiesta de Barrio" cuenta con la participación de Roco y Sax de la Maldita Vecindad y celebra la vida y el sabor en las calles de África y Centroamérica al compás de un cadencioso *reggae* que, de manera casi imperceptible, va mutando hasta convertirse en una salsa con todas las de la ley.

De la sabrosura de la salsa, el grupo se traslada a la melancolía de "Soweto", *reggae* eminentemente político que luego de arremeter contra la segregación racial no puede sino arrancarnos una sonrisa de la cara gracias a frases como "Nelson Mandela es un hombre libre, agárrense güeritos, no se la van a acabar". Enseguida viene "Sí", una especie de marcha que desemboca en el frenesí de batería y guitarras distorsionadas; el momento tal vez más *rockero* de un disco que finaliza con una flauta dulce y armónica.

"Cada Segundo" es un *ska reggae* un tanto pesimista que a la vez que va subiendo de intensidad abre una rendija a la esperanza. "La Vaca", segundo tema instrumental del disco, resulta ser una auténtica delicia, un *ska* sin desperdicio que va directo a las caderas del escucha, para olvidarse un poco del mundo y ponerse a mover el esqueleto. Otra delicia es "El Sordo"; *reggae*, otra vez, melodioso, que antecede a la parte más pesada del disco, una suerte de epílogo *hardcore* que da inicio con "Alí Babá (y sus 40 Ladrones)" —*punk* desmadrado que fustiga frenéticamente a los políticos ladrones— y cierra con "La Migra", *punk* donde *samplean*, de manera burlesca, voces de mojados y policías norteamericanos ("hey mecsicanous, devolverse pa'atrás de la frontera, nosotros no quererlos aquí en los Estados Unidos. Ustedes están muy feos"). Canción que de alguna manera resume la postura de Güereña ante lo que acontecía con sus paisanos justo frente a él, a unos cuantos metros de su hogar, en país al que, como México mismo, necesitaba y despreciaba simultáneamente.

Luis Güereña murió en 2004. Este disco recoge una parte de su legado.

Transmetal

Burial at Sea
Grincore Records, 1992

Arthur Alan Gore

Cinco años después de su formación en Yurécuaro, Michoacán, Transmetal intentó dar el primer paso hacia la internacionalización. El grupo entonces integrado por los hermanos Partida; Lorenzo en el bajo, Juan en la guitarra y Javier en la batería, así como Alberto Pimentel en la voz y guitarra, lanzó en 1990 su tercer disco de estudio, *Sepelio en el mar*, sucesor de *Muerto en la cruz* y el EP *Desear un funeral*, de 1988 y 1989, respectivamente. Si con los dos anteriores había conseguido llamar la atención del público metalero en México, la grabación de este disco en inglés suponía la oportunidad de infiltrarse en el mercado estadunidense a iniciativa del productor Eric Greif. A principios de los noventa, Metallica, Pantera o Sepultura exhibían su música en MTV con gran éxito, el *metal* vivía un esplendor promocional que quizá nunca vaya a repetirse. Estaba de moda.

Sepelio en el mar fue dirigido por Greif, un singular estadunidense que fue el *manager* de London, la célebre agrupación que formaron quienes luego serían futuros integrantes de Guns N' Roses, Cinderella, W.A.S.P. y Mötley Crüe, pero que también libró diversas batallas contra la censura al *heavy metal*, lo que a la postre lo convencería de dejar la música para estudiar y ejercer la carrera de leyes.

Greif vio en Transmetal las cualidades necesarias para ser escuchado más allá de su propio país, por lo que los convenció de grabar *Sepelio en el mar* —lanzado como CD por Discos y Cintas Denver y como LP por Avanzada Metálica— pero con las letras en inglés. Por diversos factores éste no logró publicarse hasta 1992, un año después de que el grupo editara el exitoso *Zona muerta*.

Burial at Sea fue publicado en Estados Unidos por Grincore Records, aunque existe también una reedición mexicana realizada por Discos y Cintas Denver. En su grabación participaron los tres hermanos Partida más "Thrash" Pimentel; aunque éste último dejó al grupo poco después de la grabación para aventurarse a lanzar su proyecto solista Leprosy, por lo que entró como vocalista reemplazo Alejandro González, del grupo Allusion.

Pese a los defectos en la calidad de grabación propios del bajo presupuesto y la época, el álbum posee la brutal personalidad de los clásicos del *thrash* de principio de la década. Mientras grababan, Eric Greif aún se desempeñaba como *manager* de Death, agrupación fundamental de *death metal* que lanzara discos clásicos como *Scream Bloody Gore* y *Leprosy*.

Hay en las canciones de *Burial at Sea* una constante intención por lograr buenos *riffs* guitarreros, ladrillos a partir de los cuales se construye el *metal*, además de tejer lúgubres ambientes mortuorios. La distorsión de la voz no resulta excesiva, aunque la defectuosa pronunciación de Pimentel dificulta la comprensión del fraseo. Contrario a lo que pudiera pensarse, las rolas no son largas. A excepción de "Atrocious Obscurity" y "Profaner", que duran cinco minutos y medio, el resto de los temas apenas alcanzan los cuatro minutos de duración. Esto pudiera ser influencia del productor, que les aconsejara economizar recursos. En el disco, Transmetal no abusa de los dobles bombos, ni mucho menos se pierde en pretenciosos solos de guitarra. En su lugar, pondera la velocidad y energía. El álbum suena como un disco de *garage*, de una banda que aún no encontraría el punto de madurez que *El infierno de Dante* (1993), la obra maestra del grupo, consiguió con la ayuda de Scott Burns.

No obstante, *Burial at Sea* tiene momentos destacables. "Fear of The Cross", desde su nombre, plantea un acercamiento con el *black* melódico sin que necesariamente explore territorios que a la banda le fueran desconocidos. Su forma de construir canciones, con introducciones largas que anteceden auténticas ráfagas de velocidad, digieren influencias de los hermanos Partida como lo son Black Sabbath, Accept y Celtic Frost, para traducirlas en su propia voz instrumental.

Al mismo tiempo, es un álbum que no alcanza a despegar porque se queda en la zona de confort. Pocas canciones se salen de la línea que el grupo se marcó a sí mismo. La estructura verso-coro-verso queda más que patente. Las guitarras no dialogan, se limitan a ir por el mismo camino a lo largo de los puentes hasta que la canción termina sin remate.

No obstante, demostró que Transmetal era en efecto un monstruo mexicano capaz de pisar con decisión en cualquier terreno. El extranjero podía ponerse en guardia porque los mexicanos estaban dispuestos a pelear una batalla de peso completo.

Jaime López
/ José Manuel Aguilera

Odio Fonky. Tomas de buró
Grabaciones Lejos del Paraíso, 1993

Enrique Blanc

En 1993, Jaime López y José Manuel Aguilera colaboraban en lo que se suponían iba a ser una comedia musical o una radionovela, pero que acabó convirtiéndose en uno de los discos mejor logrados del *rock* nacional en los años noventa. Para ambos era un momento de búsqueda: López había hecho hasta ese momento una obra por demás interesante a la que le hacía falta encarar el *rock* con mayor determinación; Aguilera dejaba atrás Sangre Asteka e iba camino a convertirse en el *frontman* de La Barranca. Entonces comenzaron a trabajar una serie de demos. López retomaba bosquejos de canción que había dejado en el tintero y Aguilera sumaba ideas desde su propia perspectiva, buscando un sonido más eléctrico y de cierto modo innovador, fuera de las tendencias que en aquel entonces estaban en auge en la escena de *rock* mexicano, más inclinadas a la fusión de estilos.

Así, sin tener demasiada conciencia de ello, terminaron el racimo de canciones que conformarían *Odio fonky. Tomas de buró,* disco que Edmundo Navas, director de Grabaciones Lejos del Paraíso, el sello independiente más activo de aquellos días, escuchó y resolvió lanzar al mercado.

Pese a tratarse de una colaboración entre dos nombres que ya gozaban de prestigio en el horizonte del *rock* mexicano, *Odio fonky* no consiguió un impacto mediático importante al momento de su salida. Y es que en ese entonces, aún se veía con cierto recelo a los discos surgidos en el ala independiente, en comparación de aquellos que venían sustentados por los exagerados presupuestos de promoción de las discográficas multinacionales.

No obstante, la digna modestia que *Odio fonky* exhibió en su producción, sería uno de los argumentos a su favor: el hecho que el disco se trabajara de forma muy casera, en un portaestudio de cuatro canales, generó que entre sus dos responsables se diese una fuerte compenetración que abonó al carácter *sui generis* del álbum. En ese sentido, una de las primeras contribuciones que pueden adjudicársele al disco es el haber presagiado una era por llegar en la que los compositores comenzarían a hacer música en sus alcobas por medio de *laptops* para luego distribuirla por Internet, generando con ello una revolución en la industria musical.

Dos músicos con oficio e imaginación desbordada, encarándose con sus instrumentos de por medio y buscando hacer un disco colmado de originalidad, ésa parece ser la fórmula que dio vida a los 16 *tracks* de *Odio fonky,* varios de los cuales siguen considerándose entre los momentos más inspirados de la abundante obra de sus autores. "Chilanga Banda", que después popularizaría Café Tacvba, un *rap* inspirado en el caló barrial de la Ciudad de México pero filtrado a través de su muy singular ingenio, es uno de los experimentos de lenguaje más afortunados que López haya intentado en su carrera. "Tatuaje" es la prueba fehaciente del trance extremo que parecen haber alcanzado estos dos al trabajar en sociedad; una delirante balada, prueba irrefutable del desgaste vocal hecho por el primero en la grabación y del alto grado de inspiración que alcanzó el segundo como guitarrista. Y "Fama Fatal", que simboliza el lado más lúdico y festivo del disco, una de sus canciones más complejas instrumentalmente, está aderezada por metales, teclados y percusión.

Como es costumbre en los discos de López, hay en las letras de *Odio fonky* una serie de guiños a la cultura popular mexicana, a su jerga callejera, a su histriónica manera de comunicarse, a sus ocurrentes juegos de lenguaje, mismos que adquieren una condición muy especial a través del acompañamiento de las guitarras de Aguilera, a medio camino entre la canción, el *rap* y el *spoken word*. Para su grabación, López y Aguilera asumieron la responsabilidad de la mayoría de recursos utilizados, pero supieron incluir a un grupo mínimo de músicos que dieron brillo a ciertos pasajes del disco. Destaca la presencia del saxofonista Steven Brown. Participaron también la tecladista Rosaura Cadena y el bajista Daniel Soberanes.

Artefakto

Des-construcción
Opción Sónica, 1993

Bishop

Artefakto es una banda procedente de Tijuana, su alineación original, como aparece en su disco debut *Synthesis* (Quarzo, 1989), estuvo integrada por Melo Ruiz, Pussi Mendoza y Bola Modelevsky; sin embargo, la evolución natural y continua búsqueda por un sonido en movimiento los llevó a unir fuerzas con Fetiche, proyecto emergente de la misma ciudad e integrado por Lauro Saavedra (creador del también tijuanense y pionero Ford Procco) y Pepe Mogt (fundador y colaborador del Colectivo Nortec). El resultado de la reunión no sólo reacomodó a los integrantes, sino también modificó el nombre como Artefakto, y la nueva alineación, ya sin Bola Modelevsky, abandona el sonido *techno pop* del primer disco y fusiona maquetas para dar forma a *Des-construcción*, un disco colmado de elementos electro-industriales, lleno de texturas y sonidos electrónicos.

Des-construcción fue concebido en el cambio de una década a otra, momento clave para la expansión de la música electrónica mundial que comenzaba a forjar una nueva y masiva generación de entusiastas por el sonido sintético producido con tecnología musical. La aparición del álbum también es determinante para el desarrollo de la música electrónica mexicana debido a que el sonido de Artefakto pertenece y va al frente de una generación de músicos que expandieron su horizonte sonoro más allá del formato tradicional del *rock* —batería, bajo y guitarra— abarcando una instrumentación distinta proveniente de la sonoridad artificial —sintetizadores, *samplers* e informática musical.

Con un contenido de combustión espontánea, el disco suma diez temas que responden a una fuerte influencia de sonido post-industrial combinado con una carga de modulaciones análogas de manufactura electro, logrando así el mestizaje sonoro que permeaba la escena mundial de la naciente década de los noventa, *tracks* como "Interzone", "Fakto Reactor", "La Diferencia", "Akzión" y el tema que le da nombre al álbum, son claros ejemplos de la maquinaria pesada que se utilizó para construir el engranaje de *beats* marcados y metálicos, conectados con arpegios y secuencias de líneas de bajo y melodías de alto octanaje y filtrado permanente, característicos de la síntesis sonora; la voz de mediana distorsión, oscila entre el inglés y español para mediatizar el mensaje futurista. Los otros temas, "To Kill and Die", "Narcolepsia", "Akhenatón" y la instrumental y augurante "Sensorama 2000", son un repaso por ideas mecánicas y apocalípticas de texturas y sonidos abrasivos.

Artefakto gozó de mejor recepción en el extranjero, la parcial grabación y mezcla del disco en Chicago por Sascha Konietzko —productor alemán y líder por décadas del grupo de culto KMFDM y a quien se le atribuye la breve colaboración vocal en el tema "La Diferencia"— llevó a Artefakto a negociar con Jim Nash y Dannie Flesher —fundadores de la famosa disquera Wax Trax!— para publicar el disco con la etiqueta norteamericana, sin embargo la petición del sello por reducir el número de integrantes claudicó las negociaciones, lo que determinó la edición del disco en México con la desaparecida Opción Sónica. Un año más tarde, *Des-construcción* se licenció y etiquetó como el CD 113 en el catálogo del sello electro-industrial Zoth Ommog, fundado por el productor alemán Andreas Tomalla, conocido como el legendario DJ TALLA2XLC.

Los temas, compuestos en su mayoría por Melo Ruiz y Pepe Mogt, son resultado de la manipulación de equipo de grueso calibre: *samplers* E-Mu modelos Emulator I y II, sintetizadores Moog modelos Polymoog y Rogue, el clásico ARP Odyssey, cajas de ritmo Roland TR 909, TR 808 y TR 727, más un arsenal de pedales de efectos se utilizaron para crear y modular las texturas y estructuras sonoras del álbum, voz y letras fueron responsabilidad de Roberto Mendoza. El disco, terminado totalmente de grabar y mezclar en Tijuana por Pepe Mogt, vio su publicación después de tres años de producción.

Tiempo después, tras una gira por varias ciudades de México, y con KMFDM en USA, la banda editó dos discos más: *Tierra eléctrica* (Opción Sónica, 1995) e *Interruptor* (Opción Sónica, 1997) con excelente aceptación nacional e internacional. Poco después Artefakto entró en un permanente reposo para dar paso a los proyectos paralelos de sus integrantes: Roberto Mendoza crearía Panóptica, Lauro Saavedra (quien ya no participó en los dos últimos discos) continúa con Ford Procco y Melo Ruiz junto a Pepe Mogt formarían Fussible.

La Castañeda

Servicios generales II
Culebra/ BMG, 1993

Francisco Zamudio

Pocas veces en el *rock* mexicano aparecen agrupaciones con un concepto detrás y una idea bien definida llevada hasta el límite. Lo mismo en alguna tocada antrera que al interior de cualquier teatro, el grupo liderado por Salvador Moreno no suele ofrecer nada más sucesiones de notas y acordes, sino que te atrapa en medio de un sueño orquestado por representaciones multimedia totales, donde diversas disciplinas artísticas convergen, para ser vistas desde la óptica de la insanidad mental.

La amalgama entre el *rock* y las artes escénicas, le dio una personalidad bien definida al grupo desde su nacimiento. Por ello no tardaron mucho en conseguir quién trasladara esa particular forma de representar la locura humana hasta un EP de nueve canciones, el *Servicios generales*, editado en 1989 en formato de vinyl en conjunto con Rock 'N' Roll Circus, sello independiente manejado por Alejandro "El Gordolobo" Ruiz, un amante del *rock* azteca, cuya filantropía lo convirtió en mecenas de varias agrupaciones de fines de los ochenta y principios de los noventa.

Llegó el tiempo en que su desarrollo evolutivo no podía ser catapultado más desde una plataforma *indie*, incorporándose así a Discos Culebra, subsello dependiente de la transnacional BMG. De esta manera, se trasladaron al barrio de Van Nuys, en Los Ángeles, California, hasta las entrañas de un lugar donde gente como Lou Reed y Pixies han trabajado alguna vez: el Stagg Street Studio, para regrabar el disco completamente, y anexarle un puñado de canciones recién compuestas.

Con el presupuesto suficiente para concluir toda la producción en Estados Unidos, Wally Traugott (RIP), uno de los ingenieros de mezcla mejor cotizados en Capitol Records, se hizo cargo de masterizar las cintas autoproducidas por la banda. Durante los últimos estertores de 1993, *Servicios generales II* apareció en la marquesina discográfica nacional, convirtiéndose de inmediato en uno de los álbumes más solicitados en todos los recuentos de "lo mejor" del *rock* mexicano de aquel año.

Pero no sólo apareció en las listas de su época. Ha soportado con un buen nivel el paso del tiempo. Y es que consiguió tatuar en el inconsciente colectivo del *rock* nacional, al menos nueve canciones de las quince que lo conforman, tornándose en un disco con estatus de clásico, e invitado recurrente en todos los listados que arrojan información, sobre cuáles son y han sido los álbumes nacionales que han dejado huella en la historia del *rock* manufacturado entre los ríos Bravo y Usumacinta.

La brújula musical de *Servicios generales II* apunta hacia el horizonte sin detenerse completamente en un punto específico. Basta escuchar el ritmo propuesto por los tambores al inicio de "Cautivo de la Calle", para abrir los sentidos hacia un periplo sonoro de personalidad *rockera*, en efecto, pero que a lo largo del camino hace escalas en otros sitios. Por ejemplo el *jazz*, insinuado en buena parte del disco, y revelado totalmente en "Del Barrio". Y lo mismo sucede con otras sonoridades.

"La Esquina" fue redactada en clave de *ska*, en tanto que ciertas armonías afrolatinas serpentean por entre "La Güera", "La Espina", o "América caliente". "Transfusión" fue despojada de toda ornamentación instrumental, para asirse únicamente de un bajo. Espacios para el *hard rock* con "Nada para Mí" o el *dark rock* en "Misteriosa" se abren aquí como hoyos negros en el espacio, los cuales te llevan hacia otras dimensiones sónicas en prácticamente un abrir y cerrar de ojos.

Por supuesto, las narraciones letrísticas inspiradas en la demencia se suceden de manera constante: desde el infortunio que persigue a una bella mujer en "La Fiebre de Norma", hasta los estragos causados por las drogas en "Gitano Demente"; o la presión que ejercen las sociedades modernas en sus residentes como un efecto colateral del progreso. Aunque también pueden encontrarse referencias a temas de superación personal en "La Dosis", o al erotismo, entre los párrafos de "Noches de tu Piel".

El disco fue presentado oficialmente en el Teatro de la Ciudad. Los medios masivos de comunicación estaban abiertos nuevamente para los grupos mexicanos, y la banda solía aparecer en espacios de Televisa como *En vivo, Mi barrio* o *El planeta. Servicios generales II* fue grabado por Salvador Moreno en la voz, Juan Blend en la batería, los hermanos Omar y Oswaldo De León en teclados y guitarra eléctrica respectivamente, así como Alberto Rosas en el saxofón.

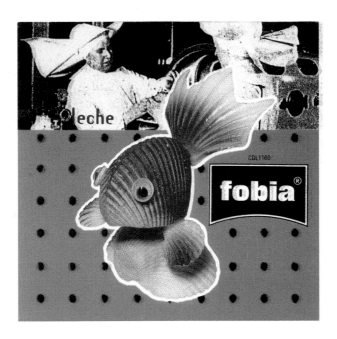

Fobia

Leche
BMG Ariola, 1993

José Ángel Balmori

Leche fue publicado en México durante septiembre de 1993 con una portada que causa algo entre la risa y la repulsión. La alineación que grabó el disco fue Paco Huidobro (guitarra), Gabriel Kuri (batería), Iñaki (teclados), Cha! (bajo) y Leonardo de Lozanne (voz), aunque Marteen, el productor, operó como pieza clave en el sonido del grupo, además del músico invitado Cyro Baptista en la percusión (más información puede encontrarse en Wikipedia).

Aunque el debut de Fobia es estupendo, su segundo álbum, *Mundo feliz* (BMG 1991), es un disco extraño, anómalo y por momentos absurdo, pero siempre brillante; fue el álbum que les destapó la olla. Fermentado sobre toneladas de sintetizadores, *space pop* y psicodelia ligera, *Mundo feliz* es una explosión de ideas hacia todas las direcciones, pero *Leche* condensa lo mejor de todas ellas para proyectarlas con una claridad sorprendente.

Todo lo anterior queda clarísimo desde el primer corte del disco, "Plástico", quizá la única canción *rock* del universo que puede meter esas horribles flautas en plan Inti Illimani y sonar absolutamente maravillosa, ese desconcertante inicio, con música folclórica del altiplano, va convirtiéndose en un oscuro tema sobre el uso del condón que ofrece pistas sobre el estado del grupo: estaba en la adolescencia y quería cogerse al mundo o, al menos, al mundillo del *rock* en México. Otro corte destacado es "No me Amenaces", el mejor ejemplo del espíritu del disco; casi cuatro minutos de delirio con una letra obtusa sobre religión o política, ambigua, tal vez, pero sin espacio para las metáforas. Capas y capas de distorsión, *wah wah* y metales crudos que en la parte final logran casi un estado mental. La joya de la corona en cuanto a producción y sonido y además una declaración de principios en toda regla. La única pega: la batería tiene *flanger*.

Está claro que en el primer disco el quinteto estaba en la infancia, en el segundo pasó a la pubertad, en el tercero a la adolescencia, en el cuarto les había salido bigote y en el quinto ya estaban quedándose calvos. El punto luminoso está en la adolescencia porque carece de la solemnidad y misticismo que abundaban en los grupos mexicanos de su generación. Además, contiene una carga de calidad e imaginación que los grupos subsecuentes no pudieron igualar, ni capitalizar después. La nota siniestra de *Leche* fue que pasó de tapadillo por la prensa, la cual se dedicó a publicar artículos con encabezados de la categoría de: "conoce a las novias de los Fobios" y otras idioteces que sólo podían interesarle a un público circunstancial y frívolo. La prensa especializada (*sic*) no lo hacía mucho mejor, prodigándole adjetivos como "fresco", "locochón", "atrevido" y demás descripciones perezosas para un grupo que en realidad era mucho más complejo que todas esas cosas juntas. Ni la prensa, ni el público fueron justos o benévolos con *Leche*, el mejor álbum de Fobia, algo que todos parecían saber, aunque ninguno supiera exactamente el porqué. Tampoco el público era abundante en los completamente salidos de madre conciertos de ese periodo, con aspiradoras colgadas del techo y Cha! disfrazado de vaca, dando tumbos como poseso. Sucesos mongólicos, fantásticos e incomprensibles que alimentaban la curiosidad de muchos y levantaban ámpulas en otros.

Leche fue el disco que menos vendió del grupo: sólo 45 mil copias. El que le siguió, *Amor chiquito* (BMG 1995), vendió más de 100 mil. Para ubicarnos en el mapa, los *best sellers* de la época como *El circo* (BMG/ Ariola,1991) de Maldita Vecindad y Los Hijos del Quinto Patio, vendía 800 mil unidades. Fobia no era un grupo de súper ventas. ¿El motivo? No puede saberse con exactitud. Quizá en donde se erraba con más frecuencia era en la pésima costumbre de seleccionar sencillos que decían muy poco del contenido de los discos. Lo que se programaba en la radio parecían descartes, lados B, como esa sonrisa hipócrita que uno le lanza a las personas que acaba de conocer, es decir, no decían absolutamente nada. ¿Era "El Microbito" un digno representante del *pop* claroscuro de su primer álbum, o "El Diablo" la mejor manera de sumergirse en lo cósmico de *Mundo feliz*? Ya ni hablemos de "Los Cibernoides", la verdad es que el grupo no podía ni seleccionar sus propios sencillos, su disquera tomaba decisiones guiada por sus propios intereses, por su propia estupidez.

Después de *Leche* vinieron otros discos. Algunos con grandes canciones, pero ninguno tan redondo. La agresión se transformó en otra cosa, el vestuario se fue a los clósets y los músicos se vieron forzados a crecer, como todo el mundo (Gabriel Kuri dejó el grupo para estudiar arte en el extranjero). Nunca fueron lo mismo.

Liran' Roll

María
Discos y Cintas Denver,1993

Julián Woodside

María es la segunda producción de la agrupación capitalina Liran' Roll, uno de los conjuntos más representativos de la escena *rockera* independiente en México. El disco cuenta con la participación del fundador Antonio Lira en la voz y guitarra, Antonio Velázquez y Edgar Cruz también en la guitarra, Hugo Mendoza en el bajo y José Luis Rosas en la batería. Dicha alineación se mantuvo hasta 1999, año en el que Antonio Velázquez y Edgar Cruz salen de la banda para ser sustituidos por Saúl Moreno y Ulises Lares, además de la incorporación de Alberto Rosas en el saxofón. A la fecha, *María* ha vendido más de 100 mil copias, sin contar la gran cantidad de ediciones que han circulado de manera clandestina por todo el país, haciendo de este álbum uno de los más exitosos del *rock* en cuanto a venta de discos de manera independiente se refiere.

Como segunda entrega de Liran' Roll y quinta en la trayectoria de Antonio Lira (quien previamente formó parte del conjunto Blues Boys),

María fue precedido por *Quiero cambiar* (1991, Discos y Cintas Denver) y seguido por *El último viaje* (1994, Discos y Cintas Denver). Su sonido se caracteriza por tener elementos de *blues*, *rock and roll* y ciertos tintes de *rockabilly* en donde la guitarra y la voz se desgarran alrededor de temáticas como el amor, las drogas, el alcohol, el *rock*, la fiesta y la prostitución. La lírica, la cual muestra mayor madurez tanto en la composición como en la temática en comparación con *Quiero cambiar*, habla directamente a los jóvenes y aborda temas urbanos acompañados de arreglos musicales sumamente pegajosos y una atmósfera de nostalgia y desencanto ante el entorno citadino. Sin embargo, canciones como "Hangar Ambulante", "Boogie, Boogie Huautla" y "Cámara ya Vas" compensan dichos sentimientos mediante una actitud festiva y relajada. Composiciones como "María", "El Alcohol", "Porque te Amo" y "Cuarto Para las Dos" le ganaron al conjunto una amplia aceptación por parte del público mexicano, permitiéndole realizar una gira de dos meses de duración a través de distintas ciudades de los Estados Unidos tras el lanzamiento del disco. Asimismo, dicho éxito le permitió al conjunto presentarse en distintos medios televisivos como el canal 11 del Instituto Politécnico Nacional y el canal 22 del Consejo Nacional para la Cultura y las Artes; e incluso llegaron a presentarse en vivo con Ricardo Rocha en el canal 2 de Televisa.

De principio a fin las canciones que integran *María* transportan al escucha a través de distintos estados de ánimo, ya que el disco se distancia un poco de las raíces netamente *blueseras* de Antonio Lira para explorar un sonido más dinámico y que por momentos logra remitir al sonido de otras bandas de la época, como Sumo, de Argentina o Los Carayos, de España, sin perder el predominio del sabor urbano/ mexicano que ha identificado al conjunto a lo largo de su trayectoria. En *María*, Lira y compañía destacan por la forma de hablarle directamente a la juventud mexicana, cuestión que demuestra el interés de Liran' Roll por acercarse a su público, retratando y compartiendo su realidad en lugar de querer quedar bien con la industria o los medios. Las canciones hablan directamente desde las tripas, con una forma de cantar honesta y sin eufemismos, tal como se puede escuchar hablar a cualquier joven en México, actitud que ha permitido mantener activo al grupo durante más de dos décadas, realizando extensas giras por México y Estados Unidos.

Con más de 200 composiciones en su haber, múltiples discos de oro y platino y una fuerte presencia en diversos escenarios de México y Estados Unidos, Liran' Roll es sin duda una de las agrupaciones más respetables en cuanto a trayectoria e impacto con el público se refiere.

Haciendo honor a la esencia de que el *rock* puede construirse simplemente con guitarra y voz, *María* es un disco que no sólo significó el reconocimiento de la industria y el público dentro de la trayectoria de Liran' Roll, sino que marcó el inicio de la consolidación musical de Lira y compañía, destacando como uno de los conjuntos de *blues* y *rock* más importantes y activos dentro de la escena nacional. Además de convertirse en un clásico instantáneo, actualmente *María* resulta ser una excelente primera aproximación al sonido y actitud de este conjunto capitalino.

Café Tacvba

Re
Warner, 1994

Hugo García Michel

Si partimos del equívoco de que éste es un disco de *rock*, jamás iremos a lado alguno. Porque desde un punto de vista musical, se trata de un trabajo multigenérico, al que le cabe mejor la definición, algo chocante tal vez, de ser una obra de música mexicana contemporánea. En *Re* se amalgaman géneros tan diversos como el corrido mexicano, el son veracruzano y el bolero con el *rock* duro, el *punk*, el *pop* y hasta el *bossa nova*. Es un álbum que a 18 años de distancia se ve de manera distinta al momento en que apareció. La lejanía temporal permite revisarlo con otras perspectivas que quisieran ser más analíticas y menos apasionadas, más objetivas (hasta donde esto sea posible) que viscerales.

Segundo *opus* discográfico de esta banda surgida en 1989 en Ciudad Satélite, Estado de Mexico, *Re* está conformado por veinte composiciones que reflejan de manera singular la propuesta de este cuarteto y lo hacen de manera más definida de lo que sucedió en su primer larga duración, el homónimo *Café Tacuba* de 1992, mismo que presentaba una trecena de canciones que también abordaban diversos estilos musicales. Esta vez, la idea en ese sentido es más radical y se inscribe lejos de lo que otras agrupaciones mexicanas estaban haciendo en aquellos momentos de explosión del *rock* que se hacía en México. Los años de represión oficial contra el género eran cosa del pasado. Para 1994, año crucial en lo político y lo social en la historia del país, el *rock* no sólo era aceptado desde las esferas gubernamentales, sino que estaba plenamente apoyado por la industria discográfica y los medios de comunicación, en especial la radio y la televisión, además de buena parte de la prensa escrita. Tantos años de oscuridad roquera provocaban que se aceptara, de manera muchas veces acrítica y mansa, todo lo que surgiera dentro del *rock* que se hacía dentro de nuestras fronteras. La consigna era apoyar lo que fuera, evitar los cuestionamientos, evadir los "malos" comentarios: al "nuevo *rock*" no debía tocársele ni con el pétalo de una crítica. Con muy escasas excepciones, ésa fue la forma como el periodismo musical recibió a las numerosas bandas a las que las disqueras daban oportunidad de grabar.

En medio de este contexto es que surgió *Re*. Si se le compara con los discos de otras agrupaciones, resaltan de inmediato sus diferencias estilísticas. Como dije al principio, no se trata de un álbum de *rock* en sentido estricto. Sin embargo, en aquel momento fue algo que de alguna manera se obvió. Hoy, en cambio, podemos ver que en realidad era algo que iba mucho más allá de esa limitante y que lo que los integrantes de Café Tacvba (Rubén Albarrán, Emmanuel del Real, Joselo Rangel y Enrique Rangel) buscaban era proponer una obra de mayores alcances artísticos. Esto fue una virtud que muchos no llegamos a apreciar en su momento.

Producido por el músico argentino Gustavo Santaolalla (quien trabajara antes y/o después con Neón, Maldita Vecindad, Fobia, Molotov, Julieta Venegas, Los Prisioneros, Bersuit Vergarabat, *et al*), *Re* muestra un sonido mucho más pulido que el de su antecesor y de hecho marca el desafío que significaría realizar, cinco años más tarde, el que algunos consideran como el mejor trabajo de Café Tacvba: *Revés/Yo soy* (1999).

Desde su inicio, el disco se vuelve provocativo. "El Aparato" es un tema sorprendente en su complejidad armónica. A ritmo de son, se va construyendo un tema lleno de humor, con rompimientos constantes, asonancias vocales e instrumentales y un arreglo rico en colores y texturas. Una canción inequívocamente mexicana, pero claramente *avant garde*, con una culminación coral inesperada.

El humor persiste, esta vez desde la parodia, con piezas como la popular "La Ingrata" (qué paradoja que un clásico del "*rock* mexicano" sea un corrido acelerado), la cuasi industrial "El Borrego", la poperamente divertida "El Metro", la borrachamente bandesca "El Fin de la Infancia", la cachonda y danzonera "El Puñal y el Corazón" y ese diminuto homenaje a Los Panchos y Les Luthiers que es la bolerística "Madrugal".

Hay cortes llenos de encanto como "La Negrita", "Las Flores", "El Ciclón", "El Baile y el Salón", "El Balcón" o esa joya refulgente (Luis Demetrio o Agustín Lara la habrían firmado gustosos) que es "Esa Noche", aunque también hay cinco o seis cuya ausencia no se extrañaría y cuya salida le habría dado mayor concisión al disco.

No partamos pues del equívoco de que éste es un álbum de *rock*. No lo es... y qué bueno que no lo sea.

Guillotina

Guillotina
Warner Music México-Discos Rockotitlán,1994

Francisco Zamudio

"Nos seguimos sintiendo encasillados. Está 'cañón' que en el 2008 todavía te sigan diciendo: 'Guillotina, el mejor grupo de *grunge* de México'. Y está chido que nos lo digan, gracias, pero siempre hemos dicho que somos una banda de *rock*", señaló Manuel Suárez en una entrevista aparecida en la revista *Gorila* ese mismo año. A casi dos décadas de su primer álbum, la percepción general sobre el grupo no ha cambiado mucho, y esto se debe, en gran parte, a la gente con la cual trabajaron durante sus inicios.

De las cenizas de Signos Vitales nació Guillotina a principios de 1993, y pocos meses después se encontraban dentro de un estudio de grabación bajo las órdenes de Jack Endino, célebre productor estadunidense, artífice de lo que el mundo conocía en esos momentos como *grunge*, un estilo nacido de la mezcla entre el *heavy metal* y el *punk*, quien había producido a monstruos de dicha escena como Mudhoney, Screaming Trees, Soundgarden, y a la banda insignia de aquel movimiento sónico: Nirvana.

Entre agosto y septiembre de ese mismo 1993, Manuel Suárez en la voz y guitarra rítmica; Alejandro Charpenell tras la batería; Jorge Vilchis en la guitarra líder, y Luis Emilio Riva Palacio De Icaza, alias "El Manco" al bajo; se unieron a Endino no en Seattle, sino en el Twilight Zone Studio ubicado en Lomas Verdes, Estado de México. Jack vivió todo el proceso en el Distrito Federal en un departamento rentado en la Colonia Roma, hasta donde pasaban por él para trasladarse al sitio de trabajo.

Ahí se ocuparon de construir el álbum en arduas sesiones de entre diez y once horas continuas. Las baterías, por ejemplo, quedaron registradas en sólo tres días, mientras que las demás piezas se edificaron en veintisiete reuniones más. Aquel rompecabezas producido y mezclado también por Jack, quedó listo para que en abril de 1994, tras seis largos meses de espera, la disquera resolviera finalmente lanzarlo, en medio de una crisis político-social que amenazaba con derrumbar la estabilidad del país.

El 1 de enero de aquel año, el Ejército Zapatista De Liberación Nacional (EZLN) se levantó en armas desde Chiapas, mientras que el 23 de marzo, Luis Donaldo Colosio, candidato del PRI a la presidencia de la República, fue asesinado en Tijuana. En este aspecto, este disco está adelantado, involuntariamente, a su tiempo. Así lo demuestra la letra de "Provocando al Personal", donde Suárez entona en uno de sus párrafos: "Si pudiera entender cada uno a los demás, no estaríamos aquí rezando por la paz".

En el plano lírico desplegaron una serie de situaciones entrelazadas por la desilusión y el desencanto frente a lo establecido. "¿En qué Creer?", es un claro ejemplo del espíritu confrontacional con el cual fue escrito este disco. "Creemos fielmente en la redención, ¿y qué pasó? No existe Dios", escupe Suárez a través de los altavoces, mientras que en "Todo Sigue Igual" el cantante denuncia la apatía propia de quienes hablan mucho pero, como sucede en la mayoría de los casos, hacen realmente poco por cambiar.

La constante armónico-melódica del disco está marcada por la distorsión. Aquí las guitarras se elevan a una categoría superior en relación a la base rítmica y, en este rubro, se siente que el orden en el cual fueron presentadas las canciones no fue planeado al azar, sino que cumple con un objetivo: crecer sostenidamente conforme avanzan los minutos. Por ello, "No Puede Ceder", el corte inicial, se encuentra en desventaja frente a la fuerza vital que te golpea la sien en cortes tipo "Entre una Multitud" y "Como Ayer".

Un álbum debut de primer nivel. Importante en varios rubros, entre los cuales pueden mencionarse, el de pertenecer a la elite de placas nacionales dirigidas por productores extranjeros; y porque instauró otra directriz sónica en el *rock* mexicano, una sobre la cual iban a desempeñarse en el futuro bandas desde Radio Kaos y Escarbarme, hasta Disidente o Glice-rine. Cierto, encasilló a Guillotina como "la banda mexicana de *grunge* por excelencia", aunque el grupo tuvo su parte de culpa.

En vez de buscar otros horizontes en el terreno de la producción, qui-zá por comodidad recurrieron dos veces más a Jack Endino para que los guiara tras las consolas. El resultado de dicha decisión fue que, para 1996, regresaron con un disco con el cual rebasaron las expectativas propias y ajenas, superándose a ellos mismos como ejecutantes e intérpretes, el *Rock mata pop*.

Santa Sabina

Símbolos
BMG Ariola, 1994

Vicente Jáuregui

Tan sólo dos bandas mexicanas pueden presumir que un músico de la talla de Adrian Belew (King Crimson, David Bowie, Frank Zappa, Talking Heads) les haya producido un disco: Caifanes y Santa Sabina. Los primeros alcanzaron la gloria con *El silencio*, mientras *Símbolos* le valió a Santa Sabina el estatus de banda de culto. Era 1994, año de sucesión presidencial, crisis económica e insurrección zapatista. Como anticipando ese momento, una versión seminal de "Nos queremos Morir" nació seis años atrás, cuando la obra de teatro *Vox Thanatos* inspiró su mensaje fatalista. Finalmente, un Subcomandante llamado Marcos terminaría protagonizando su mensaje. Mal interpretada como una apología de la muerte, Rita Guerrero aclaró después que en realidad era una canción de esperanza.

Involuntariamente, la temática y los arreglos musicales de canciones como "Despertar a los Muertos", "Alas Negras" o "Una Canción para Louis (Vampiro)", ubicaron a Santa Sabina en el radar del público *darky* mexicano, pero fuera de la imagen oscura y teatral de Rita, la banda citaba a músicos como Miles Davis, Frank Zappa, Prince o King Crimson entre sus influencias, y rara vez a bandas góticas u oscuras. Irónicamente, el gran mérito de *Símbolos* no es su narrativa de vampiros: al reunir *darketos*, *progres*, *jazzeros* y *funketos* en el mismo toquín, añadió un argumento para la tolerancia.

Punto y aparte merece la peculiar aportación de cada músico en este disco. De personalidad críptica y enigmática, la batería de Patricio Iglesias presume recursos sumamente originales (cuenta la leyenda que Belew quedó fascinado con su estilo), mismos que a la fecha le ubican en el *top* cinco de los mejores bateristas mexicanos. Irreverente por antonomasia, el carisma de Alfonso Figueroa coincide con las intrincadas, pero juguetonas líneas de su bajo, sin duda alguna, la vena *funky* de Santa Sabina no existiría sin su presencia. Como pianista de formación académica, los conocimientos teóricos de Juan Sebastián Lach expanden la armonía de la banda, *ergo*, sofistican las composiciones mediante sonoridades *jazzísticas* y de ímpetu contemporáneo. Aunque discreta, la guitarra de Pablo Valero complementa cada canción con atinados punteos, explosiones de *wha wha* y requintos pentatónicos; como compositor demostró oficio con la letra de "Estando Aquí no Estoy", una amigable canción *funky* muy bien recibida en TV. Por último, la personalidad y voz de Rita Guerrero pertenecen al espectro de lo mítico y lo legendario. Entre la sensual inocencia de Betty Boop y una peculiar asimilación del imaginario vampiresco, las melodías y letras de *Símbolos* son un referente generacional que forjaron la identidad de incontables adolescentes mexicanos, quienes a su vez, erigieron a Rita como el *símbolo* de un estandarte confeccionado con terciopelo negro.

Para toda banda que debuta con un gran disco, la segunda entrega representa la prueba de fuego y ello implica mucho nervio. Sin embargo, las bajas temperaturas de Wisconsin (lugar donde está el estudio de Belew) permearon un disco redondo, mucho más logrado que su obra homónima. Obviamente existen paralelismos entre ambos, como las referencias al existencialismo francés en "Miedo", donde la ansiedad, el absurdo y la locura sartreanas son arrojados por un *groove* vertiginoso.

Todo disco intempestivo necesita de un respiro; en *Símbolos*, la bocanada de aire viene con "Luz del Mar", una deificación marítima sublimada con el solo de guitarra acústica que toca Adrian Belew.

Si de himnos generacionales se trata, la poeta Adriana Díaz Enciso nunca imaginó que su letra de "Una Canción para Louis (Vampiro)" se convertiría en uno. Louis no es un vampiro orgulloso, por el contrario, cuestiona su condición eterna y su gusto por la sangre. La inspiración cinematográfica de esta rola se encuentra en la cinta *Entrevista con el vampiro*, donde Brad Pitt interpreta a Louis de Pointe du Lac, un vampiro prudente ante la sangre humana.

Además de dar título al disco, "Símbolos" es una de las canciones más interesantes del álbum, pues encuentra un elegante balance entre disertaciones semióticas, acordes de *jazz* y un frío envolvente.

Es bien sabido que no hay vampiro sin lascivia, que el hedonismo y la lujuria son sus aspiraciones más altas, sobre todo si la búsqueda por el placer involucra el "Despertar a los Muertos". En una entrevista, Rita declaró sentir miedo de saberse demasiado amada, y esa parece la semilla lírica de "Ajusco Nevado".

Quizá el tema menos afortunado del disco es "Súbete Otra Vez", pero sus *riffs* son contagiosos y en vivo equilibraban los momentos oscuros. En todo caso, dos temas prescindibles habrían sido "Insomnio" (canción que cierra el disco), o "Vete Leve", con líneas de un *rap* festivo similares a las de "Gasto de Saliva", rola incluida en su disco debut.

El eclecticismo es un rasgo fundamental en la discografía de Santa, y si la atmósfera ritualista de "Mírrota" (*Santa Sabina*, 1992) anticipó el virtuosismo vocal de Rita, esos coqueteos con medio oriente se extienden en "Alas Negras".

Símbolos demuestra que el *rock* puede tener un compromiso social sin sonar a panfleto, que la inteligencia no siempre es ajena a la sensibilidad, ni ésta a la técnica. Aquí conviven todos esos elementos de manera lúdica y natural, sin compromisos o presiones comerciales excesivas... y cuando eso pasa, el público lo reconoce y las canciones devienen inmortales... sí, como Louise arrastrando su eternidad por el mundo.

Sergio Arau

Mi Frida sufrida
Sony Music, 1994

Miguel Galicia

Sergio Arau es un país. Extensión de *rock* donde el guacamole y los acordes rabiosos desafinados le corren como ríos llenos de mexicanidad, de cultura populachera que lo cruzan. La cartografía de este chilango nacido en 1952 está compuesta por bosques de caricaturista, montañas de director de cine, praderas de actor, selvas de pintor, barrancos de periodismo y manantiales de canto de donde fluyen composiciones románticas, desmadrosas, refranescas.

Si bien este músico dejó Botellita de Jerez —banda madre del *rock* azteca— en 1988 y se fue a EU para crear las bandas Sergio Arau y los Mismísimos Ángeles o Sergio Arau y la Venganza de Moctezuma, ambas con poca trascendencia, su alma siguió arrastrando las cadenas de su propio legado.

Tras vivir bajo el signo de haber sido fundador de la banda de *rock* creadora del llamado *guacarrock* —neologismo resultante de las palabras guacamole y *rock*— en 1983, Arau se aleja de la banda, pero no suelta amarras. Con su disco *Mi Frida sufrida*, pone distancia de esa era.

Aunque hay confusión en la fecha de su puesta en el mercado —se maneja 1992— su sello discográfico marca 1994 como el año en que se puso a la venta; propuesta que bien pudieron haber firmado de igual manera sus compas Armando Vega Gil "El Cucurrucucú" y Francisco Barrios "El Mastuerzo". Con la salvedad de que su nuevo proyecto lo reafirmó como uno de los artífices de la fusión del *rock*, la música tradicional mexicana y el humor con ritmos como el norteño, son jarocho, e instrumentos como el acordeón, las guitarras ("Viajo sin Brújula"); flautas, sonidos ambientales, callejeros que crean atmósferas ("Pinche Malinche"), violines y viola. Ése es otro éxito.

En pleno auge del Rock en tu Idioma, movimiento musical de finales de los ochenta a los noventa y que fue denominado así por las disqueras trasnacionales, Sergio Arau pudo sustraerse a esa forma de *rock* comercial, el cual no pasaría de ser una moda, aunque por ello fue relegado a las filas del subsuelo.

En este plato sónico intervienen Sergio Arau (voz), Chucho Contreras (acordeón), Icar Smith (guitarra principal), Jorge Velasco (bajo), Mike Nieto (batería), Ernesto Anaya (instrumentos folclóricos), Julio Morán y Ricardo Ochoa (guitarra, bajo y coros). Al fin pintor, el autor muestra en él una evolución lírica tangible. El botón es su tema "Frida Sufrida", un retrato que permite asomarnos, desde su perspectiva, a la vida de un personaje cuyo acceso es escarpado por lo que representa en el mundo culterano del arte.

Así, escuchamos: "Te cuento querida Frida que me acabo de enterar, que te has vuelto muy famosa y te lo vengo a cantar (...)/ y pusiste tu pasión en la figura de Diego (...)/ a pesar de que en amores fuiste todita una ficha./ De tu vida todos saben del oriente al occidente,/ hablamos de tus desdichas y también de tu accidente (...)/ Con el ave que suave dibuja tus ojos, con la suerte que fuerte rasguña tu vida, encontramos soñado en tus sueños de hembra el nombre de Frida sufrida (...)/ Pasiones y frustraciones te hicieron buscar la neta,/ la tortilla la probaste y anduviste en bicicleta (...)".

Siempre atento a lo que sucede a su alrededor, Arau convertido en cronista de su tiempo hace convivir en su pangea creativa tópicos distantes cuyos extremos se tocan. Las nuevas formas de comunicación que trastocan a la sociedad ("Desde que Tienes Computadora"); personajes de la cultura ("Mi Frida Sufrida" y "Dame Posada Catrina"), de la historia ("La Venganza de Moctezuma" y "Pinche Malinche"); el amor ("Cuando me Dices

que no", "Debería ser Delito", "Son del Corazón", "La Invasión"), desamor ("De Qué te vas a Morir", "Viajo sin Brújula", "Tres Caídas") y la
tierra que añora ("México Lindo y Querido").

Mi Frida sufrida podría ser un nuevo capítulo de Botellita de Jerez
pero sólo con un Botello. Sergio Arau no suelta lastre porque no puede o
no le da la gana. Este álbum desarrolló en su momento una apuesta más
pulida —con tendencias un poco al *tex-mex*— en cuanto a producción e interpretación; no obstante aún suelta ese tufillo embotellado de *guacarrock*
con denominación de origen... Más lejos de ser algo en contra, es su sello
distintivo.

Eso, además de ser un activista social y haber participado en el desarrollo de la identidad urbana mexicana con sus letras, vestimenta y defensa de una cultura de lo naco, también conocida como art-naco, son grandes
aciertos.

34-D

34-D
Toaj, 1996

Warpig

Esta grabación no se apreció en su momento y además, la producción no le ayudó en nada. Sin embargo, por lo que dicen algunos "clientes satisfechos", el conjunto letras-*riffs* resultó atractivo con el tiempo. 34-D surgió de tipos que gustaban del *hardcore-punk*, el *metal* y el *rock* setentero. Eran los noventa: había pocos estudios de grabación y ningún productor disponible que entendiera que el bajo eléctrico, por ejemplo, también se podía distorsionar. De ahí que, hoy en día, el comentario generalizado sea "se escuchaban mejor en vivo que en la grabación", lo cual es totalmente cierto.

34-D era/ es (porque después de quince años de no tocar se juntaron otra vez) muy valemadre como muchas de las bandas de su generación, así que firmaron un contrato de grabación con la primera persona que se los ofreció y en un estudio con un "productor" sin idea (ni ganas) de cómo grabarlos, sin una mezcla relevante y en un gran estudio desaprovechado.

Como quien utiliza al Concorde para ir del D. F. a Puebla. Tal vez, esas canciones se hubieran escuchado mejor de haberse grabado en un Protools casero y en un ensayo. Bueno, pero eran los noventa. La industria mexicana de *rock* no sabía producir, mezclar, masterizar o dirigir, sólo GRABAR. Sólo se sabía que el *rock* vendía y más en casete porque no toda "la banda" (el público) tenía acceso a *CD players*, pero sí a una grabadora de casetes. Por eso este "disco" no se editó ni en vinyl, ni en CD. Ésa fue la justificación de los (llamémosles así) productores.

Pero la esencia está ahí: *riffs* gordotes-*heavies* como en "Bajo el Sol", que incluye el alarido-lamento-queja de "Diputados y Senadores, aplastados en sus sillones. Bajo el sol, trabajando. No estoy tras un escritorio: estoy trabajando"; o en "Las Sagradas Escrituras" ("Vas a caer en las garras de una secta y los vas a recibir con las piernas bien abiertas"). ¿Por qué me concentro en las letras? Porque en la grabación es lo más rescatable. Por culpa de la banda que no sabía que se podía exigir y demandar el sonido deseado y por la nula producción-mezcla-dirección y hueva de los encargados de grabarla.

Con un vocalista que era *roadie* de Atoxxxico, un bajista que era baterista de Atoxxxico, un baterista que venía de Raxas y un guitarrista que venía de Bloodsoaked (todos autodidactas) el sonido no podría ser de "*rock* chistosito-rockotitlanero". El sonido es (casualmente) *prestoner* con tintes *hardcore-punk*. "Nomás Pregunto" con el tiempo se volvió como un himno muy *underground* antihomofobia con un *riff* pesado, pero un ritmo más *punk*. Una especie de Sabbath-Helmet región 4 pero vamos, hablar de Sabbath-Helmet como influencias en lugar de Soda Stereo-Caifanes te hacía creer que el *rock* tenía salvación. "Ella es depravada. Es de Pro Vida. Me acuesto con ella y con su hija" dice otro *track mid-tempo* cuyo *riff* es confuso, atascado (una pared de sonido que no quería ser una pared de sonido y unos tambores desafinados con algunos micrófonos APAGADOS) y en su sección rápida, todo mundo va a destiempo. ¿Otra toma? ¿Para qué? Los sampleos están hechos en una grabadora de casete de baja fidelidad pasados por micrófono a la consola. ¡Ni siquiera con un cable! Al igual que Atoxxxico y con la distancia guardada, 34-D era muy *punk* para los metaleros y muy metalero para los *punks*.

Para los metaleros era una banda insignificante que no sabía "música" y por lo tanto había que menospreciarla y mandarla a cerrar o a abrir las tocadas, no hacían solos de guitarra y no "matizaban". Podríamos situar en esta escena "metalera" a los encargados de grabar el disco y (digámoslo así) producirlo. Para los *punks*, 34-D era un grupo de *hippies*, por eso del cabello largo, por lo tanto, ni siquiera valía la pena voltearlos a ver. Pero algo pasó que los discos de esos güeyes no están en esta lista y el de 34-D sí. Otra de las joyas es "Error", una rola rechazada por Atoxxxico que contiene todos los elementos *hardcore-punk* de la época: *riff* y *beat* rápido a la Discharge, berridos, miedo nuclear, su puente mosheable y "cameos" femeninos cortesía de la novia del baterista (¿por qué no? ¡Estaba ahí y le gustaba la banda!). ¿*Crust-punk*? Pues suena a eso…sólo que en 1994 el término ni existía.

¿Pudo haber estado mejor grabado? Claro. Pero por eso mismo es un reflejo de la época. Si lo situamos en 1994, NADIE manejaba el término "Stoner Rock". Mucho menos algo parecido a "Stoner-hardcore punk". Bueno, ni siquiera hoy en día se habla de algo así. No son los mejores músicos, no es la mejor grabación, pero todos estos elementos mencionados dieron un sello peculiar (no usemos el término ORIGINAL) a este casete. Aunque 34-D sigue sonando mejor en vivo.

La Barranca

El fuego de la noche
Opción Sónica, 1996

Carlos A. Ramírez

"Ésta es la cosa más extraña que ha surgido en todo el continente americano"; es la frase con la cual La Barranca abre *El fuego de la noche*, su disco debut, producido por ellos mismos. La canción se llama "Reptil" y, desde ese primer momento, quien se asoma a las profundidades sonoras de la banda liderada por José Manuel Aguilera se encuentra con una multiplicidad de significados que, como siempre sucede cuando se está ante una obra de arte, rebasan la textualidad. Porque si bien ese tema —que después del retumbar de la batería da paso de inmediato a una guitarra siempre dispuesta a la distorsión, que habría de convertirse posteriormente en el signo de identidad sónica del grupo— alude claramente al Partido Revolucionario Institucional (PRI), el cual, para 1996, llevaba 67 años gobernando este país; ¿acaso la barranca no es el sitio de quiebra económica y espiritual que conceptualiza el nombre del grupo? "Reptil" grita con furia el nacimiento de una agrupación singularísima que deslumbra fusionando guitarras duras, progresivas y sicodélicas con tambores tribales, violines lastimeros, sones, polkas y hasta resonancias de la canción *cardenche* del norte del país, obteniendo tras ese proceso cuasi alquímico un sonido único, enigmático que sabe a desierto, a montaña, a *rock* de altos vuelos únicamente comprometido con una auténtica búsqueda artística, tal vez sólo comparable con el antecesor inmediato de La Barranca, Sangre Asteka, agrupación en la que también coincidieron Aguilera y Federico Fong, el encargado del bajo. Porque la Barranca hace *rock*. No fusión con actitud *rockera*. Y desde *El fuego de la noche*, su primer manifiesto sonoro, lo iba a dejar claro.

Interpretado, además de Aguilera y Fong (guitarra y voces y bajo, respectivamente) por Alfonso André en la batería y apoyados en ciertos momentos —parajes, tal vez sería más apropiado decir— por Jorge "Cox" Gaytán en el violín y Cecilia Toussaint en coros y armonías vocales, el disco consta de quince temas que en ningún momento bajan de calidad y en los cuales hay hallazgos importantes también a nivel lírico, porque José Manuel transita de las metáforas que refieren a la debacle por la que atraviesa constantemente el país ("por más que intelectuales lo disecten, este dinosaurio no se muere y cuando en algún lado pierde con la otra mano arrebata", anuncia en "Reptil"; "no hay manera de huir de aquí, nadie puede salir de la barranca", advierte en "La Barranca"; y "en este país la mayor atracción son las ruinas", concluye en "Ruinas") a la búsqueda de sentido existencial e incluso de poder personal ("esa madrugada nunca se me olvida, tuvimos un encuentro con el fuego", se confiesa en "Esa Madrugada" mientras "El Alacrán" sentencia: "sólo tal vez si vives fuerte tienes opción para elegir", y en "Quémate Lento" describe "vuelves de un mundo lejano, de luz, de éxtasis, de visiones, sientes un gozo profundo corriendo en tus venas, pero no puedes explicarlo, ni repetirlo") de acuerdo a la filosofía del brujo yaqui Don Juan, registrada por Carlos Castaneda en su saga de *Las enseñanzas de Don Juan*, la cual parece permear de manera constante las imágenes que componen dichas canciones. En ese nivel, "El Mezcal" parece haber sido realizada ex profeso para musicalizar un mitote, ese extraño ritual en el que varios brujos se reúnen para tener visiones trascendentales.

Empero, como se había mencionado, ninguna canción del álbum desmerece. En "Akumal", Aguilera nos lleva a la península de Yucatán, al lugar de tortugas, pero también de *alushes* e insectos que "reverberan como ignorando la luz moderna"; "Elixir de la Vida" habla del mito de un brebaje capaz de evitar la muerte con el único fin de "volver a ver arder a la mujer dormida"; "Don Julio" es una extraordinaria polka-cósmica-sicodélica de dos minutos seis segundos de duración que al lado de "Cerca del Fuego" (2:25) conforman el dúo de cortes instrumentales del disco. Por otro lado, "El Síndrome", aunque baja el ritmo, electriza con esa guitarra puntual que recorre la canción de arriba a abajo como si de la uña de mujer en la espina dorsal se tratase.

Si el *rock* mexicano alguna vez ha tenido identidad y nivel de exportación tiene que ser aquí, ardiendo en medio del fuego de la noche.

Control Machete

Mucho barato
Discos Manicomio/ Polygram, 1996

Daniel Segundo

Ésta es la ópera prima del trío regiomontano Control Machete integrado
por el *disc jockey* Antonio Hernández y los MC's, Patricio Chapa Elizalde
y Fermín Caballero. Fue producido por Jason Roberts, quien le dio un
carácter y sonido comercial que logró poner al *rap* nacional y a este disco
en el gusto popular. El álbum está plagado de *samples* de música popular
como la norteña y la cumbia. Es así que abre con la homónima "Control
Machete" con la voz de José Guadalupe Esparza del grupo regional Bronco
que reza: "Quiero escuchar un grito ranchero". Este tema sirve de estatuto
inicial para la ideología del disco que toca tópicos como la emancipación
de la raza mexicana, la unidad nacional, violencia, drogas, la inmigración,
la vida en los barrios de Monterrey, la fiesta y un marcado carácter surrealista en las estructuras musicales.

En el segundo corte llega "¿Comprendes, Mendes?", canción que presenta bases típicas del *rap* con estructuras de 4x4 y líneas gruesas de bajo,

acompañadas de líricas que hablan de poner en claro una actitud, sin reservas, ni lugar a contradicción ideológica, como si de una amenaza se tratara. El disco continúa con "Las Fabulosas I", uno de los varios puentes musicales que se encuentran del principio al fin, en el cual se oye a los integrantes del grupo hablando sobre tugurios, mientras se escucha el *sampleo* de "A Ritmo de Tambo" de la Tropa Vallenata. Prosigue con "Andamos Armados", la que inicia con una guitarra con efecto de *wah*, también *sample* de "No Dudes de mi Amor" del grupo Los Solitarios. La canción habla de las armas con las que cuenta el grupo y los que decidan seguirlos, que van desde potentes letras hasta una AK-47, "cuerno de chivo".

Continúa "Humanos Mexicanos", un reclamo frontal hacia los estadunidenses por el maltrato de inmigrantes mexicanos, mismo que detona en una amenaza de muerte; contiene un *sample* de la canción "El Venadito" de Paco Michel y es el primer acercamiento sonoro del disco con guitarras distorsionadas propias del *heavy metal*. "Cheve", el siguiente corte, con una base rítmica propia de baile, nos habla de una borrachera y las experiencias que con amigos acarrea. Los siguientes 45 segundos son de otro puente musical que nos deja escuchar un locutor de la radio local de Monterrey mientras de fondo suena con distorsión de ondas hertzianas "La Cumbia de los Mirlos", de Los Mirlos. Después suena "Así Son mis Días", la canción más lenta del disco, la cual nos presenta guitarras y nos muestra a los integrantes un poco lejos de su rapeo original, casi "cantando" sobre la vida que se vive en los barrios pobres de su localidad con el *sample* de "Nada de tu Amor", nuevamente de Los Solitarios.

Cabe destacar que la forma de rapear de Fermín Caballero es con un tono grave como de cantante de metal, mientras la voz suave de Patricio Chapa crea un balance en el concepto sonoro. Otro puente musical llega, siendo más que eso un *remix* del tema "Te Aprovechas" del grupo Límite. Entra "Justo" en el que los escuchamos rapear en "spanglish" mientras hablan de tomar una actitud "revolucionaria". "La Copa de Dama" es otro puente en el que podemos escuchar a los raperos hablando sobre experiencias con prostitutas con sonidos de la serie televisiva *Odisea Burbujas* y la canción "Vete en Silencio" de Los Ángeles Negros.

A continuación continúa "La Lupita", que tiene un extracto del corrido revolucionario "El Chubasco" interpretado por Carlos y José, la cual habla en tono cómico de un hombre que persigue a una mujer de tendencia homosexual. Sigue "Grin-Gosano", una canción con un órgano predominante y *scratches* de vinyl que hablan de estados alterados provocados por la mariguana. "Únete Pueblo" da continuidad a la idea de exaltar la mexicanidad, mientras se escuchan frases de la película chicana *Santana*,

American Me. Sigue el interludio "Las Fabulosas II" que retoma música de fondo y más comentarios de los integrantes sobre un antro del mismo nombre.

La temática sobre la mariguana retorna con "El Son Divo", en el cual podemos escuchar un *sampleo* de la voz de Salma Hayek en la película *El callejón de los milagros* que pregunta: "¿Es mota, verdad? Híjole...", con una base rítmica progresiva que incluye también cantos tipo *soul*. El disco cierra con "Marioneta" un tema con sonidos propios de delirio con un *sample* de la canción "Tema del Ecoloco", otra vez de la serie de televisión *Odisea Burbujas*.

Garrobos

Garrobos
Discos y Cintas Denver, 1996

Carlos A. Ramírez

Si tradicionalmente en México a las bandas de *rock* —con excepción de unas cuantas por todos conocidas— incluso aquellas con propuestas claramente comerciales, les cuesta trabajo encontrar disqueras que graben y difundan su trabajo, la cosa se pone peor si éste pertenece a uno de los subgéneros menos conocidos y, en teoría, sin potencial de ventas como el *hardcore*. Quizá por eso muchas de estas bandas pertenecen al catálogo de Discos Denver, sello independiente que los ha arropado desde hace ya varios años. Tal es el caso de Garrobos, banda chilanga integrada por Miguel Ángel "Lagarto" Núñez, vocalista; Enrique Ibarra, guitarrista; Carlos López, bajo; y Woltan Campos, baterista. Todos ellos exiliados de distintas agrupaciones de *heavy metal* y que en 1996 lanzaron su primer disco homónimo, en el cual fusionan la velocidad y brevedad del *punk* con la pesadez del *heavy* y las letras agresivas y críticas del *trash metal*, acuñando así un poderoso sonido, inédito en una agrupación mexicana, que de inmediato les valió el reconocimiento de los medios especializados a nivel internacional.

"Pervertido de mi nación, pervertido mi confesión, pervertido por convicción. No me tengo que adaptar, mucho menos madurar, no temo a la verdad. ¡Somos Garrobos, chingamos así!" dicen, a manera de declaración de principios en "Garrobos", la última canción de este interesante debut, desesperanzado, violento y frenético, que no deja espacio ni para un suspiro, compuesto por trece temas breves y certeros como un *upper cut* en corto a la mandíbula que comienza con "Intoxicado", donde destacan los *riffs* cortantes de la guitarra y la voz cavernosa del Lagarto. Enseguida viene el *gore* brutal de "Paredes", rola que con los años se ha convertido casi en un himno para los seguidores. "Paredes, los sesos se embarran en todas las paredes. Paredes, los sesos se embarran en todas las paredes"; ¿está suficientemente claro a qué nos exponemos cuando nos sumergimos en el universo de Garrobos?

"Planeta Desahuciado", el tema más corto del disco, reclama violentamente al aire las barbaridades que le hemos hecho a nuestro mundo, contaminándolo y llevándolo al borde del colapso. Siguiendo en esa tónica, "Todos Somos Criminales" acepta la cancelación del futuro, sobre todo en una sociedad donde todos tenemos cola que nos pisen. "Comunicado Nacional", por su parte, ahonda en el desencanto y deja para mejores tiempos las promesas ridículas de los políticos para elevar al grupo, incluso, a la categoría de certera pitonisa: "La democracia es el peor de los sistemas... estamos muertos y con los muertos no se puede dialogar. Rotos, rotos como muñecos. Mano dura, violencia interna. Ya basta, esto huele a mierda, se fue a la letrina la justicia social".

"Espectros Terroristas", sin embargo, le baja a la pesadez y deviene en un *punk* con espléndidos *riffs* y solos de guitarra que se burlan de los nacionalismos y claman, no podía ser de otra forma, por la individualidad. "La Danza" es el único corte instrumental, un interesante experimento que coquetea con el *rock* progresivo, dándole un papel preponderante a la batería incontenible de Woltan. "Nada Para Nadie" regresa al *hardcore* rotundo y rabioso, lo mismo que "Maíz Mutante" ("un mal sistema, un mal gobierno, eso no es lo que yo quiero. No soy latino, ni americano, únicamente llámame mexicano"), mientras que "Rayados" deja de lado los temas sociales para ponderar la pasión de aquellos que aman el arte del tatuaje —"sangre, tinta y dolor, es toda una obsesión. No pueden entender agujas y pasión. Marcado por placer engendran ilusión"— y "Borrachos", la cual se inclina abiertamente por el desmadre gozoso del alcoholismo. Por su parte, "Carne" en un principio desconcierta, parece fuera de lugar, pero conforme va subiendo de intensidad justifica su presencia para erigirse como el único tema que alcanza los cuatro minutos de duración antes de dar paso a la ya mencionada "Garrobos", encargada de cerrar la obra.

Definitivamente un disco poco conocido de un subgénero difícil de digerir, pero que rezuma calidad letrística e interpretativa de principio a fin.

Humus

Malleus Crease
Smogless Records, 1996

Iván Nieblas

Jorge Beltrán es uno de los personajes más famosos de la escena musical subterránea de México. Durante décadas ha sido el líder y principal compositor de Humus, una banda que comenzó como un proyecto individual, que a través de los años se ha ido convirtiendo en una suerte de taller experimental y escuela de quienes han tenido la fortuna de participar en alguna de sus grabaciones o sus múltiples proyectos como Caramelo Pesado, Smoking the Century Away, Stomago Sagrado, Loch Ness, Ascetic Chuckwalla, Semefo y Frolic Froth. La discografía de Humus es extensa (cuentan con cinco álbumes "oficiales", pero antes de ello hubo una serie de cinco casetes que ahora son cotizadas piezas de coleccionista). Es con ese espíritu prolífico y de "comuna" que en 1996 grabó *Malleus Crease*, en el que participan no menos de trece músicos, incluyendo un perro que provee ladridos en uno de los *tracks*.

Para muchos, de toda su discografía, *Malleus Crease* se inscribe como la obra maestra del proyecto. Si bien otros álbumes se enfocaban más en los aspectos ruidosos o de experimentación sonora, este álbum es lo más cercano al formato de "canciones" que podremos escuchar en el universo Humus. Por supuesto la sicodelia está presente en todos los *tracks* y la complejidad en la construcción de las piezas no le pide nada a las obras de Zappa, Beefheart o Can. Suena osada tal afirmación, pero en cuanto los primeros *tracks* comiencen a sonar por su reproductor verán que no es nada descabellado. Hay cientos de cambios de tiempo, melodía, sentido, ambiente; esto de ninguna manera quiere decir que sea un disco sin pies ni cabeza; como ya se apuntó, este álbum es de los más estructurados con que cuenta la banda. El escucha es retado a que el muro de su conciencia sea derribado por 47 minutos y a dejar que las canciones vayan ocupando el patrón mental.

El disco es un viaje en todas las acepciones que tiene la palabra. Comenzando con la canción que da nombre al álbum, "Malleus Crease", la pieza nos recibe con un teclado cuya modulación de sonidos nos hace pensar en galaxias siderales, sin embargo, de repente aparece una guitarra distorsionada que cambia todo el contexto en el que estábamos y el viaje se va por otro rumbo, luego vuelve a tener un cambio mucho más suave, como la llegada a un oasis después de caminar por el agreste desierto. Le sigue "Some Blue Cheese" que nos recibe con un teclado *jazzero* que recuerda a Herbie Hancock o Weather Report, al que después se le une esa sucia guitarra que transforma todo en una locura progresiva de muy diferentes matices. La siguiente pieza "Nomads" es mucho más hipnótica y con cierta atmósfera oscura con un pesado *riff*, digno de lo más denso de Black Sabbath o Pentagram, hay melodías de la guitarra (con ese característico *fuzz* que usa Beltrán) que circulan durante toda la canción en diferentes tonos dando un matiz envolvente; un piano hace su aparición tocando notas graves y apuntalando lo que está haciendo el bajo de Víctor Basurto, la otra parte fundamental de Humus (y diseñador de todo el arte de sus álbumes).

"The Coming of Odin" no tiene propiamente ningún elemento que remita a la mitología nórdica, pero los *riffs* de guitarra que suenan durante ocho minutos nos transportan a imaginar una batalla épica del señor de Asgard. Es así como transcurren las siete canciones de este álbum, que ha sido uno de los más reseñados y alabados en el ámbito internacional; desgraciadamente lo ha sido muy poco en el mercado local, aunque algunos comentarios respecto al álbum han sido escritos por certeras plumas que saben del oficio de escuchar música poco convencional.

La aventura de escuchar *Malleus Crease* y a Humus se debe vivir con el espíritu de quien aún tiene curiosidad y está abierto a romper con las estructuras cerebrales enraizadas en el pensamiento formal, para permitirse, valga la expresión, "volverse un poco loco" por algunos minutos.

Nine Rain

Nine Rain
Opción Sónica, 1996

David Cortés

Hay discos que pertenecen sólo a un lugar, obras cuya concepción y maduración únicamente pudieron darse en un territorio. Éste es el caso del primer álbum de Nine Rain, una producción en donde no sólo confluyen dos lenguajes —el *jazz* y el *rock*— sino dos visiones del mundo y de hacer música diferentes. Steven Brown (voz, clarinete, sax soprano y alto) y Nikolas Klau (órgano, bajo y sampleos) llegaron a suelo azteca luego de un largo periplo por el mundo; en él, además de reputación, ganaron experiencia. Cuando arribaron a nuestro país dejaron de lado la superioridad del conquistador y encontraron una rica gama de sonidos que sus oídos, no acostumbrados a ellos, degustaron con la avidez del primerizo.

Alejandro Herrera (jarana), Juan Carlos López (batería) y José Manuel Aguilera (guitarra), completaron el grupo que grabó este disco debut. Es un quinteto de distintas extracciones que logró conjuntar sus diferentes lenguajes para tratar de articular uno solo a partir del *jazz* y el *rock*. No se trata de un disco en donde ese sonido ansiado, buscado, la fusión entre occidente y la música folclórica, principalmente el son, haya quedado plasmado desde el principio; sin embargo, posee una frescura y una espontaneidad que lo vuelven más preciado.

Baste de ejemplo el corte inicial, "Rainy Jaranero", un tema que podríamos decir que es uno de los más ricos y festivos que se hayan gestado en la corriente progresiva de este país. En esta composición se incluyen una buena parte de los elementos que después se irán puliendo en el sonido de Nine Rain. Allí está la presencia del son por la vía de un instrumento como la jarana, la voz de Steven Brown que canta-declama-recita, los toques de *jazz*, el bajo pulsante, rotundo por momentos, de Nikolas Klau y el ingrediente *rockero* aportado por la batería y la guitarra.

Se da también en ese tema, esa particular forma de encarar el *folklore* que parece una bastardización del mismo, pero que en realidad es el resultado de una agrupación en la cual dos de sus motores no saben, ni pueden, tocarlo a la manera tradicional. Y tampoco el ala *rockera* sabe hacerlo, tal vez sólo sea el intérprete de la jarana quien funciona de enlace entre dos lenguajes y consigue que el barco navegue.

Una muestra más de esa "bastardización" está en la versión de "Oración Caribe", una original de Agustín Lara que en su parte media incluye un excelente solo de guitarra, pero también un órgano en la mejor tradición de Esquivel o Juan Torres. En "Razza", mientras Steven Brown hace una declaración de principios y canta "Vengo de una raza de *outsiders*/ seré un *outsider* en un millón de años extranjera es mi raza", en el fondo se escucha un ritmo cercano a la cumbia.

El sentido de la fascinación, de la fijación por el otro se hace extensivo a una mirada política, que aunque un tanto ingenua, no deja de servir como una postura: "Y Marcos dice: ¿de qué debemos ser perdonados?, ¿de no morir de hambre?, ¿de no permanecer en nuestra miseria, ¿de usar pistolas en vez de arcos y flechas, ¿de mostrar al mundo que la dignidad humana todavía vive?" ("Marcos Carnaval").

Ese espíritu de observación y en ocasiones de denuncia también lo encontramos en otras composiciones ("Medios Masivos", "Too Bad") y lo mismo se hace extensivo al sentido de sorpresa y maravilla al toparse con otra realidad como en "God of Duality" en donde la letra dice en uno de sus versos: "Bueno, hay pájaros en el parque que te dirán la fortuna/ y en la tienda de la esquina/ venden bichos vivos para tu catarro".

Disco único, concebido a partir de la confluencia de los distintos *backgrounds* de sus integrantes, *Nine Rain* es un trabajo seminal, una obra que muestra el estado de una agrupación en proceso de conformación, pero que no obstante la falta de fragua, fue capaz de entregar trece composiciones en donde la fusión entre *jazz*, improvisación, *rock*, son y *folklore* logró amalgamarse para permitir vernos de otra manera. Esas fisuras, esas aristas sin pulir, esos rostros de sorpresa espontáneos y honestos, no encontrarán en el futuro materia idónea para manifestarse nuevamente con la misma frescura.

The Sweet Leaf

Take a Hit
Independiente, 1996

Iván Nieblas

El panorama musical mexicano de mediados de los noventa estaba dominado por una serie de bandas, apoyadas por las grandes disqueras, que enarbolaban el idioma español para expresarse al ritmo del *grunge*, el *ska*, el *hip hop* y el "*rock* alternativo". Sin embargo, en las profundidades de la escena subterránea comenzó a surgir un puñado de grupos que muchos años después se colocarían como puntales de sus respectivos géneros. Es así como tiene lugar el nacimiento de The Sweet Leaf, formalmente la primera banda de *stoner rock* de México. El grupo fue fundado por el baterista Fernando Benítez, quien había adquirido sus tablas en bandas metaleras como Raxas y Acrostic; sin embargo, buscaba ampliar sus horizontes y hacer una música melódicamente mucho más rica sin perder la pesadez metálica.

En un comienzo, la voz estuvo a cargo de Jesús Rodríguez, compañero de Fernando en Raxas, y completaban la banda Sury Attie y Claudio

Arellano en guitarras, además de Miguel Angel "Thrasher" Cortés al bajo. Esta alineación grabó un EP llamado *Rotten*, el cual hoy es pieza de colección y les valió buenas críticas fuera del país. Algunos detractores locales criticaban a la banda con el simple argumento del uso del idioma inglés para expresarse y no por su calidad musical. Poco después reclutan a la cantante Adela Mizrahi y Sury deja la banda, aunque alcanzaría a componer algunas canciones que quedarían plasmadas en un álbum-demo hasta ahora inédito. Dicha grabación, con piezas originales y dos *covers* ("Guts" de Budgie y "Babylon" de Blue Cheer), pretendía conectar algún buen trato para editar un álbum.

Ciertamente llamaron la atención de *fanzines* y revistas europeas y estadunidenses. Les surgieron fans "famosos" como Lee Dorrian (Cathedral) y Michael Amott (Carcass). En México comenzaban a tocar con más frecuencia, aunque con grupos que no tenían nada qué ver con ellos, salvo cuando le abrieron a los legendarios *doomsters* de The Obsessed en Rockotitlán (al poco tiempo el "Thrasher" dejaría la banda y sería reemplazado por Óscar Montes). La compañía alemana Hellhound mostró un genuino interés en lanzar el álbum, incluyendo contrato y promesa de gira europea. Desafortunadamente la compañía desapareció por falta de recursos y dicho álbum sigue enlatado. Esto llevó a la banda a grabar *Take a Hit*, que es una suerte de regrabación de ese disco olvidado (exceptuando los *covers*), con la firme decisión de lanzar el álbum por su cuenta (en casete, puesto que en 1996 la gente aún los compraba y hacer un CD era muy caro). Las letras introspectivas y llenas de neologismos de Adela como "The Courtain", "Crooked Release", "Aloof", "Drooning o "Reflective Day" eran el opuesto del grueso de las bandas mexicanas de 1996; abordan temas como la soledad, la esquizofrenia, la fugacidad del tiempo, la liberación animal: temas muy pesados para gente que todavía no andaba por la treintena siquiera.

Aunado a esto, la banda se había curtido en un sonido que mezclaba la sicodelia y el *rock* duro de los grupos pesados de la década de los setenta, con un sonido más "moderno" de lo que entonces apenas se comenzaba a conocer como *stoner rock* en Estados Unidos principalmente, algo que no se había escuchado en México nunca. Sólo un puñado de entusiastas conectó con este álbum que proponía una nueva forma de hacer *rock*. Demasiado lentos para ser metaleros, demasiado pesados y oscuros para ser *hippies*, eran un punto medio y estaban solos contra México. Quizás para el escucha casual pase desapercibido, pero si se escucha con atención, el álbum captura una atmósfera sombría que refleja el estado emocional de la banda: hay cierto dejo de hastío, depresión y estados alterados de conciencia en los temas. En su momento fue un disco incomprendido en su propia tierra, como suele suceder, pero al pasar de los años el grupo adquirió un estatus de leyenda y éste es uno de los discos más buscados por los coleccionistas alrededor del mundo. Es un álbum que pueden apreciar tanto los fans de Black Sabbath y Atomic Rooster como los de Lou Reed o Velvet Underground, y, por qué no decirlo, por la gente que consume drogas y se inclina al "lado oscuro" de ellas. Su camino estuvo cercado por obstáculos y dificultades, siempre con una sombra encima, pero ésta le dio al grupo su propia personalidad, perfectamente plasmada en este trabajo. Es el descenso al abismo de una banda golpeada, honorables perdedores, campeones sin corona, hoy en día legendarios dioses.

Consumatum Est

Nadie habla perfecto
Intolerancia/ Opción Sónica, 1997

David Cortés

En los noventa, el *rock* progresivo en México enfrenta una crisis. El número de agrupaciones que lo practican desciende y por el lado de la música experimental, las posibilidades de ésta se ven postergadas por la aparición de nubarrones de intolerancia. Son años en donde los certámenes *rockeros* tratan de encontrar nuevos valores, caras frescas. Allí, en uno de esos concursos, aparece Consumatum Est, un cuarteto (Pedro Valdés, voz; Gerry, guitarras; Gerardo Greaves, bajo; y Pedro Martínez, batería) que surgió de La Batalla de las Bandas, un concurso organizado por Rockotitlán y que con una grabación epónima (Discos Dodo, 1992) empezó a llamar la atención. Con una fuerte influencia de King Crimson de los ochenta, el grupo entendió que una de las mejores maneras de sobrevivir en este país sin que su propuesta de vanguardia fuera excluida, era hacer música arriesgada sin abandonar el formato de la canción.

Cuando el universo joven de este país se volcó sobre todo lo que llevara el epíteto de moda (*grunge*, *rap*, *hardcore*, *pop*, etc.), el cuarteto apostó por la elaboración de una música opuesta en la que encontramos energía *rockera*, pero dosificada con elementos de *jazz*, y un guitarrista que surcó cada una de sus composiciones con ligereza.

En la grabación de la segunda placa de Consumatum Est (*Intolerancia*, Discos Dodo Epic, 1994), en la batería ya encontramos a Carlos Walraven, cuya solidez en los tambores terminó por anclar el sonido de un grupo que en una tercia de discos efectuó el tránsito de la influencia clara y ominosa a la consecución de un sonido propio, lo cual se plasmó atinadamente en *Nadie habla perfecto*.

Esta tercera producción establece una ruptura con sus obras precedentes. Si en su primer disco optaron por una instrumentación plena, y en el segundo redujeron las percusiones al mínimo; en el tercero la dosificación es la principal premisa. A esto agreguemos la sed por decir algo más allá de los sonidos; su vocación por las letras, por tratar de configurar un discurso verbal de valía —aunque no siempre logrado del todo— que los apartó del resto de sus contemporáneos.

El álbum oscila de entrada hacia el *funk*, con un bajo profundo, grave, aunque nunca en primer plano, y una guitarra que teje líneas juguetonas; se trata del corte "Todo lo Puedes", donde Gerry intercala un recitado que, guardando las distancias, es similar a un King Crimson en su etapa de *Discipline*. En "Ser o Parecer", la ilusión es la misma: se tiene la sensación de estar frente a un corte perlado de *funk*, pero heterodoxo, muy ríspido, de tiempos quebrados.

Hay canciones atípicas con inicios experimentales ("Que no Podamos Acostumbrarnos") que luego llegan a terrenos más convencionales, aunque no necesariamente más cómodos; hay otras, como "¿A Qué me Quedo?", que resultan muy atractivas gracias a la inclusión de ligeras briznas de *pop* (atención con los coros de Marielena Durán) que marcan una aparente distancia con los demás temas del disco e, incluso, con la discografía del grupo.

La sutileza de las combinaciones nos habla con urgencia: en medio de esos ritmos dislocados, inconexos, de pronto se cuela, provocativamente, un detalle, ya sea un coro que tiende a ser angelical, aunque siempre posicionado en una distante lejanía ("Nadie Sabe para Quién Trabaja"), o un teclado que genera una serie de ruidos extraños que crean una atmósfera sinuosa que da pie a una guitarra que busca, ansiosamente, un venero que la conduzca a una salida luminosa, aunque para llegar a ella tenga que internarse en un camino muy tortuoso ("Radio"); o esas notas de guitarra dosificadas en "Con Mis Manos" que nos llevan a pensar en un algo indescriptible y muy delicado.

Placa de transición, *Nadie habla perfecto* es una obra del futuro que encontró su continuación en Intolerancia, un sello discográfico en donde aquellos sueños truncados y esas ideas que no consiguieron desarrollarse lograron hacerse realidad.

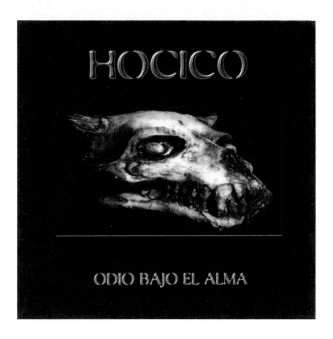

Hocico

Odio bajo el alma
Opción Sónica, 1997

Arthur Alan Gore

Perro que ladra, definitivamente muerde. Si en sus dos demos *Autoagresión persistente* (1994) y *Triste desprecio* (1996), Hocico lanzó las primeras dentelladas de un agresivo *hard electro dark*, en *Odio bajo el alma*, su primera producción en CD, los primos Erik García (Erk Aicrag, en las voces) y Óscar Mayorga (Racso, sintetizador) lograron trazar las bases de una personalidad propia.

Aunque Internet crecía como herramienta para conocer música, no estaba al alcance de las mayorías, por lo que muy pocos integrantes de la escena *dark* mexicana tenían acceso a su similar europea y a exponentes como Leather Strip o Edward Artemiev, confesas influencias de Racso y Erk. En consecuencia, los mexicanos crearon rápidamente una base leal de fanáticos marginados del *mainstream* televisivo que se identificaron con su propuesta. Viejos *rockeros* góticos, nuevos seguidores del electrónico *tech*, *psycho*, industrial y hasta sobrevivientes del *punk* fueron cobijados bajo las alas de Hocico. De ahí que el disco represente un poco a todas las escenas oscuras de ese momento.

Producido por Edmundo Navas para la desaparecida Opción Sónica, *Odio bajo el alma* cuenta con once canciones compuestas, arregladas y ejecutadas en su totalidad por Hocico y grabadas en las faldas del Ajusco a finales de 1996, a excepción del tema "Beigns of Relief", que se llevó a cabo en Opus Audio. Para Óscar y Erik, representó la primera vez que dispusieron de todos los elementos tecnológicos de la época que requerían para obtener un sonido. Quizá por ello la orquestación, por momentos puede escucharse exagerada. Tal es el caso del larguísimo intro instrumental "Cuando la Maldad Despierta". Parecida a la música incidental de una película de terror clásica, es el preámbulo a "Odio Bajo el Alma", el corte que da título al disco. En definitiva, éste sintetiza la personalidad musical de Hocico, mezcla de *beats* enloquecidos que inspiran al baile frenético, sobre los cuales Racso suele tejer adornos con distintos efectos de sintetizador, mientras Erk escupe fraseos en donde mejor se descubren sus influencias *cyberpunk*. Emula a una computadora diabólica que se reveló contra el ser humano para gritarle: "Hambre en el alma/ hambre interior".

"Beings of Relief" es un tema más relajado, quizá mucho más cercano a Kraftwerk, en el que se percibe esa mezcla de sentimientos de los que Racso habló en su momento. Sumada a la incontable rabia contra la sociedad de sus primeros demos, se hace patente la necesidad porque afloraran también la tristeza y la melancolía. "Hell on Earth" es, una vez más, Hocico en estado puro: furia. Lo que en el *punk* son las guitarras, aquí lo son las programaciones. "Temple of Lies" explica por qué paulatinamente las puertas de Europa se le abrieron a Hocico, ya que se inscribe en la tradición bailable de los clubes europeos, en un *midtempo* con ligeros toques industriales.

"Sexo Bajo Testosterona" es de los más célebres y polémicos cortes de Hocico. Con su estribillo "Sólo coge pinche perra", que congenia a la perfección con la caja de ritmos que sin llegar a acelerarse del todo, plantea un sexual golpeteo pletórico de violencia. Erk escribió la letra inspirado en la violación que sufrió una amiga del grupo y no pretendía ser una apología del crimen, sino una denuncia de la carga sexual con la que lidiamos los seres humanos. Es el ultraje desde el punto de vista crudo del agresor. "Sad Scorn" parece un lamento desesperado más que enfadado, en cuya mitad Erk prescinde del distorsionador para obsequiar con voz natural una especie de mantra depresivo.

Finalmente viene "Face to Face", en el que el carácter bailable pasa a segundo plano. En el tema, carente de un coro pegajoso, los teclados se apegan mucho más a un sonido etéreo, reforzando la intención introspectiva de la letra que reza: "I see inside a great hollow if I could ever end that life". Es el soliloquio de un enfermo mental, el diálogo interior de un ser confundido que no se reconoce en sus propios pensamientos.

Hoy en día, Hocico es un referente obligado del *electrodark* en Europa. Podemos decir que comenzó a ser apreciado en su justa magnitud a partir de que sus integrantes se mudaron a Alemania. Para ello, *Odio bajo el alma* fue determinante, ya que después de su grabación vino *El día de la ira* y fueron estos discos los que posibilitaron que se editara *Cursed Land*, en 1998, ya con una compañía europea.

Era inminente que alguien haría eco a sus ladridos.

Julieta Venegas

Aquí
BMG, 1997

Miriam Canales

Cuando la hija predilecta de Baja California abandonó las filas de Tijuana No! para probar suerte en el Distrito Federal, comenzaría su aventura solista con una faceta oscura y melancólica acompañada de su inseparable acordeón. Después cruzaría el umbral de lo comercial, tocaría un *pop* feliz, sería la imagen de marcas trasnacionales de refrescos y terminaría cantando con Paulina Rubio. El éxito le aguardaba con creces. ¡Pobre de ti, Julieta!

Muchos añorarían su primera etapa, en la que su imagen norteña se desvaneció para dar paso a su avecinamiento chilango; su voz sonaría en estaciones de radio "fresas" y llegaría a oídos que nunca escucharon el ímpetu y el lirismo con el que comenzó *Aquí*. El *ska* y las canciones sobre la migra y la frontera quedarían en tiempo pretérito.

Tijuana era más conocida en los noventa por sus noticias sobre violencia y narcotráfico que por su escena *rockera* y electrónica, la cual se volvería más prolífica con el surgimiento del Colectivo Nortec. Esta voz femenil llegó para tomar la estafeta de cantantes como Rita Guerrero y Cecilia Toussaint. Desde finales de los noventa muchos la ubicarían por sus vestidos folclóricos, su nariz perforada, su semblante solemne y nostálgico y una sonrisa escondida que se reflejaría años después en el álbum *Sí* (2003).

Aquí tendría en sus manos una alineación portentosa para un debut musical conformada por el productor argentino Gustavo Santaolalla asociado con Aníbal Kerpel y músicos como Joselo y Quique Rangel (Café Tacvba), Patricio Iglesias (Santa Sabina), Fratta y el Señor González, los dos últimos ex integrantes, al igual que Venegas, de La Milagrosa, un grupo que nació en honor a un libro de la escritora Carmen Boullosa, a quien la tijuanense agradecería abiertamente su inspiración.

El disco abre con "Oportunidad", un piano que se transforma en un acordeón omnipresente en el disco. Julieta refleja la búsqueda de su primera oportunidad: "En cuanto aparezca la oportunidad dirá lo que tanto ha esperado/ contará lo que estaba guardado/ encontrará que en el fondo nunca hubo silencio". Su primer sencillo promocional, "De mis Pasos", es recordado por los tiempos en que MTV aún era un canal de videos que otorgaba un espacio selecto a artistas latinos, pues fue programado repetitivamente y le dio un fuerte impulso a la debutante. De nueva cuenta el acordeón que lo conduce plasma su esencia norteña y su vieja escuela en Tijuana No!: "No pararé/ el viento que me empuja me aleja de ti/ mientras tú sentado cierras los ojos y pides ayuda a tu destino/ Aprendo de mis pasos entiendo en mi caminar". Este sería también su primer éxito, el que la llevaría a un nivel de *rockera* respetable, pero sin pisar todavía los terrenos del *mainstream*. Ella, efectivamente, aprendió de sus primeros pasos.

Escuchar "Antes" puede remitir a la imagen de una Julieta en escena con su otrora imagen bohemia y su ímpetu en escena con sabor tijuanense. Ella había llegando influenciada por *rockeras* de antaño, pero con un discurso propio que se transformó en una catapulta para mayores ventas. "Antes tenía tanto para todos/ antes tenía, ahora deseo". Sí, antes era antes.

"Cómo Sé" es de esas canciones de *pop* digerible, ritmo lúdico y de las más luminosas y alegres del álbum. Otro de los sencillos exitosos a finales de los noventa. "¿Cómo sé que si sonríes significa que nos conocemos demasiado bien?/ pero hace tiempo que presiento cuando miras así/ algo queda sin decir". Como un coqueteo adolescente o una relación con más dudas que certezas. También ella tenía su lado *naive*.

Un piano poderoso guía dos de los cortes más melancólicos: "Esta Vez" y "Quitar a Otras", la última como una dedicatoria implícita a las mujeres que se entrometen en relaciones de pareja: "Mi consuelo es: si lo vivo yo, lo vivirás/ lo vivirás, mi consuelo es: si lo siento yo lo sentirás/ lo sentirás, mi consuelo es: si lo siento yo, lo sentirás tú/ Mil demonios la mueven". La primera tiene todos los elementos para ser una canción romántica, un piano dramático y una letra que no necesariamente se refiere a una relación de pareja en el pináculo: "Esta vez somos de papel, somos la corteza de un árbol/ esta vez somos servilletas y el recibo de luz/ esta vez somos honestos para siempre".

"Soy de los descalzos y estoy cansado de la lluvia que no cae". En "Sabiéndose de los Descalzos" Julieta explaya su voz a capella acompañada de un *handclapping* y las notas finales de un piano. Tiempo después cantaría esta canción a dueto con la intérprete folclórica argentina Mercedes Sosa, para su álbum *Cantora*, poco antes de su muerte en 2009.

Después de este significativo debut vendrían en la década siguiente discos como *Bueninvento*, también producido por Gustavo Santaolalla, y colaboraciones en bandas sonoras de películas como *Amores perros*, en el 2000. Los años posteriores serían determinantes en la carrera de Julieta Venegas, quien dio un giro al salir de la escena subterránea para dirigirse a otra completamente renovada, diferente y, para muchos, drástica. Sería conocida en circuitos más comerciales, experimentaría con nuevas atmósferas musicales y su sonrisa se atrevería a asomarse. Algunos recibieron los cambios con agrado; otros los rechazaron. Julieta tuvo la osadía de sobrepasarse a sí misma, sin temor al fracaso; otros se quedarían en el camino.

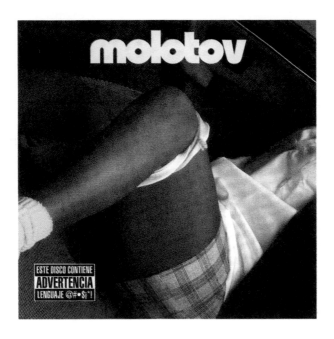

Molotov

¿Dónde jugarán las niñas?
Surco/ Universal, 1997

Francisco Zamudio

Ni ellos mismos imaginaron que un filoso *boomerang* iba a pasar muy cerca de sus cabezas, mientras gruesas llamas se adherían a sus ropas con frenesí. Y es que, fieles a la naturaleza incrustada en su propio apelativo, Ismael "Tito" Fuentes De Garay, Francisco Ayala, Miguel Ángel "Micky" Huidobro y Randy "Tha Gringo Loco" Ebright; encendieron la mecha de una bomba que explotaría con dureza hacia distintas direcciones, desde su aparición durante la primera mitad de 1997.

Desde su mismo título, donde parodiaban a Maná y el álbum *¿Dónde jugarán los niños?*, Molotov se ganó la animadversión de distintos grupos de personas, como los seguidores del grupo tapatío. La portada, mientras tanto, es una versión corregida y aumentada de la placa lanzada en 1986 por el grupo Mamá-Z, llamada *Esa viscosa manera de pegarme las ganas*. El haberle puesto uniforme de secundaria a la chica con los pantis a media rodilla fotografiada ahí, fue un mercadológico golpe maestro.

De entrada, varias tiendas de discos se negaron a vender el álbum por la tapa, adornada con una advertencia de "lenguaje ofensivo" pegada a ella. Dicha censura les generó toneladas de publicidad gratuita, la cual aprovecharon para salir a la calle a vender sus propios discos. Escudados tras pancartas elaboradas por los diseñadores de su propia disquera, comerciaron poco más de tres mil álbumes, antes de que les robaran parte del material en el capitalino barrio de Coyoacán.

El grupo no estaba acostumbrado a lidiar con esas situaciones, ni poseía antecedentes en el terreno de la protesta o del *rock* antisistema, aunque esas fueron unas de las percepciones que se grabaron indeleblemente en el ambiente del *rock* hispanoparlante. Y todo gracias a una tercia de piezas difíciles de digerir por cualquier gobierno y sus aliados. El ataque inició con "Que no te Haga Bobo Jacobo", embestida contra Televisa y especialmente Jacobo Zabludowsky, conductor del noticiario 24 Horas.

"Voto Latino", tema cantado por Randy en "spanglish", destila desprecio hacia el imperialismo yanqui, aunque eso en boca de alguien nacido en USA, provoca una sonrisa irónica en quien la escucha. La joya de la corona está representada por "Gimme tha Power", tema inclusive usado por grupos antinorteamericanos, quienes ni siquiera protestaron por las palabras en inglés diseminadas ahí. Molotov era en aquellos días una banda básicamente irreverente, aunque eso también les acarreó problemas.

Este álbum debut fue editado en latitudes antes inimaginables para el *rock* nacional, como en Japón. También se lanzó en países de habla hispana, Argentina por ejemplo, de donde proviene su productor Gustavo Santaolalla, quien los empujó a intentar con sonoridades extraídas del *folklore* mexicano, como él mismo había hecho años atrás en su grupo Arco Iris. El capital multinacional los llevó entonces a tocar a España, donde un programa de televisión les permitió interpretar "Chinga tu Madre" y "Puto".

La comunidad *gay* de Bilbao y Cataluña se ofendió con esta última canción y levantó una demanda penal en contra de Tito por homofobia. Aunque el lío legal no prosperó, estaba claro que habían tocado fibras sensibles, lo cual corroboraron de regreso a México: un empresario del norte le habló a su *manager* con un mensaje de las autoridades donde decían no hacerse responsables de su seguridad, en tanto que por órdenes del Obispo de Reynosa, Tamaulipas, no podían tocar en esa ciudad.

En materia sonora, este álbum es un producto de su tiempo, aunque afirmar que se trata de un mero ejercicio de *rap-metal*, sería injusto dados sus experimentos con otros estilos e instrumentos: En efecto, estaban cerca de Rage Against The Machine o Korn, pero, ¿usar marimbas, trompetas y güiros en un disco de *rock*? Ésas son algunas de las tonalidades que se oyen entre canciones como "Gimme tha Power", "Voto Latino", pieza cimentada desde el *latin rock* patentado por Santana, o en "Use it or Lose it".

¿Dónde jugarán las niñas?, instituyó otras normas para el proceso creativo, ya que todos sus integrantes cantaron en el disco mientras cambiaban de instrumento constantemente. Sin contar además el uso de dos bajos para ensanchar más la base rítmica aunque, en definitiva, se ganó un lugar en la historia, materializado como un cartucho de dinamita que estalló frente a la gruesa pared de la censura, y logró abrir algunos huecos más tarde aprovechados por muchos de sus predecesores, para expresarse con una mayor libertad en los discos de *rock* mexicano.

Nona Delichas

Nona Delichas
Nimbostatic, 1997

David Cortés

Tijuana ha sido, por tradición, uno de los núcleos *rockeros* del país. La situación geográfica de dicha ciudad, su cercanía con San Diego y Los Ángeles, la convierte en el puerto idóneo para la entrada de nuevas manifestaciones sonoras; pero su lejanía con la capital la señala como otro territorio. Aunque Tijuana está dentro de nuestras fronteras, para acercarse a ella es necesario atravesar varias aduanas. Si al iniciar los sesenta de Tijuana llegó la invasión del norte, en los noventa la urbe recuperó su influencia de antaño pues ahí encontramos uno de los principales enclaves del *techno*, representado por las huestes de Artefakto, Ford Procco y Bostich, así como otras bandas poco conocidas, como el sexteto Nona Delichas.

Los antecedentes de Nona Delichas se remontan al año de 1993, cuando Quinta Reunión se desintegra y de sus cenizas emergen la vocalista Claudia Morfín y el guitarrista Edgar Amor, quienes junto a Mauricio Ruiz (bajo) y Heriberto Chong (batería) forman la primera encarnación de la banda. Luego de algunas presentaciones se une el violinista César

García y el baterista abandona su puesto. La sombra de la incertidumbre se posa sobre el grupo cuando el guitarrista Edgar Amor decide claudicar; sin embargo, los músicos sobrevivientes ya habían creado en su derredor gran expectación, así, luego de una junta, los integrantes consideran que lo creado hasta el momento "era demasiado bello para hablar de un hubiera", por lo cual prosiguen en sus afanes musicales. Mauricio Ruiz pasa del bajo a la guitarra y, para llenar los huecos, se adhiere el bajista Sebastián Ballesteros y el baterista Marco Pedroza.

Con dicha formación, el grupo grabó una cinta con cuatro temas que sirvió como demo y experiencia preparatoria para iniciar la grabación (entre diciembre de 1995 y julio de 1997) de su disco debut, un álbum epónimo en donde los múltiples contratiempos de la banda finalmente se apaciguan y redundan en una fascinante placa en la cual ya aparece, como sexto integrante, el guitarrista Guillermo Morfín.

Los cuatro temas grabados previamente para su demo se integran a este disco, conformado por una decena de cortes llenos de sutilezas. El grupo practica un sonido fino, cuyo referente inmediato sería el trío inglés de Cocteau Twins, principalmente por el manejo de las texturas etéreas y por la cálida voz de Claudia Morfin; sin embargo esto no es más que una ligera similitud, porque aunque los tijuanenses no buscan originalidad absoluta, pues se embarcan por aguas que ya otros han navegado, su música crece a partir de su estilo personal.

Se trata de un grupo en donde cada uno de los integrantes tiene un peso específico. Si en un primer acercamiento deslumbra la educada garganta de su vocalista, una vez que se ha rebasado ese primer embrujo caemos en las entretelas sonoras del violín (casi siempre evocador) para después pasar a ese par de guitarras que entregan melodías cristalinas soportadas por un bajo cuya presencia, conforme se escucha el disco, crece en importancia, para llegar al fondo, al soporte aportado por la batería. Si es necesario destacar algunas cualidades en Nona Delichas, las marcas que los separan de otros grupos son el violín y la voz. El primero, delinea un tono continuo de lamento, una tristeza recóndita que sabe trastocarse en alegría, en impulso festivo; el otro, la celestial voz de Claudia Morfín, no sólo se contenta con encumbrarnos al cielo con su manejo vocal, pues su forma de cantar, de romper las palabras en sílabas, funciona como un instrumento más, como una percusión que corona perfectamente ese sonido surrealista, onírico, de la banda. Privilegiar este par de elementos nos lleva a perder el cuadro completo, porque en este disco todos sus creadores trabajan como una unidad bien compenetrada. Si bien la batería no luce enormidades dadas las características de su música, junto con el bajo crea una mullida alfombra sobre la cual se tienden las guitarras para pintar las melodías que, decoradas ligeramente por los efectos electrónicos, luego habrán de detallar la voz y el violín.

Nona Delichas es un ejemplo de la suma de las partes, es una agrupación que desconoció el sentido de la moda, los apremios de la fama y que en vez de ello optó por encontrar un sonido propio, íntimo, personal. Fue ave, hermosa, que cruzó el pantano sin temor a mancharse por las banalidades. Entrar en el universo propuesto por el sexteto es ingresar a un campo en donde la belleza absoluta es prácticamente posible.

Los Esquizitos

Los Esquizitos
Opción Sónica, 1998

Rogelio Garza

La primera oleada de música *surf* llegó con los grupos de *rock* instrumental del sur de California a finales de los años cincuenta, cuando el guitarrista zurdo Dick Dale creó un estilo de tocar con su Fender Stratocaster para envolver al escucha en un vértigo acuático.

En México empezó a tocarse en 1962 por grupos de la frontera playera que viajaban al otro lado: Los Johnny Jets, Los Seven Days, Los Hitters y Los Matemáticos. Ninguno acá o allá, salvo The Beach Boys, logró *surfear* la ola inglesa que los hundió. Cual rito submarino, el *surf rock* permaneció oculto durante décadas en manos de una secta nostálgica, hasta que las arenas del tiempo dieron un giro a su favor al finalizar los ochenta: Dick Dale volvió a la escena musical con Stevie Ray Vaughan y "Pipeline", seguido de la película *Pulp Fiction* de Quentin Tarantino, la cual arranca con su estrepitosa "Misirlou". Esto colocó al *surf* en la cresta musical durante los noventa; una segunda oleada donde aparecieron Los Esquizitos, en el Distrito Federal.

Formados en 1994 por Brisa Vázquez (batería), Alex Fernández (guitarra), Güili Damage (voz, guitarra, theremín) y Nacho Desorden/ Capitán Flamita (bajo), el grupo se forjó tocando en el bar SUB, en la Iguana Azul y en el Multiforo Alicia, mientras afinaba la combinación surfera de *garage* y *rockabilly* atrapada en su primer compacto, *Los Esquizitos*; un disco grabado y producido en colaboración con Rogelio Gómez (Ansia), trece canciones que oscilan entre la propuesta y el tributo.

El cuarteto y su sonido surtieron el efecto *psychosurf*, una corriente de grupos enmascarados de la lucha libre —a la Straitjackets— con camisas hawaianas y guitarras eléctricas agitadas por el trémolo.

Los Esquizitos se lanzan en "Lancha con Fondo de Cristal", un *surf* que trae toque propio. Fluye y se desliza formando remolinos de guitarra, mientras el bajo y la batería suben y bajan con el ritmo de la marea. Aquí los músicos redescubrieron el estilo en el fondo del mar para quitarle el óxido con ritmos y elementos inusuales. "Santo y Lunave" es producto de esta combinación "esquizita"; inicia con los bongos de Celio "Space Bongo" González, el bajo *fuzz* de Elder y el theremín de Damage, narrador y personaje de los últimos momentos del Enmascarado de Plata en el espacio. Nuestro Major Tom con cambios de ritmo rudos y la incitación al culto de la máscara, presente en la portada del disco y en escena.

Enseguida se elevan con "El Moscardón", *cover* a "Human Fly" de The Cramps. La adaptación del vuelo le rinde un homenaje a la original con el cochambre *fuzz* de Decrépitus, la guitarra distorsionada sometida al *wah wah* y una letra machina y virulenta. "Buenos Modales" es un *psychobilly* con guitarra *surf*, algo semejante a lo que hicieron The Meteors con "Wipe Out". El álbum continúa con una canción que ya es parte del cancionero de las sustancias favoritas: "Juan Mota". Lejos de ser alivianada, se trata de una rola que parece inofensiva, pero que se pone histérica con el extra peso del bajo *fuzz* de I. Aranda. Un golpe de distorsión extra macizo.

"I Walked with a Zombie" es un *cover* a la original de Roky Erickson & The Aliens. Es la única en inglés incluida en el disco y el pretexto ideal para llevar un zombi al estudio para grabar los coros con ese espíritu de B *film* que contagia todo el disco. El grupo actualizó la canción alterando el tiempo y la densidad, haciéndola más ágil y dura. Por otra parte, "Espérate, Cariño" es un *hot rod* veloz y divertido. Tras la marcha del coche se avientan un rol de perversiones a través de la ciudad, en un exceso de sexo y rocanrol. Arrancones de guitarras y mujeres enloquecidas que terminan estrellándose al final de la canción.

Entre sirenas callejeras suena un capítulo de radionovela: "¡Pum-Pum!, ¡Bang-Bang!", dedicada al fallecido locutor radiofónico Juan López

Moctezuma (célebre por su "jazzz"). Es una historia de celos, desamor y asesinato que se aborda con humor del negro. Damage encarna al asesino que explica sus motivos y narra los hechos con sangre fría. Como en *Pedro y el lobo*, de Prokofiev, los instrumentos —incluyendo el órgano Farfisa que toca Gómez— le dan vida a un *surf punk* con intrincados cambios y matices. Una atmósfera tensa y nublada, sometida a la psicología del personaje.

"El Planeta Sexual" es una finísima canción erótica de ciencia ficción a la mexicana. Una *Barbarella* de Plateros, guiada por el bajo, la batería y los chismes espaciales de Jaime Maussan. Como el nombre lo indica, "La Punk" sólo dura 1:04 y las vocalizaciones, ese dialecto extraterrestre, parecen decir nada, pero lo expresan todo. Entonces arriba "La Motosierra de Henry", otro *psychobilly* que rinde tributo al cine de la sangre y las vísceras con guitarra bronca y batería salvaje. La motosierra se convierte en un instrumento y se ejecutan varios solos con ella, el zumbido del motor viene y va en mortal zig-zag como requinto fuera de control. "Statica Pipols" es otra corta, pero intensa canción en la que Damage toca el *kazoo* como si fuera una armónica espacial.

En el último chapuzón, un final como clavado en La Quebrada, se azotan y se extienden 11:15 minutos en su homenaje a Pixies con la versión norteña de "Vamos", bajo el título "La Polka de Brian". Adaptación hipnótica con el acordeón de Gómez y una batalla de guitarras que incluye la del Reverendo Horton Juan (Lost Acapulco).

Los Esquizitos, un grupo subterráneo y un disco submarino que marcaron una época musical entre dos siglos.

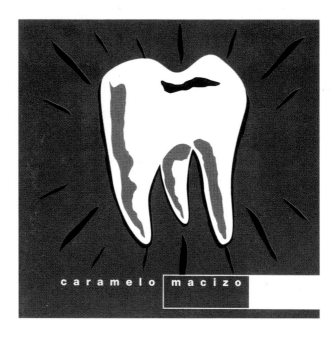

La Lupita

Caramelo macizo
RCA,1998

Miriam Canales

En su cuarto álbum, La Lupita dejó bailando a Paquita en la disco y emigró del país de la lujuria para masticar su caramelo, ya maduro. A finales de los noventa, una etapa de consolidación dentro de su carrera, el *rock* mexicano se encontraba en el pináculo y los mp3 apenas se gestaban en la mente de un adolescente como Sean Parker.

Cuando una banda como ésta alcanza dos décadas de existencia sus caminos comienzan a volverse inciertos, la bandera de Rock en tu Idioma deja de enarbolarse como una curiosa novedad y la búsqueda de nuevas generaciones de escuchas resulta indispensable so pena de estancarse en las glorias pasadas. Desde sus inicios, La Lupe nunca comulgó con la imagen oscura de Caifanes, ni la solemnidad de Santa Sabina, ni el *folklore* de Café Tacvba, sino con un estilo propio en el que el matrimonio Rosa Adame-Héctor Quijada compartía la estafeta, cantando simultáneamente con letras desenfadadas.

La alineación original había sufrido diversos vaivenes desde su debut con la pareja de vocalistas, el bajista Poncho Toledo, el guitarrista Lino Nava, el baterista Ernesto "Bola" Domene y el percusionista Michel de Quevedo como miembros fundadores. Mientras otras bandas buscaban a finales de los ochenta subversivos o abstractos nombres en inglés, aquí se plasmaba una fe hacia la Virgen de Guadalupe y una dosis de urbanidad, según una leyenda vista en las láminas de un camión.

Con *Pa' servir a ud.* (1992), los músicos irrumpieron bajo un título a manera de presentación personal con aires de reverencia, después celebraron que la belleza pululaba bajo un ambiente de prosperidad con *Que bonito es casi todo* (1994) y el posterior éxito comercial de *Tres-D* (1996) que contenía la inolvidable "Ja, Ja, Ja". Aunque para ellos el *rock* no era asunto de risa, sino de subir escalones. Después de grabar en los confines del sello Culebra, pisar los escenarios chilangos, trabajar en Londres y colaborar con gente como Fito Páez y el productor Daniel Melingo, pero sin alcanzar el éxito comercial de la banda de Saúl Hernández, su carrera apuntaba más allá de "Ja, Ja, Ja", probablemente su canción más famosa, tocada hasta el cansancio por grupos *amateurs* en bares nocturnos.

Caramelo macizo apostaba por la renovación. Su sonido, una mezcla de ritmos pachangueros, *pop, bossa nova* y percusiones, se sintetiza en el *track* inicial: "Supersónico", apto para cualquier pista de baile con la voz del matrimonio a dueto que canta: "Ni placer comparado, no hay dolor ni pasado. Todo encuentra un camino largo sumamente agitado". La estridente guitarra en "Quiero, Quiero" viene acompañada de una letra en la que Quijada expresa una pasión vehemente hacia un objeto del deseo femenino: "Quiero, quiero tu alma, tus manos, tu alma, tu cuerpo, tus piernas, tus tetas, tus labios". "La Parca" podría ser una simple canción con percusiones bailables de no ser por su letra profunda, un homenaje de Rosa Adame a la muerte y a los momentos efímeros de la vida: "Yo soy la que te marca las horas, te digo tú no eres un Dios. Los hombres pierden la vida odiando. Lo que importa es amar". Después de este viaje aderezado de fiesta y algarabía aparecen otros temas como para escucharse en un estado de relajación y un toque de sutil sensualidad, como ocurre en "La Pared".

Otras piezas de alto octanaje como "El Baile de los Dragones", "Vida Olvida", "Diva de Bar" y "Antena" conforman este material que, a pesar de su calidad, no obtuvo un éxito comercial masivo, ya que justo ese mismo año vendría la responsabilidad crucial de reinterpretar el clásico "Gavilán o Paloma" en un disco tributo a José José que dejó relegado al macizo caramelo. En ese sentido, en 1999 el grupo fomentó sus lazos con "el amigo de todos los niños", Chabelo, en otro disco homenaje con la canción "Perrito Maltés". El siguiente paso significaría una compilación de éxitos: *Lupitología* (2004).

Los años siguientes traerían consigo una transformación decisiva y un silencio en la carrera de La Lupita, después de que Rosa Adame dejara el grupo en 2001 para desviar su camino hacia labores propias de la maternidad. Así, se incluirían nuevos integrantes, como Luis Fernando Alejo, en el bajo, y Paco Godoy, en la batería.

A pesar de la turbulencia, la fuerza de Guadalupe subsiste y quedó evidenciada en el Vive Latino 2009, con sus miembros fundadores ante un público joven que no compartió sus años en la cúspide. Su vela hacia la virgen morena sigue encendida para los tiempos actuales del *rock* mexicano. Como testimonio está su producción más reciente, *Te odio*.

Plastilina Mosh

Aquamosh
EMI/ Happy- Fi/ Tómbola! Recordings, 1998

Francisco Zamudio

Calidoscópico microuniverso rítmico de producción múltiple y sonoridades que se mueven en saltos cuánticos. Punto de quiebre en un momento
donde el *hip-hop* penetraba con fuerza los anhelos melódicos de la marquesina del *rock* mexicano, gracias al dique dinamitado por el disco *Mucho
barato* de Control Machete un año antes. El dúo compuesto por Alejandro
Rosso, ex miembro del grupo *avant garde* Acarnienses, y Juan José González, "Jonaz", surgido de una banda de *noise rock* llamada Koervoz De Mal-
ta, es el claro ejemplo de los polos opuestos, donde el primero lactó intui-
ciones *jazzeras*, tonos clásicos y electrónicos desde su formación musical;
mientras el segundo se decantaba por el martilleo del *punk*, el *heavy metal*,
o la elegancia guitarrera de Soda Stereo, y cuyos destinos se cruzaron bajo
la Ley de Imantación Universal, materializándose en un explosivo *ying-
yang* que hacia 1997 llegó al Distrito Federal para grabar el video de "Niño
bomba", pieza incluida en su EP debut. El clip promocional llegó a los ojos

y oídos de gente importante, que les ayudó a conformar un trabajo de larga duración, el cual chocaba de frente con todos los sonidos emanados desde la radio o los videocanales. El principal equipo de productores lo formaron Tom Rothrock y Rob Schnapf, quienes dirigieron a Beck Hansen en su aclamado *Mellow Gold* (donde se encuentra "Loser"), por lo cual, ejecutivos de EMI inventaron una leyenda urbana, la cual rezaba que el propio Beck había aportado dinero para grabar el álbum porque se había vuelto fan de los mexicanos. Nada más falso, pero el rumor atrajo la atención de otras personas y Sukia, agrupación de *rock* electrónico-espacial, liderada por el ex actor infantil Ross Harris, sí se sumó al proyecto para producir "Aquamosh" y "Monster Truck". Lo mismo hizo Café Tacvba, cuyos integrantes cantaron además los agudos coros en japonés de "Bungaloo Punta Cometa", mientras que Jason Roberts, guía en ese tiempo de Cypress Hill, se adhirió a esta especie de *Dream Team* de las consolas a través de "Mr. P. Mosh", cuyo video es un clásico por la actuación de Lyn May, estrella del llamado cine de ficheras.

El sonido se edificó en estudios de Monterrey, Naucalpan, así como ciudades californianas tipo Burbank, Hollywood, Glendale y Silverlake. Este largo proceso de grabación se complementó con músicos invitados en la vena de Lester Butler, alguna vez armonicista de Mick Jagger y The Mama's Boys, Joseph "Joey" Waronker, baterista de sesión quien ha trabajado para R.E.M., Smashing Pumpinks o Beck; April March, cantautora *indie-pop*, quien le puso un toque francés al disco en "I've Got That Milton Pacheco Kinda' Feeling"; o Bibi Zambrano, la voz femenina en "Pornoshop", que después colaboraría en un proyecto alterno de Rosso llamado Panorama.

A nivel sónico todo inicia con un sampleo de "People Say" (original de una de las bandas iniciadoras del *funk*, The Meters), incrustado en "Niño Bomba", que de ahí se dispara hacia la superposición rítmica de muchas y diferentes tonalidades como el *hip hop*, el *jazz* contrapuesto al reflejo del *easy listening* en "Ode to Mauricio Garcés; el *bossa nova* que lidera "Bungaloo Punta Cometa"; o ese *blues* surgido de una radiante armónica escoltada de una guitarra *slide*, escondido en "Monster Truck" bajo un voluminoso tratamiento electrónico. Filosas guitarras distorsionadas, guiños al *punk*, a la *new wave*, al *funk*, a la música *lounge*... Todo cabe en esta obra maestra del *rock pop* de *collage*, la cual vino a romper con cualquier nacionalismo imperante en su época, para transformarse en algo mucho más universal, apoyada en el uso del *spanglish* como forma de comunicación intercultural y cuyo éxito artístico se mostró en varias latitudes alrededor del mundo, de una forma poco afable, pero efectiva: Muchos no pensaban, ni creían que Plastilina Mosh fuese un grupo mexicano.

Asimismo, en uno de esos casos atípicos donde la crítica opina lo mismo que las masas, *Aquamosh* logró importantes conquistas comerciales: Fue lanzado en Japón, mientras varias de sus canciones entraron en las bandas sonoras de algunos juegos de video. Medios argentinos como *Página 12*, lo llamaron "El más sorprendente disco debut de que se tenga memoria en la historia del *rock* latino" y eso, proveniente de una nación adelantada en materia *rockera*, es un halago y un reconocimiento implícito a la evolución del *rock* mexicano que se gestó en Monterrey, Nuevo León, a fines de la década de los noventa.

Sonios

200 Fonios
Nimboestatic, 1998

Jorge Gutiérrez

Durante la segunda mitad de los noventa, mientras las bandas y el público mexicano situaban como referencia de moda todo lo procedente de Monterrey a través de la conocida Avanzada Regia; hacia el noroeste, a un costado del Océano Pacífico y lejos del *hip-hop*, encontramos que en Ensenada, Baja California, ya existía Sonios, una especie de refugio creativo para cinco cabezas inquietas que elaboraba un *rock* inteligente de personalidad múltiple por donde confluían un ramillete de influencias varias que iban del *jazz* al *funk* con la soltura despejada que da el *ambient* y con el desparpajo contemporáneo del *pop* británico que recuerda a The Smiths y los Charlatans UK. La banda inicia operaciones en 1991, entre las primeras canciones de Josué Cota y algunos integrantes de Marsepia. Fue con la entrada de Fernando Corona en los teclados, programaciones y flautas cuando la banda da un paso adelante en la evolución de un sonido más pulcro y desintoxicado. Durante el otoño de 1997, Sonios se encierra en Plasma, el estudio de Fernando Corona, quien dirige y realiza la producción del álbum debut con un total de quince temas. El disco se titula *200 Fonios* y resultó ser un claro ejemplo de la atemporalidad. El paso de tiempo le ha dado la razón a un álbum adelantado a su época, lo que probablemente no le permitió ser asimilado en su justa proporción cuando salió al mercado. El disco fue editado en 1998 a través del sello independiente Nimboestatic, establecido en Tijuana, y convirtiéndose sin lugar a dudas en una de sus cartas de presentación más fuertes. Inspirados por el expresionismo gráfico de los sellos europeos 4AD y Factory, los de Nimboestatic lograron traducir acertadamente en su estética de concepto las inquietudes del quinteto de Ensenada.

La substancia primaria del *200 Fonios* radica en la belleza de la simplicidad a través de un lenguaje instrumental complejo y lleno de laberintos imaginarios; es evidente lo simple disfrazado de lo complejo. Se trata de un *pop* de profundidades, por un lado el insondable aspecto oceánico de sus texturas, por el otro, el carácter introspectivo de sus letras y el juego de sus armonías vocales. El elemento acuático está siempre presente en todos los aspectos estéticos de la banda, desde la portada, hasta el color del sonido. La influencia del pulso marino es total. Es el puerto de Ensenada, estallando en el paisaje interno del disco. La particularidad esencial está en la elegancia con la que convergen en un mismo espacio una variedad de géneros musicales (sin caer en lo ecléctico). Por ahí desfilan el sonido espumoso del sello 4AD como el polen creativo de Fernando Corona y la arritmia consonante de Arhkota en la batería, ambas influencias quedan simbióticamente plasmadas en los puentes instrumentales que sirven para entrelazar temas y que le dan un carácter contemplativo al disco. "Hipocampo" y "Yuga" son un ejemplo. Las posibilidades de encuentro entre el *funk* de Tati Moreno en el bajo, recordándonos el lado más grumoso de Tower of Power y la distinguida precisión de las guitarras *jazzeadas* de Nashio López se manifiestan en canciones como "Cisnes" y en "Tierra (Marsepia)". Algunas piezas como "Jofa" y "Azul" podrían ser la prueba fehaciente de que Josué Cota (guitarra y voz) sabe domesticar bien a las bestias cuando la emotividad y la frase reposada estallan juntas a fuego lento.

200 Fonios es una dualidad constante. Un disco de contrastes en total armonía. La ingravidez y lo cerebral coexisten y se hacen uno; es el carácter etéreo de las piezas, pero también es la sólida estructura que las reviste.

Luego de ocho años juntos *Sonios* se separa en 1999, dejando como único documento un álbum fundamental en la historia del *rock* mexicano, que llegó incluso a ser considerado por la crítica especializada como uno de los diez mejores discos mexicanos de 1998 (*La mosca en la pared*, Año 3, Número 28, Marzo de 1999). Un año después, sus integrantes se establecen en proyectos individuales, tal es el caso de Fernando Corona en Terrestre (Nortec Collective) y posteriormente Murcof; Nashio López se convirtió en Plankton Man (Nortec Collective); Tati, Arhkota y Nashio forman Niño Astronauta; estos últimos dos se ven las caras en el proyecto Kobol. Josué Cota es ahora Bendhel.

El debut y despedida de Sonios es un ejercicio de coherencia artística; la evidencia de que lo "independiente" no está peleado con la gracia y el buen gusto.

Café Tacvba

Revés / *Yo soy*
Warner, 1999

Alejandro González Castillo

Para 1999, Café Tacvba ya soportaba la carga de ser considerado "el grupo más importante de México". Y no es éste el espacio adecuado para discutir un título que, al ritmo de los años, difícilmente alguien podría arrebatarle al conjunto oriundo de Cd. Satélite, sin embargo vale la pena acotar que en gran medida ese calificativo fue impuesto gracias a que desde su nacimiento se ha tratado de un conjunto que ha conseguido materializar sus más osadas ideas con el apoyo de una disquera trasnacional. En ese sentido, este álbum doble de ambicioso concepto no se asoma como pionero de cosa alguna, sin embargo, ocupa un lugar especial en la historia del *rock* manufacturado en México por concentrar, en un par de volúmenes, una cantidad inusitada de *tracks* que se advierte de naturaleza caprichosa y temeraria y cuyos resultados pasan de ingenuos a geniales.

Originalmente puesto a la venta en un solo empaque, los títulos de cada plato advierten que el "Pinche Juan" no tiene más deseos de hablar de "La Ingrata" con "La Chica Banda"; el palíndromo *Yo soy* y el ambigrama *Revés* definen que hay deseos de ponerse meditabundos a sabiendas de que la divagación puede llevar al extravío con las preguntas qué hago aquí, hacía dónde voy y de dónde vengo como antorchas en la negritud.

El volumen instrumental (*Revés*) apuesta por la ambigüedad con doce títulos numéricos y uno carente de nombre y sonido; es decir, el último *track* del disco no contiene más que quince segundos de silencio (¿John Cage tendrá conocimiento de esto?). Aires prehispánicos, cajas de ritmo, jaranas, guitarras eléctricas, ambientaciones sintéticas —a ratos oscuras, en otros momentos lúdicas—, un cuarteto de clarinetes e, incluso, la duela azotada por los talones de la Compañía Nacional de Danza y la participación de Kronos Quartet integran un disco de perfil esquizofrénico cuyo mensaje no alcanza a delinearse con efectividad. Se trata de una carpeta de trazos libres, de bosquejos mezclados con piezas abstractas que los ejecutivos de la disquera que entonces cobijaba a los autores seguramente escucharon con tristeza, pues en su momento no significaron más que la huida de compradores en las tiendas de discos.

Pasando al segundo tomo, *Yo soy* está conformado por la colección de canciones mejor acabada que Rubén Albarrán, Quique Rangel, Emanuel del Real y Joselo Rangel hayan confeccionado. Con "El Padre", tema abridor, se descubre a un hombre que confronta la vejez dubitativamente para así implantar el carácter introspectivo del disco entero. "El Río", "Polen" y "El Espacio" continúan con ese viaje al interior de las vísceras para arrojar una visión panorámica del momento de incertidumbre que los autores vivían entonces. Se trata de tres temas de dotación instrumental humilde, pero cuya producción —en manos de Gustavo Santaolalla— resulta de lo más propositiva. Es aquí que la mancuerna constituida por los mexicanos y el argentino rinde sus frutos más jugosos, pues los discos que vendrían después encontrarían en la redundancia, la autocomplacencia y la improvisación a un enemigo indomable.

Por su parte, el cuarteto integrado por "El Hombre Impasible", "El Ave", "La Locomotora" y "Bicicleta" dan detalle de lo diestros que solían ser los músicos y su productor al momento de integrar las bondades del *pop* —compuesto por estructuras clásicas y refinadas armonías vocales— con disonancias y distorsiones, ya fueran verbales o sonoras.

Revés/ Yo soy simboliza el ojo del huracán en la carrera del Albarrán y sus colegas. Mesura los excesos expuestos en *Re* y se asoma como el eslabón perdido entre un par de discos donde los tiernamente apodados Tacubos mostraban su admiración por Los Tres, Jaime López y Botellita de Jerez: *Avalancha de éxitos* (precursor de la penosa fiebre tributaria adquirida por ciertos sellos trasnacionales) y *Vale callampa*. Tras este salto doble al vacío —muestra palpable de que alguna vez en la historia la industria disquera nacional extravió la cordura— Café Tacvba decidió, sin advertencia previa, hacer discos de *rock*, justamente el perfil sonoro del cual solía renegar, con todo y homenajes a The Who, para convertirse en una especie de institución venerada ciegamente y cuyo temario resultó complicado enjuiciar sin recibir a cambio una mirada inquisidora por parte de la prensa amistosa (en su momento, Dave Marsh se excedió en piropos) y, claro, los fans.

Con todo por demostrar y con el ánimo de riesgo intacto, es en este par de platos que el mejor Café Tacvba se manifiesta.

El Sr. González y Los Cuates de la Chamba

El Sr. González y Los Cuates de la Chamba
Mulata Records, 1999

David Cortés

En un país donde el término *pop* posee una carga peyorativa, hacer música con semejantes inflexiones, además de un acto de amor, suena a provocación. Y eso, precisamente, hizo el Sr. González en su disco debut, una placa en donde los colores son abundantes, pero el recipiente que los contiene es el del *pop* entendido en su acepción más amplia y no restringida a lo prefabricado.

A lo largo de todos los temas, incluidos los breves "interludios", nos encontramos frente a un *pop* fino, elegante, sin edulcoraciones (una canción con un solo de guitarra como el de Fernando Andrade en "Postizos" podrá ser todo, menos una rola pasteurizada). Ese *pop* que defiende el Sr. González en su disco debut es el heredero de la tradición inglesa que arranca en los comienzos del *rock* con las aportaciones de The Beatles. (En su libro de tonos autobiográficos, *Mi vida pop*, el Sr. González habla de sus filiaciones progresivas, pero también de su gusto por Elton John y concretamente de su afición por el percusionista Ray Cooper quien militara en el grupo de éste.)

No es que pongamos al cuarteto de Liverpool en el mismo nivel que el percusionista mexicano; sin embargo, los cánones impuestos por los británicos han marcado el decurso de la música desde entonces y aquí González, apoyado en los Cuates de la Chamba, se puso a construir un andamiaje de canciones en donde el énfasis está en el *pop*, pero en donde también hay espacios para la promiscuidad sonora.

En esta primera producción hay infusiones de ritmos latinos y tintes *jazzísticos* ("Escribiéndole", "Animal"), melodías que se clavan en la columna vertebral merced al buen gusto de su compositor para incluir, aquí, allá, justo en el lugar indicado, un coro, una guitarra acerada ("Piromaniacos con Amor"); temas instrumentales en donde se insertan ciertos detalles progresivos sin necesidad de llevar la canción a los terrenos de lo sinfónico ("En el Fondo del Mar"). El calor a borbotones se despliega en los tintes de *reggae* en "Mae"; en "La Espera" tenemos una visitación progresiva-electrónica, es un corte de colores experimentales y, al mismo tiempo, un atisbo, una insinuación de lo que sería la siguiente placa del Sr. González.

El *pop* sin cortapisas y sin afeites desfila en "Diosa de la Noche" y en "Burbujas de Jabón", la última una canción a medio tiempo que después se desdobla para dar pie a un solo con filos metaleros de Felipe Souza.

El Sr. González y Los Cuates de la Chamba es el resultado de una trayectoria, de las amistades recabadas a lo largo de los años. Cuando el percusionista decidió hacer su debut en solitario ya había pagado derecho de piso y asentado su trabajo en diferentes agrupaciones (con la banda de *rock* progresivo Nirgal Vallis, con La Milagrosa, al lado de Fratta y, principalmente, con Botellita de Jerez). De ese peregrinar por grupos y foros, salieron los "cuates" que respaldaron la realización de este disco. En este primer disco se encuentran reunidos músicos que, como el propio González, se encargaron de perfilar el rostro del *rock* mexicano en la década de los noventa, instrumentistas que ya entonces gozaban de cierta fama y otros que, sin ella, mostraban su musicalidad y su talento sin restricciones. Desfilan, entre otros, Sabo Romo, Julieta Venegas, Joselo y Quique Rangel, Lalo Tex, Pablo Valero, Armando Vega Gil, Fratta, Héctor Page, Masiosare (Rubén Albarrán), Emmanuel del Real y Claudia Martínez "Tonana".

Pero más allá de lo espectacular que resultó la inclusión de todos estos músicos, lo más atractivo es que el Sr. González supo combinar el talento de los mismos para extraer de ellos lo mejor y que no se convirtiera en una lucha de egos o en una pasarela sin sentido. Si *El Sr. González y Los Cuates de la Chamba* funciona es porque cada uno de estos talentos se pone al servicio de la canción y éstas son muy buenas composiciones.

No fue una de las primeras expresiones de *pop* en México, pero sí representa uno de sus momentos climáticos porque vio la luz en un momento en el cual si bien no existía un desdén por esta vertiente del *rock*, sí se encontraba poco favorecida. Cada uno de los *tracks* aquí recogidos es un alegato a favor de esta música, un alegato argumentado y al mismo tiempo muy apasionado que hizo de este disco el primer paso de una promisoria trayectoria que paulatinamente creció, incluso a pesar de las adversidades.

Jumbo

Restaurant
BMG / RCA, 1999

Alejandro González Castillo

En 1999 lo común era pasarse las tardes frente al televisor, atolondrado por los videos de Korn y Limp Bizkit mientras MTV se desprendía de su aún ligeramente escamosa piel para hacerse de una tan suave como las plumas de un ganso. Durante los últimos suspiros del siglo XX, enfundarse un pantalón con el tiro hasta el suelo y un par de Adidas para portar la visera de la gorra en la nuca era sinónimo de rebeldía, sin embargo, pese a mostrarse directamente vulnerables ante cualquier clase de fenómeno mediático manufacturado por su vecino norteño, en Monterrey existían sujetos con la mira en otro punto, en un lugar alejado de lo que la programación de los canales de TV anunciaban como excepcional.

Happy-Fi, un colectivo que desde 1997 lo mismo operaba como sello disquero que como productor de conciertos, engordaba su buena reputación gracias a que su breve catálogo; si bien mantenía distancia de la autocomplacencia y la baratija melódica, no se anunciaba apto para inadaptados; de hecho, lucía amistoso. Y precisamente Niña, uno de los grupos que robustecía su plantilla (y cuyo trabajo ha sido francamente subvalorado a nivel masivo), consiguió que sus temas sonaran en la habitación de un músico llamado Clemente Castillo, quien, al volante de Blueswagen, grababa cintas con el afán de que llegaran más allá de la calle donde ensayaba. Fue Jorge Amaro, "La Chiquis", quien le sugirió al quinteto que lideraba Castillo cambiar su nombre por uno menos complicado para que así, tras leer en un pasquín amarillo sobre la existencia de un niño con sobrepeso llamado Jumbo Yin Li, él y sus camaradas supieran que una nueva etapa arrancaba, ya de la mano del sello trasnacional BMG.

Óscar López y Jesús "Chuy" Flores fueron los encargados de manipular las perillas en los temas que integran *Restaurant*, el disco debut de Jumbo, mientras Flip (guitarra), Charly (bajo) y los hermanos Edy y Bugs (teclados y batería, respectivamente), alrededor de Clemente (guitarra y voz), ejecutaron un temario que en su momento no generó más que adulaciones gracias a que sus componentes se advertían pendientes de los matices, ayudados de una firme base rítmica y armonías de buena manufactura. De esta forma, *Restaurant* simbolizó esa isla en la cual hacía falta tumbarse a descansar en medio del oleaje de *ska* que amenazaba con tragarse la costa y también advirtió que mezclar *rap* con *metal* no era la única opción si de idear exitosos jarabes sonoros se trataba.

¿Aciertos? En el primer disco de los del norte no hay cabida para protagonismos. Cada elemento labora con el fin de servir al bien de la canción (de hecho, la portada del plato presume en primer plano al mesero de cierto restaurant que el grupo solía visitar; es detrás de su abundante mostacho que se encuentra el grupo, pero fuera de foco). Del contundente diseño sonoro de "Monostransitor" a la nostalgia de aspiraciones épicas de "Fotografía", y de la desesperación primitiva de "Aquí" al reclamo con ansias de berrinche de "Superactriz"; el grupo se anuncia como un sobresaliente hacedor de melodías. El momento más destacado del disco se encuentra en "Siento que…", la sentida crónica de una época en la vida de un adolescente norteño cuyos días se debaten entre escuchar discos viejos —algunos de ellos firmados, precisamente, por Niña— y la planificación de la clausura del futuro con tal de que su corazón no acumule canas jamás.

¿Desvaríos? El nivel de las rimas resulta pobre comparado con su holgura instrumental. Un hecho que, después de todo, no extraña. Que Castillo y sus compañeros se mostrasen poco inspirados en ese nivel resulta de lo más congruente si se toma en cuenta que, casi como una tradición, las palabras resultan ser el último punto a tratar al momento de crear en la aplastante mayoría de los colegas que precedieron a Jumbo (y lo mismo ocurrió con quienes compartió camada y, por supuesto, con los que arribaron después).

Restaurant, un plato que al momento de ser puesto a la venta parecía vaticinar el nacimiento de un grupo listo para ofrecer una interesante hilera de discos, algo que jamás sucedería. Y sí, el quinteto se esforzó, pero nunca consiguió siquiera rozar los talones de ésta, su obra definitoria.

Panteón Rococó

A la izquierda de la tierra
Real Independencia / Meisa, 1999

Miguel Tajobase

Aún recuerdo la primera vez que les vi en directo. Fue en el ya olvidado Skalicia, y a pesar de tener un tiempo recorriendo los espacios habituales citadinos para bandas del estilo, eran por completo una banda nueva para mí.

Tengo fresca la memoria de saber que la fiesta que montamos en los *camerinos* del festival fue mucho más interesante que lo que vi de *show* de ellos, aunque siendo sincero, nunca creí que la banda fuese a despuntar como lo hizo al paso de los años.

Su *demo*, *Toloache pa'mi negra*, editado casi un año después, mostró los avances impresionantes en ejecución e ideas. El mismo *demo*, que les valdría ser, junto con el de Sekta Core, de los más vendidos en la historia del *rock* en México (se estima que colocaron más de 15 000 copias cada banda).

Toloache... les catapultó de inmediato a los cuernos de la luna en la incipiente movida *neo-skasera* de la ciudad, la cual era encabezada por toda esa camada de bandas que hacían una versión no sólo local, sino muy *sui generis* del original *ska* nacido en Jamaica.

Bandas como la misma Sekta Core, La Matatena, La Tremenda Korte, Nana Pancha, Revuelta Propia, Radio Machete, La Zotehuela, entre otras, habían hecho del *ska* local (identificado por buena parte de los seguidores como *mexska*) un sonido equiparable a un coctel molotov: fusión de *reggae*, con *punk*, con *hardcore*, con ritmos latinos como la salsa, la rumba, etc..., todo ello aderezado de una buena dosis de letras reivindicativas, de denuncia, y, ¿por qué no decirlo?, desmadrosas.

De entre todas ellas, Panteón Rococó terminó siendo la banda más sobresaliente.

A la izquierda de la tierra, muestra no sólo el gran salto que dieron en popularidad: aprendieron a ejecutar mucho mejor sus instrumentos y se convirtieron en una máquina de hacer *hits*.

Con éste, su primer disco, reafirmaron dos éxitos de su anterior *demo* ("Toloache pa' mi Negra" y "Cúrame"), colocaron dos más ("Marco's Hall" y "Pequeño Tratado de un Adiós"), pero sobre todo, tuvieron un tema ("La Dosis Perfecta") que fue de los más populares en la mayoría de las estaciones de corte juvenil del país de ese año, y que fue megasonado en todos los antros del país. Hasta hoy, uno de sus mayores éxitos.

Ahí radica la importancia de este disco: no en el hecho de que un grupo originario en buena parte de una de las zonas más populosas de la ciudad (Aragón, al Oriente de la misma) haya emergido de tal manera, que les ha llevado a ser, si no la banda mexicana que más giras ha hecho por Europa, sí una de las que más. Y no giras de medio pelo, sino tuteándose con la crema y nata del *mainstream rockero* a nivel internacional.

No. La importancia radica en cómo una banda, oriunda de una movida musical que casi desde el principio fue menospreciada por la mayor parte de los medios, logró emerger a fuerza de tenacidad, que supo tocar puertas, abrirlas, y cuando no, colarse.

Con este disco, se convirtió en la banda más popular del circuito *rockero* local. Encabezaba lo mismo *shows* de *ska* en lugares como El Rayo, que algún festival *masivo*.

A la izquierda de la tierra, representa, a su vez, la consolidación de una movida musical juvenil citadina, con la que millones y millones de personas en el país se han identificado hasta nuestros días.

Panteón Rococó supo cómo salir del *ghetto* y sostenerse. Enhorabuena.

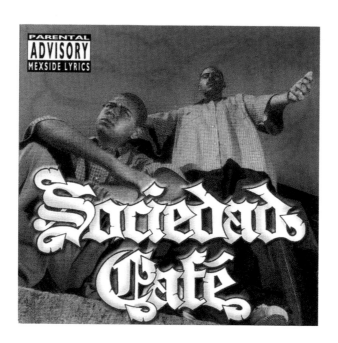

Sociedad Café

Emergiendo
Rap Mex, 1999

Daniel Segundo

Ésta es la ópera prima del grupo procedente de Ciudad Nezáhualcóyotl en el Estado de México, integrado por Don K-fe, El Enfermo y Mr. Vyrus. La línea temática del disco está determinada por un carácter "chicano", con una identidad méxico-americana que nos cuenta relatos de calle, marginalidad y migración. El disco abre con el tema "Representando" en el cual se escuchan cantos prehispánicos, caracoles y el sonido de un palo de agua que remite al escucha a los tiempos remotos en los que se conformó lo que hoy se conoce como México. Después de ese intro se pueden escuchar *scratches* y *beats* con una voz distorsionada que reza: "Sociedad café representando" como puerta a lo que está por venir. Como si se tratase de una pista que no tiene pausas, sigue "Sociedad Café", un tema que expone el estatuto conocido como "brown pride", el cual apela a la unidad de la raza mexicana.

La base de estos *raps* es minimalista y se hace acompañar por una marcada línea de bajo y unos escuetos sonidos de teclado, que a ratos se enriquece con el sonido de una flauta dulce que le imprime un aire místico. Continúa "¡Emergiendo! (Presentando a Crimen Urbano)", la cual también utiliza la base de 4x4 compases y que se completa con el rasgueo de guitarra y el *sample* de una marimba. La línea ideológica de esta canción nos habla sobre la toma de conciencia para encontrar libertad, además de condenar a la gente que no lo hace. Con guitarra acústica y un *beat* que parece una batería tradicional llega "Get Up My Race", la cual con un tempo lento habla de tener raíces firmes y zapatismo, en una mezcla de rimas que están en español y en inglés.

"Revolución" es un tema apoyado en el resentimiento histórico que data desde la conquista española en Mesoamérica, cuestionando que esa situación aún no ha cambiado, derivando en un llamado a una revolución. Las pistas que siguen siendo minimalistas y electrónicas, sutilmente incluyen varios sonidos prehispánicos como en "La Triste", que tiene un sonido claramente influido por el *gangsta rap* californiano con síncopas marcadas y efectos de sintetizador, en el cual se habla de vida criminal y como resultado posterior, la muerte.

El disco da paso a "Sólo Dolor" en el cual el *rapeo* suena a desesperanza y los problemas existenciales que crea vivir en un entorno violento y lleno de pobreza; en este momento escuchamos un coro más que "rapeado", "cantado", dejando como idea central "la vida loca". "Pokoz Pero Lokoz" continúa con la idea anterior sin una pausa en una base rítmica de sonidos dislocados con voces y risas que crean un ambiente de tensión. El siguiente tema, "Arraza mi Raza", propone algo totalmente distinto, ya que el inicio es con sonidos de caracol prehispánico con voces en reversa, las cuales terminan fusionándose con un piano que después deriva en líricas que hacen una metáfora de lo que los colores de la bandera nacional son en la realidad como sangre y pureza. La lírica está en una velocidad bastante elevada, contrastando con la lenta progresión musical de tarolas y un sonido sintetizado permanente que da la sensación de un filme de terror. La canción termina con algunas frases en dialectos indígenas, dejando como idea final la esperanza.

La penúltima canción es "Caza Migraz", la cual expone la problemática de la inmigración de México hacia Estados Unidos y está dedicada a toda la gente de Tijuana. La música que acompaña estas rimas es una batería en solo con algunos *riffs* de guitarra que parecen improvisados, al igual que algunos pequeños y casi imperceptibles "scratches". La canción termina siendo un estándar de *jazz* con guitarra muy al estilo de una película *western*, terminando con la contundente frase: "Fuck the fronteras".

El disco cierra con "Back 2 Da Volo", la cual tiene un *beat* propio para el baile, está *rapeada* en su mayoría en inglés y habla de los componentes que forman un barrio, como los amigos y las llamadas "jainas" (mujeres). En este último corte, podemos escuchar *samples* y efectos de sonido extraídos de producciones del DJ y productor norteamericano Dr. Dre. El disco cierra con un *track* oculto, una especie de agradecimiento en el que los integrantes saludan a distintos raperos, *disc jockeys* y medios que han sido inspiración o que los han ayudado en algún momento de su carrera.

Titán

Elevator
EMI, 1999

Patricia Peñaloza

En una época en la que todavía no se contaminaba el término *hipster*, Emilio Acevedo y Julián Lede, cerebros principales de Titán, "*rock* con maquinitas" (así decían ellos), figuraban como punteros chilangos de un incipiente movimiento *electro-rocker*, posmoderno y "pre-Condecci", cobijados en cierta medida por el escritor Guillermo Fadanelli. Eran los días de "La panadería", foro/galería propiedad de los artistas Miguel Calderón y Yoshua Okón; de los gloriosos *performances* de Miki Guadamur; de una colonia Condesa de edificios roídos y rentas baratas, verdaderamente *hipster* (en su sentido más limpio); de un Foro Alicia naciente, en el que reinaban Las Ultrasónicas, musas de dicho circuito.

1997 y la música electrónica como fuerza contracultural en boga. La nostalgia infantil por el Atari, el *kitsch* como reinado conceptual, la música de elevador y el *lounge* esquivelesco como reivindicación de lo mexicano-espacial en el orbe. Y en medio, Titán, la banda más *cool* del Distrito Federal (continuación del grupo de "industrial sicodélico" Melamina Ponderosa, hermano a su vez de las gloriosas bandas Mazinger Z e Intestino Grueso, del citado Calderón), afianzaba su estilo con un segundo disco (luego del incipiente *Terrodisco*, 1995) influenciado en alto grado por los Beastie Boys, en cuanto a su ritmia *funky*-desmadrosa, y los *sampleos* afines a las películas Serie B, o a series de televisión de los años setenta, como *Starsky y Hutch*. Sin embargo, no había letras: se trata de un disco instrumental, sin más discurso que el de una estética absurda, posmoderna, irónica, entre *electro-beats* de baja fidelidad, sintetizadores análogos *naive*, así como guitarras y bajos con mucho *groove*. Quizá su equivalente generacional, pero de Monterrey, sea Plastilina Mosh.

Ya sin Andrés Sánchez en el bajo (integrante original desde 1995), con Jay de la Cueva en el relevo, *Elevator* es un álbum que simboliza un momento específico capitalino, "burguesi-pretencioso", divertido y agradable, que a la postre dejaría rastro como el "sonido Nuevos Ricos" (por la disquera que luego encabezaría Lede), del que se desprenderían tanto el maleducado personaje Silverio, como los diferentes "Lasser" de Acevedo (Lasser Moderna, Lasser Drakkar y Sonido Lasser con María Daniela). Y aunque quizá fue superado por su tercer plato, *Titán* a secas (de 2005, en el que *riffs boogie-blues* de tipo "avandaresco", como dicen ellos, se mezclaron bien con teclados progresivos a lo Jean Michel Jarré), *Elevator* marcó época. Hoy día ya suena suavecito, ligero, a ratos rebasado, pero varios de sus *tracks* nos siguen haciendo bailar y gritar: "Pu-ta-madre-güey-yo, iba en un Draxter güeeeeeeey, iba en un Draxter güeeeeeeey!".

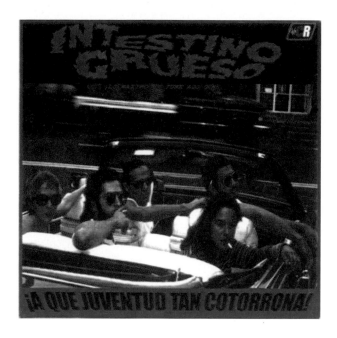

Intestino Grueso

¡A qué juventud tan cotorrona!
CR, 2000

Ali Gardoki

Intestino Grueso nace de las cenizas de Mazinger Z y Asquerot Shit, bandas que dejaron *demos* perdidos en formato casete. Estos grupos en su momento generaron un pequeño culto a su alrededor y fueron contemporáneos de propuestas como las de Melamina Ponderosa o Titán, pero mucho más ligados al arte que a los clubes o fiestas de la época. "Porque tocamos pura mierda", es la razón del nombre de la banda que, con varios cambios de alineación, finalmente grabó este disco de forma análoga en el estudio 19, en la Ciudad de México, entre 1999 y 2000.

Se contactó al productor Mike Mariconda vía Internet para la producción. Mike era el héroe del grupo. Sonoramente responsable de mucho del catálogo de Crypt Records, Mariconda grabó a leyendas como a los australianos Cosmic Psychos y a los *cowpunks* Nine Pound Hammer. Vaya, que él mismo requinteaba con los Devil Dogs. Pero, sobre todo, su reputación se basaba en el trabajo con los reyes indiscutibles de la movida *garage* americana de la costa oeste: The Mummies. Mike es el Jack Endino o el Rick Rubin del *punk garage*. Intestino Grueso lo sabía y lo invitó a México para registrar un disco demoledor.

Con influencias que se regodean en Los Locos del Ritmo, Oblivians, Gories, Dead Kennedys y Beastie Boys junto a Timbiriche y Tatiana, el sonido de Intestino lució siempre sucio, áspero, cochino. Y en su debut y despedida *A que juventud tan cotorrona!* logra trasmitir toda la mugre que lo caracterizó. La lírica del cantante/artista Miguel Calderón es visual y explosiva. Nada más lejos del zapatismo y las raíces latinas. Coches, chicas difíciles, estupidez, diarrea y películas de Andrés García son los temas para el *punki* rápido empujado por el *beat* minimal de la texana Amy Brown en la batería. Por otro lado, los coros y gritos de Zulú en el bajo, así como los *riffs* juguetones en la guitarra rítmica de Yibrán Asuad, hacen que este disco se pueda escuchar de principio a fin si uno está lo suficientemente borracho como para subir el volumen.

Tal vez la fuerza del álbum radica en su actitud suicida. No se ha editado nunca y resulta dudoso que alguna vez sea publicado. Tan sólo "Niña Pedigree" estuvo en la banda sonora de la película *Perfume de violetas*, por lo tanto se trata de un disco ornamental; la pieza sonora de Calderón que van a extrañar los museos de arte moderno. En este sentido, Intestino se encuentra emparentado con Size, Dr. Fanatik, Miki y Los Margaritos; bandas que se conocen de boca en boca, perturbadas por el cine, el cómic y la experimentación sonora, dueñas de una vocación huidiza de la moda y la banalidad. Secretos-gemas del *rock* mexicano.

José Luis Fernández Ledesma y Margarita Botello

Sol central
Luna Negra, 2000

David Cortés

Margarita Botello (voz, sinte, bajo y percusiones) y José Luis Fernández Ledesma (teclados, cuerdas punteadas, percusiones, kalimba, ocarina y voz) ya habían cruzado caminos con anterioridad y colaborado intermitentemente, pero no habían concretado un trabajo en su totalidad como dueto. El disco, inscrito en la vena del *rock* en oposición ha demostrado con el paso del tiempo ser uno de los trabajos más sólidos e imaginativos gestados en el ala experimental del *rock* producido en México.

"Sol Central", el corte inicial, es una especie de *suite* compuesta por siete movimientos que comienza con "Datura Inoxia" y lo primero que escuchamos es una polifonía de voces que resiste el ingreso intempestivo de una variedad de teclados que irrumpen con una fuerza inusitada y abren el abanico para una gran cantidad de sonidos generados sintéticamente, cambios de tiempo, paradas, voces de *banshees*, unas naturales y otras deformadas, y dan entrada a la cristalina voz de Margarita Botello, con lo cual se imprime otra dimensión a la música de JLFL, pues en pocas ocasiones ésta había sido investida con el canto. Es un corte en el cual encontramos ecos de Magma, Art Zoyd y Univers Zero, entre otros.

La travesía prosigue con "Amnesia", un corte en donde el oboe tiene el papel protagónico y la voz se utiliza con connotaciones operísticas, más sonidos incidentales que dan a la composición un toque de *rock* en oposición. "El Avatar", la siguiente escala, es dominada por los teclados en su inicio; sin embargo, no lo hacen en un plano sinfónico, sino experimental; éstos dejan su lugar al piano que tiende una alfombra sobre la cual empieza a cantar Margarita Botello y bajo su voz aparecen unos sonidos indescifrables, mientras JLFL hace sonar los teclados como si fueran una guitarra, y cambia la orientación del tema hacia zonas más oscuras, subrayadas por "gritos" de la voz en tercer plano.

En "Por los Cuatro Costados" reaparece el oboe interpretado por Marcela Albear, pero antes de su ingreso hay una atmósfera ominosa, como un "viento de voces" que llega por todos lados y luego, como si se abriera un telón, se escuchan nuevos sonidos, entre ellos otra vez el oboe, aunque éstos nunca ocultan la fantasmal polifonía de voces, misma que finalmente se disuelve y da paso a "La Gran Feria", *track* que inicia con el sonido de un tiovivo desvencijado para luego regodearse en los teclados, en los *loops* de batería de Leonardo Patiño que imprimen vértigo a la composición y la Botello canta como si efectivamente fuera una presentadora de feria. Es como una puesta en escena con grandes recursos, incluso la voz se acelera para cantar y entra una cacofonía libre más cercana al *free jazz* para concluir con cantos gregorianos y una voz incidental de alguien que hace una lectura de la mano.

"Ciencias Celestes", el siguiente movimiento, tiene como invitados a Alquimia y Germán Bringas. Aparentemente su comienzo es más convencional, con percusiones que se añaden paulatinamente y voces incidentales, cuerdas punteadas, cambios de tiempo, diferentes voces que hablan aprovechando los recursos del estéreo. El saxofón de Bringas, reposado, funciona como una transición que prepara para un aluvión que nunca se desencadena y en su lugar tenemos las voces de Alquimia y la Botello que cantan el último verso antes de un cierre premonitorio.

"La de los Acertijos" es un *track* instrumental, un divertimento construido con fragmentos de voces, aunque después se desarrolla como una pieza con ciertos visos de clasicismo, para regresar más tarde a la experimentación y a explotar la voz como un instrumento más.

"Pueblos Perdidos" es el otro corte formal del álbum, inicia con percusiones, sonidos de sintetizador en *glissando*, la voz de Margarita Botello en segundo plano, pero utilizada como instrumento, el sax de Germán Bringas, también lejano, atmosférico, triste, bucólico, que establece un ritmo cansino, de marcha y de búsqueda que refuerzan las ocarinas. Luego aparece la voz ya con letra, y la sensación de búsqueda tiene un carácter espiritual, es continua, interminable y el corte lo transmite muy bien.

Sol central es un trabajo desafiante, exige al escucha compenetrarse con la obra para poder extraerle sus secretos, aunque es una tarea que debe llevarse varios momentos pues está lejos del facilismo comercial imperante en otras vertientes del *rock*. Es, también, uno de los puntos más altos en la obra de JLFL y que a partir de este momento tendrá nuevas connotaciones, pues la colaboración con Margarita Botello se volverá permanente para hacer de esta asociación una de las duplas más experimentales de la escena nacional.

Ultrasónicas

Yo fui una adolescente terrosatánica
Munster Records, 2000

Alberto Escamilla

Hacia finales de los años ochenta hubo espacios que con el paso del tiempo resultaron seminales para la escena *rockera* del D. F. Por un lado estaba el Tutti Frutti, donde DJ Danny pinchaba acetatos de *garage* y neosicodelia; por el otro, estaba la tienda de discos Dark Zone, especializada en la venta de música que también tenía que ver con estos géneros. Estos lugares fueron una referencia para quienes a mediados de los noventa formaron bandas que serían parte de una escena subterránea que combinaba el *surf*, el *punk* y el *garage*.

Con sus raíces ancladas al *punk*, algunos músicos se tomaron muy en serio esa actitud y asumieron como bandera el "do it yourself". Entonces existían grupos que ya se habían ganado un lugar especial —Massacre 68, Rebel D' Punk o Atoxxxico— pero lo que estaba por venir sería el complemento *garage* y *surf*. Así aparecieron Los Esquizitos, Lost Acapulco, Mazinger Z y, un poco más tarde, Las Ultrasónicas, nombres que protagonizaron legendarios conciertos en el Foro Alicia, un espacio que con el tiempo se constituyó como un referente de la cultura *rock* en México.

Inspiradas en el movimiento *punk* norteamericano denominado Riot Grrrl, la actitud de Ultrasónicas fue desenfadada y desinhibida desde un inicio, en el Distrito Federal, donde Jenny Bombo, Tere Farfisa, Susy-A, Ali Gua Gua y Jessy Bulbo tuvieron sus primeros ensayos hacia 1996, sin más pretensión que proyectar un sonido directo, simple y pegajoso. Pero había algo más: se trataba de un grupo que de inmediato rompió con algunos tabús que había en el *rock* mexicano. Ciertamente no fue la primera banda cuya formación era exclusivamente de mujeres, pero sí la primera poseedora de un contenido erótico en algunas de sus letras y presentaciones en directo.

A los pocos meses de haberse formado, Tere Farfisa abandona la nave. Posteriormente, Jenny Bombo pasa una temporada en Pittsburgh, donde toca con las bandas locales Pleasure Fuckers y Nashville Pussy y conoce a Max (baterista de The Cynics), quien a su vez la pone en contacto con Kike Turmix, del sello español Munster Records. Jenny le hace llegar a éste una serie de demos de Las Ultrasónicas, por lo que Kike decide sacar estas versiones en un LP de diez pulgadas con un tiraje limitado de quinientas copias. El disco se tituló *Las versiones demo*, y salió en 1997. En 1998 el grupo graba formalmente su primer disco en el estudio Cubo 16, producido por ellas mismas. El trabajo sale a la luz hasta el año 2000, bajo el título de *Yo fui una adolescente terrosatánica* y, nuevamente, es Munster Records quien se encarga de editarlo y distribuirlo. Cabe decir que hasta ese momento no era común que sellos independientes internacionales editaran a grupos mexicanos.

El CD abre con "Monstruo Verde", la primera composición de Jenny Bombo. Un *surf* bien logrado que, incluso, las llevó a aparecer en el *soundtrack* del filme *Perfume de violetas*, lo que permitió que el grupo fuera conocido por un público más amplio. Uno de los éxitos inmediatos fue "Vente en mi Boca", inspirado en la canción "Come Into my Mouth" del grupo Thee Headcoats (proyecto del compositor e intérprete Billy Childish). También encontramos su versión de "I Wanna Be Your Dog", de The Stooges, basada en la versión de la banda femenina de *punk* española Vulpes ("Quiero Ser tu Perra"). La influencia de la sicodelia, el *garage* y el *stoner rock* es notoria.

Hasta entonces en México no había grupos femeninos que tocaran *garage* o *surf* y cuyas letras arrojaran connotaciones sexuales tan directas. ¿Su identidad? *Rock* femenino con una carga sexual desinhibida que también aborda explícitamente el tema de las drogas, como ocurre en

"Dulce Hoja", que no es más que una versión de "Sweet Leaf", de Black Sabbath.

Después de grabar *Yo fui una adolescente terrosatánica*, sale de la formación Suzy-A, quedando Jessy Bulbo como principal vocalista. Desde entonces, la agrupación quedó reducida a un trío. Años después saldría Jessy y su lugar sería ocupado por Roxy Glam. En 2002 el grupo grabó su segundo álbum, *Oh sí, más...más!!!*, y hacia 2006 apareció su tercer trabajo, *Corazón rocker*, completando así los tres discos que conforman la discografía de Ultrasónicas, quienes fueron teloneras en las presentaciones de Sonic Youth y Misfits en México, en 2004 y 2005, respectivamente, y también aparecieron en el *soundtrack* de *Matando cabos*. La actitud que el trío ha imprimido en sus presentaciones, en sus letras y en su música, ha abierto una veta, pues es posible notar su influencia en grupos como Le Bucherettes y Descartes a Kant. Ya individualmente, Jenny Bombo formó la banda de *stoner rock* Occulta y Electric Rush; Ali Gua Gua es parte de la agrupación argentina Kumbia Queers; Jessy Bulbo se ha presentado como solista y Tere Farfisa apareció en la banda de *garage* Mustang 66. Cada una de ellas busca mantenerse vigente. Las Ultrasónicas siguen ofreciendo conciertos; un buen recorrido para un grupo que nació con espíritu subterráneo.

Varios

Nortec Collective: The Tijuana Sessions Vol. 1
Palm Pictures, 2001

Julián Woodside

The Tijuana Sessions Vol. 1 es el primer compilado de larga duración del colectivo tijuanense Nortec. Si bien ya habían publicado los discos *Nortec Sampler* (1999), *Spaced Tj Dub* (1999), *Nortec UNO* (2000), *Nortec DOS* (2000) y *Nortec Experimental* (2001) —todos editados por Mil Records, a excepción de *Spaced Tj Dub* que fue editado por Tlahuilia Records—, se considera a *The Tijuana Sessions Vol. 1* como el primero ya que gran parte de la población no tiene noción de su existencia y son de difícil acceso, mientras que éste sería el disco que los diera a conocer alrededor del país, recibiendo muy buenas críticas y difusión por parte de diversos medios nacionales e internacionales.

La selección estuvo a cargo de Jorge Ruiz, Pepe Mogt y Ramón Amezcua e incluye catorce canciones de artistas como Bostich (Ramón Amezcua), Fussible (Pepe Mogt), Panóptica (Roberto Mendoza), Plankton Man (Ignacio Chávez), Terrestre (Fernando Corona, también conocido como Murcof), Clorofila (Jorge Verdín y Fritz Torres), e Hiperboreal (Pedro Gabriel Beas), donde cada uno de los participantes combina elementos de la música norteña, tambora y banda con estilos electrónicos como el *chill out*, el *house*, el *dub* y el *techno*, combinación que ha sido considerada como el sello característico de Nortec, por lo que *The Tijuana Sessions Vol. 1* no sólo le permitió al colectivo hacerse de renombre a nivel internacional, sino que logró que cada uno de los participantes despuntara al crear estilos que fusionaban la electrónica con la manipulación de sonidos "mexicanos".

Al respecto se puede afirmar que la propuesta plasmada en *The Tijuana Sessions Vol. 1* permitió al colectivo desarrollar, ante los oídos de la crítica, un sonido que se consideró como original e innovador, algo que probablemente no había ocurrido desde la música de Juan García Esquivel, ya que múltiples apropiaciones dentro del *rock*, el *jazz* e incluso el *hip hop* han sido tachadas de "burdas imitaciones" o buenos "intentos", mientras que a Nortec se le consideró como una renovación de lo que se podría definir como "sónicamente mexicano" al unir y reinterpretar lo "tradicional" con lo "moderno". Sin embargo, cabe aclarar que indudablemente en las últimas décadas han surgido infinidad de nuevos estilos musicales en el país, pero dichos estilos no han dejado de ser considerados como "regionales" por la crítica —o en su defecto no han sido bien recibidos—, mientras que el sonido Nortec tuvo una proyección internacional desde sus inicios.

La labor del colectivo, conformado también por diseñadores y artistas plásticos, ha significado un reacomodo cultural para la ciudad de Tijuana en la última década, a la vez que estos músicos han recibido un fuerte apoyo y difusión gubernamental, permitiéndoles presentarse en diversos eventos como el pabellón mexicano de la Expo 2000 en Hannover (Alemania), la celebración de la llegada del año 2000 en el Zócalo de la Ciudad de México y la inauguración de los XVI Juegos Panamericanos 2011 en Guadalajara, Jalisco. Asimismo, aun cuando los miembros del ahora extinto colectivo se han distanciado y han desarrollado otros proyectos, el sonido "Nortec" ha llegado a diversos puntos de Estados Unidos, Europa, Japón y Latinoamérica, ya que sus integrantes se han presentado en festivales como Coachella (Estados Unidos), WOMAD (Reino Unido), Eurockéennes (Francia), Mutek (Canadá/ México), Cervantino (México) y Vive Latino (México), además de tocar en foros como los premios de MTV Latinoamérica y el Palacio de Bellas Artes de la Ciudad de México y de haber recibido nominaciones a los premios Grammy y Grammy Latino.

Finalmente, ha sido tal la trascendencia de lo que detonó *The Tijuana Sessions Vol. 1* que existen varios libros que han profundizado en el tema, de los cuales cabe destacar *Paso del Nortec: This is Tijuana* (Trilce, 2003) de José Manuel Valenzuela Arce, y *Nor-tec Rifa! Electronic Dance Music from Tijuana to the World* (Oxford University Press, 2008) de Alejandro L. Madrid, demostrando el fuerte impacto que generaron estos músicos en lo que se podría denominar como la identidad sonora mexicana y fronteriza.

La Perra

Fricción visual
Opción Sónica, 2001

David Cortés

El *power* trío es una de las alineaciones clásicas del *rock*; en ella se resume fuerza, enjundia y consistencia. Tal vez por eso resulta sorprendente que esas mismas cualidades, incluso sublimadas, puedan darse en La Perra, un dueto conformado por Perico (batería y voz) y Elena Sánchez (guitarras y bajo) que en ésta, su segunda producción, consiguió redondear aquello que iniciara un par de años antes con un álbum homónimo.

Intentar clasificar esta música es complicado. Si bien en ella encontramos atisbos del *math rock*, la mayoría de las composiciones se inclinan hacia el *rock* en oposición, a una de sus facetas más densas. Aquí, hay temas que son hiperquinéticos, por ejemplo el corte que da nombre al disco es una persecución constante entre ambos instrumentos que parece nunca terminar, pero que sí presenta matices, descensos (pausas) que son preparatorias para la oscuridad. Una composición como "El Jam de la Víbora" se antoja parida por un alienígena, es un *rhythm and blues* semicósmico, con giros *jazzísticos* en la batería, cambios de tiempo, redobles, paradas, momentos de relativa tranquilidad a la mitad, pero con una cualidad *blue-*

sística que se recupera con mayor énfasis en el último tercio del *track*. "Pop Cósmico" tiene en los teclados a Alejandro Giacomán como músico invitado y él imprime con su instrumento ese toque cósmico y de "espacialidad" a un corte que evidentemente no tiene nada de pop y en cambio es una especie de *jamming* deudor un poco del *krautrock*, pero más de un *free trading* de notas. A ese mismo Giacomán el dueto dedica "Blues Acojinado", un tema de atmósferas y muy sentido que se acelera en su parte final. Es una tercia de cortes desperdigados a lo largo del disco en donde La Perra nos deja ver su mirada sobre el *blues*, una mirada angular, sesgada.

"Pieza de Baile", es una ironía. ¿Cómo bailar esto que parece un ritmo dislocado, que no encuentra la forma de normalizarse, de hallar salida a un callejón sin salida planteado por el mismo tema y que el bajo busca afanosamente, aunque esconde su desesperación en una aparente frialdad? Al igual que con el *blues*, también el amor es visto y visitado de forma *sui generis* por La Perra. "Mal de Amor" es lo más cercano a una balada que ha estado el grupo, es lenta, pausada, con una ligera carga dramática; en vez de vehemencia, Elena Sánchez crea, con su bajo, un sonido farfullante, que anhela un recuerdo, es una evocación y en ese intento logra transmitir una intensa calidez. Igualmente con tintes de balada es "Sexta Extinción" que es lenta, pero con un movimiento en espiral y en donde el ascenso o descenso, porque también puede serlo, es un atisbo a esa intención señalada en el título.

Tal vez la mejor manera de encontrar una forma de definir a La Perra es a partir de lo que no es y en ese sentido la agrupación no es nada convencional. Su acercamiento a ciertos géneros canónicos así lo demuestra, por ejemplo con el *blues* o la balada. Y en ese sentido, la música norteña tampoco se escapa de pasar por ese filtro delirante. "El Darketo Norteño" tiene como invitado a Humberto Álvarez que da con su acordeón un toque *semifolk* a la composición, obvio es un *folk* hiperquinético, paranoico, sugerente, delirante si se quiere, pero muy efectivo que luego comienza a descender hacia las tendencias más experimentales y oscuras del *rock* en oposición.

Siempre, cuando se tiene la sensación de que se ha logrado descifrar las claves de la música de La Perra, surge un nuevo "misterio". "Nostalgia", un homenaje a Metallica, surge de las entrañas de "Master of Puppets".

La Perra puso en *Fricción visual* una piedra más a ese edicifio que es la música experimental de México, su aportación es una de las más sólidas del inicio del siglo, un disco pulido, en donde no hay resabio alguno. Aquí hay fuerza, enjundia y mucha consistencia. De principio a fin, un disco rico en detalles, de abigarrada construcción, disfrutable.

Zurdok

Maquillaje
Manicomio / Universal, 2001

Alejandro González Castillo

Se le denominó Avanzada Regia al puñado de músicos que con acta de nacimiento expedida en Monterrey irrumpieron en revistas, radio y televisión a mediados de los noventa del siglo XX. Aquella camada se caracterizó por carecer de un rostro definido —su madeja de sonidos era tan variada como la facha de cada uno de sus integrantes— y en ese sentido, desde su nacimiento, Zurdok Movimiento se asomó como un combo mucho más ambicioso que el resto de sus compañeros. *Maquillaje*, la lápida de su historia discográfica, certifica cabalmente tal argumento.

Luego de hacer a un lado sus escarceos con el *rap* y deshacerse de tres músicos, además de su viejo apellido, Zurdok decidió andar la vereda marcada por *Hombre sintetizador* (Manicomio, 1999), su álbum previo, para extraviarse en una densa ramada donde la sicodelia y la experimentación se erguían como los troncos más firmes del paraje. De esta forma, Chetes, Mauricio Terracina, David Izquierdo y Fletch Sáenz firmaron su obra menos complaciente de modo colectivo, aunque tiempo después el bajista y el cantante afirmarían que en realidad fueron ellos dos quienes idearon y pusieron en práctica los conceptos planteados en un disco de enigmática tapa y ácidas entrañas.

Producido por Peter Reardon en los estudios Capitol (Hollywood) y Tetragamatron (Pasadena), el tercer disco de los norteños escapa de los coqueteos con la radio fórmula desde el tema abridor, "Para Siempre", donde se trazan las líneas que han de conformar una obra tan colorida y, por instantes, perturbadora como la pintura ideada por Mark Flood que fue usada como portada. Disonancias obnubilando los acordes pisados en viejos teclados, así como cuerdas limpias, y otras mugrosas, acompañadas de armonías vocales, divagan sin empacho en los surcos más hondos de la mente de Chetes, quien entonces se mostraba tan dubitativo como críptico en títulos de lo más elocuentes, como "Sin Explicación", "Por el Suelo y a Correr (Tienes Algo que Esconder o Sujetados a los Pies)", "Ligero Como el Viento" o "Dentro de un Mensaje".

Con las manos desatadas y las posibilidades que ofrece un estudio sin restricciones técnicas, el cuarteto no escatimó en producción y lo mismo echó mano de oboes que de arpas, de violines que de cellos, de flautas que de trombones. Pareciera que entre menos vulgar fuese la idea planteada, más posibilidades tenía de ser concretada en el estudio de grabación, y para ejemplo está el aletargado final de "Carros al Cielo" o los casi diez minutos de duración de "Bien o Mal", donde más de la mitad del *track* está ocupado por un Rhodes que a solas dibuja escenas tan floridas como las intrincadas armonías vocales de "Estático" y su inasible entramado rítmico.

De ánimo totalmente "jipiteca", *Maquillaje* bien pudo haber sido firmado por El Tarro de Mostaza o Kaleidoscope. En ese rol, el tufo ácido, mezcla de mota con pachuli, respinga especialmente en los oídos en el par de interludios que visitan exitosamente escenarios bien conocidos por The Flaming Lips; piezas que contrastadas con los aires campestres de "De Afuera Hacia Adentro" (la única tonada cuyo perfil podría emparentarse con un sencillo radiable) ganan ondulaciones.

Maquillaje es la crónica de una cacería infructuosa, una búsqueda cuyo final jamás se conoció, pues tras la disolución de Zurdok, Terracina y Chetes formarían Vaquero, un grupo mucho menos arriesgado. Por otro lado, las posteriores carreras solistas del mencionado par de artífices tampoco terminarían de retocar el rostro oscuro que aparece en la tapa de este disco. Así, Chetes optaría por un *pop* de lo más relajado mientras Mauricio apostaría por la densa negritud de The Volture.

Pese a gozar de los favores del aparato mediático, Zurdok fue un grupo en cierta medida incomprendido por un público que jamás supo en cuál cajón había que guardar su breve discografía. Sus presentaciones en directo regularmente tenían como constantes la frustración y el fracaso, mezcla de la siempre incompleta lista de requerimientos técnicos sobre el escenario y la falta de atención de la audiencia, quien prefería gozar de la polvareda del *slam* acompañada de música mucho menos complicada. Zurdok; uno más de los pocos grupos que, cobijado por un sello transnacional, consiguió hacer lo que le vino en gana, sin atender porcentajes de ventas y aprovechando al máximo los fajos de billetes que los ejecutivos se atrevían a gastar. Tan sólo bajo esa perspectiva, *Maquillaje* simboliza todo un triunfo.

La Live Band

La Live Band
Happy- Fi / EMI, 2002

Alejandro González Castillo

Algunos cuantos discos de Three Souls in my Mind fueron los encargados de solidificar el encuentro musical entre Gustavo Mauricio Hernández y Aldo Marroquín en su años como bachilleres. Ya luego vendría The Velvet Underground, de cuyas tetas mamó el par de norteños hasta quedar lo suficientemente empachado como para decidirse a formar un grupo ajeno a las tendencias que la mayoría de sus colegas del colectivo Happy-Fi entonces prefería: hacer música a solas desde su habitación, sin más herramientas que una computadora.

Acompañados del culiacanense José Gabriel Cárdenas (conocido como Goma) en el bajo y la guitarra, Adrián "Bombón" Guardiola (Niña) en la guitarra y Mario Alberto López (Mario★) en el bajo, el piano y la guitarra, Gustavo (guitarra, batería y armónica) y Aldo (batería y guitarra) decidieron, entre tragos, olvidarse de una vez por todas del *software* para regresar al bulbo. Así, se encerraron en un cuarto de ensayo que a la tercera cita ya los alojaba orgullosos de un repertorio tan atractivo como para presentarlo en directo. Bajo la premisa de que para hacer buen *rock and roll* basta con contar hasta cuatro y pegarle duro a lo que se tenga a la mano, encontraron en las cantinas el escenario ideal para rasparse los dedos y la garganta, por eso trazaron un mapa de tugurios atestados de borrachos y bautizaron su futura excursión con un título exótico: African Woman Cantina Tour. Así, de jueves a viernes durante cuatro semanas consecutivas, el centro de Monterrey atestiguó cómo los músicos, rodeados de un contingente de alrededor de veinte personas, ocupaban tarimas con amplificadores, brindis, guitarras y risotadas, acompañando los acordes de "Waiting for You".

Para entonces, el grupo no contaba con un nombre (The Fool Moons se asomaba como el denominativo preferido), aunque solía referirse a sí mismo como La Live —debido a que su primer mandamiento era tocar en directo—, quizás debido a que la urgencia por imprimir en un disco el espíritu que rondaba sus composiciones era superior a menudencias como la de consensar un apelativo. Como si cada paso de las manecillas del reloj operase como una puñalada, el quinteto rápidamente decidió que la sala de Rosso (Plastilina Mosh) era el espacio ideal para grabar los días 27 y 28 de abril de 2002 lo que llevaba semanas confeccionando. Seguro de que la primera toma es la mejor y que la sobreproducción está bien para los certámenes de belleza, el combo intercambió instrumentos entre sí durante la primera jornada (incluso en "Baby Baby" y "Sexxy Mama" se acredita un par de bateristas simultáneamente) y al siguiente día lo mismo ocurrió con las voces. De esta forma, quien gritase lo suficientemente fuerte tenía un lugar asegurado frente al micrófono.

Mezclado en vivo en una pequeña máquina, el que a la larga sería el debut y despedida de La Live Band jamás fue masterizado. En frío, tras grabar los diez temas que lo integran, se empacaron una centena de copias cuya tapa (un sujeto portando una escopeta) fue la versión bastarda de un EP originalmente firmado por Gilles Marchal.

Tuvo el tino de no caer en la tentación de confundir gamberrismo con ímpetu salvaje, pero el grupo desafortunadamente tropezaría pronto, enredado en la urgencia de sus propios pasos. Apenas unos días después de concretada la grabación, Hernández partió a España para encontrar a su regreso que La Live Band agonizaba; sus viejos camaradas, ansiosos igual, se encontraban ya inmiscuidos en otros proyectos.

Gracias a los atributos que ofrece una vida fugaz en el mundo del *rock*, el grupo ganó reconocimiento de boca en boca hasta que, tres años después, Camilo Lara (entonces una de las cabezas de EMI) hizo un *label deal* con Happy- Fi. Del trato saldría un acoplado con lo más significativo del sello norteño y los discos *Laredo love*, de Niña; *How to make independent friends*, de Mario★; *Spooky momento*, de Arizona; y el álbum homónimo de La Live Band. Aunque, para evitar problemas con Marchal, la nueva portada presumía una de las camisetas que el grupo llegó a portar durante sus presentaciones. Exceptuando los detalles gráficos, el contenido del plato es exactamente el mismo que se encuentra en los cd's grabables que el grupo repartió antes de su contrato trasnacional.

Y, ¿a qué suena exactamente esa decena de temas de La Live Band? Porque ya se ha deambulado mucho alrededor de ellos sin siquiera rozar sus compases. Es Hernández quien tiene la respuesta, y es directa. Como cada una de esas composiciones, no se extravía en vericuetos: "a mucha mota, a muchas caguamas y a mucho chingue a su madre".

Los de Abajo

Latin Ská Force/ Ská
PPLobo Rec, 2002

David Cortés

La vida de Los de Abajo es un retrato fiel de lo que le sucede a un grupo cuando el sueño de la internacionalización se alcanza, pero sin ver el costo de la apuesta. El combo debutó discográficamente en 1998 con un álbum homónimo editado en Luaka Bop, sello comandado por David Byrne, el ex Talking Heads. Un par de años después apareció un segundo disco, también en dicha compañía, aunque para entonces el grupo era una banda fantasma en México. A pesar de contar con un par de producciones, su presencia en el mercado nacional era raquítica; había presentaciones constantes, pero sus discos —cuando los *downloads* eran apenas un presagio— prácticamente eran inconseguibles.

"Estábamos marginados —dice Liber Terán—". Fue así como el grupo pensó en hacer un trabajo que, primero, no apareciera firmado con el nombre de Los de Abajo y, segundo, estuviera más cercano a la entonces bullente escena del *ska* en México. El proyecto original era que el álbum aparecería firmado bajo la autoría de Latin Ská Force con el título de *Ská*, para así evitar alegatos legales con Luaka Bop. Y aunque finalmente estos problemas nunca se presentaron y se contó con la anuencia de la disquera norteamericana, el disco apareció con el título original y sólo presentó una leyenda en letras pequeñas en la parte superior izquierda de la portada en donde se afirma: "Disco producido por Los de Abajo".

Latin Ská Force resultó un éxito. Para su elaboración se invitó a diferentes músicos y cantantes, sin importar la extracción y el género de los mismos. De esa forma, en los 24 cortes que dan vida a este trabajo encontramos la presencia de vocalistas como Julieta Venegas ("Skápate"), Rita Guerrero ("Esto no es una Elegía"), Kenny ("El Insecto"), Iraida Noriega ("Jericó") al lado de Horacio Blanco (Desorden Público), Alex Otaola (entonces en las filas de Santa Sabina), Piro (Ritmo Peligroso) o Francisco Barrios "El Mastuerzo" (Botellita de Jerez).

Latin Ská Force es una gran celebración, no sólo porque la mayoría de la música que le da vida es festiva y caliente; también porque en él se da, inusualmente para la escena nacional, una convivencia de músicos y géneros que tal vez nunca antes habían pensado en la posibilidad de cruzar sus vidas artísticas. Desfilan integrantes de Banda Elástica (Sósimo Hernández), Sociedad Acústica (Marcos Miranda), Víctimas del Dr. Cerebro (El Abulón) y Bersuit Vergarabat (Óscar Righi y Cóndor Sbarbati). La lista es amplia, pero lo mejor de esta convivencia intergeneracional e intergenérica son sus contundentes resultados.

De este disco surgieron cortes memorables como "Skápate", "Voy Buscando" o "Labios Rojos", temas que lograron impactar rápidamente en una generación que empezaba a romper los diques existentes entre las distintas corrientes de la música y que abrazaba sin rubor alguno estas canciones sin discriminar prejuiciadamente. Hay *covers* en los que la vocación de enlazar tendencias es dominante ("Jericó", "Summertime"), temas de una furia insana, pero en los que también se apuntan las tendencias que en el futuro habría de seguir la agrupación, como "La Fuga" o "La Polka Pelazón".

Corte a corte, más los pequeños interludios que se ubican entre canción y canción, *Latin Ská Force* es un disco que va creciendo. Hay, probablemente, detalles que pudieron haberse pulido en la producción a cargo de Yocupitzio Arellano y Pavel Sandoval; pero después de salir a la luz, Los de Abajo dejaron de ser una aparición fantasmal para convertirse en una realidad. Además, agreguemos que éste es uno de los pocos trabajos nacidos en el seno del *rock* mexicano en donde los músicos de distintas procedencias se vuelcan para trabajar en un fin común, sin cuestionar la validez del proyecto. Los puentes comunicantes, tan necesarios en la música de este país y que se tendieron sin ambages para este disco con resultados encomiables, esperan almas deseosas de cruzarlos nuevamente.

"Es un disco muy variado —sentencia Líber Terán—, yo creo que por eso le gustó a la gente. No es un disco de *ska* nada más; fue un álbum demasiado callejero, parte del proceso histórico que estábamos viviendo".

Charlie Monttana

Hotel Barcelona
Discos y Cintas Denver, 2002

Alejandro González Castillo

¿Quién está bajo la maraña de cabellos amarillos que se enredan en la tapa
de este álbum? Un tipo que se hace llamar Charlie Monttana, quien escribe y canta temas del calibre de "Empanízame la Mojarra" y "Ya Bájale de
Huevos" y cuya voz luce lastimada tras las friegas de alcohol a las que su
dueño la ha acostumbrado. Menudo y rollizo, sobre el escenario Charlie
luce como un hijo putativo de Mick Mars y Lita Ford, sin embargo, Carlos
César Sánchez Hernández suele decir que sus progenitores fueron Charles
Bukowski y Janis Joplin para luego ahondar en detalles vitales, como que
el sexo desordenado, las drogas y la violencia lo acompañan desde que era
adolescente y que su religión es una botella de Jack Daniel's. Con esos
antecedentes, a ver cuántos se envalentonan para sostener el trote de este
disco, a juicio de su propio autor, uno de sus mejores trabajos.

    Hotel Barcelona fue grabado en poco más de un semestre, en medio de
un ambiente "mágico", según el propio Charlie asegura, en estudios

de grabación ubicados en Nueva York y México. El plato aloja trece temas encabronados con aquellos agazapados "maricas enarbolando una bandera de falsa rebeldía", pero que al mismo tiempo dejan un recoveco para los de víscera cardiaca débil, eso sí, bajo la advertencia de que "cuando hay que ser sentimental y sublime" debe ser "genuina la actitud". De esta forma, Monttana pasa de la nostalgia urbana de "Tu mirada" al drama con referencias a los culebrones televisivos de "Ojalá Fuera un Cuento"; de un inocente bolero llamado "Ramillete de Piernas" a esa herida *power ballad* titulada "Y Sufrirás"; del *rock and roll* clásico de "Llegaste Borracha" (poseedor de un planteamiento fundamental en las juergas clandestinas: "si llegas peda, ¿cuál es el pedo?") a "Bye Bye Abur", el *blues* de un sujeto que ha soportado estoicamente demasiadas "pendejadas" por parte de su chica.

Mención aparte merecen dos *tracks* que se erigen como los mejores del álbum. En primer lugar se encuentra un *tex-mex* llamado "Pinche Pancho"; la historia de un "naco, gacho y nopalón" que "se siente bien gabacho", alguien a quien, tras volver de Estados Unidos, "se le hace gacho el barrio y se avergüenza del lugar donde nació". Aunque quizás el malinchismo no sea la peor cualidad del citado inmigrante, sino el hecho de que confunda al amor con las "ganas de miar". El segundo premio lo sostiene "Sola", poseedora de un trabajo de metales que afila una composición apestosa a tabaco y desvelos, cuya filosofía etílica es provocada por una mujer que cierto sábado portaba la lengua como corbata, alguien que el autor recuerda desesperado, tras haberla "visto borracha en una chelería del Chopo".

Desgarrado y ansioso, el denominado "novio de México" no se detiene en atender bagatelas como la afinación de su voz o su falta de delicadeza al momento de empuñar la pluma. Sabedor de que una vez puesto a la venta *Hotel Barcelona* le provocaría comezón a unos cuantos, decidió hacer ciertos apuntes para los quisquillosos: "algunos de estos temas están plagados de malas palabras que sólo emplean los pelados, los léperos, los pelangoches, los ñeros con los que no hay que juntarse. Porque la peladez es contagiosa, acaba con la gente decente. Por eso a mí, valiéndome madre, hice lo primero que se me vino a la mente. Yo actúo al natural. Por ahí oí decir a un pendejo que se evitara vulgarizar al *rock*, que se cantara poesía. ¡Ja ja ja! ¡No me ames, que soy estéril! ¡Sí que se la jaló el putito! No terminó ni la secundaria el pendejo que critica. Lee un libro de J. Sabines de 40 varos, se lava el pelo con champú de a 15, se mete cagada por la nariz de 60 y nació antier. ¿Cómo se adjudica autoridad para decir semejante mamada cuando no se puede ni cambiar el *pamper*? ¿Qué pedo con ese güey?".

Charlie Monttana, el sujeto de cabellera encrespada que mira retador desde la portada de este álbum, escapó de las fauces del denominado *rock* urbano para internarse en una fantasía que él mismo construyó y que, tras años de marginación, terminó por ser aplaudida a nivel masivo gracias a un *reality show* donde el cantante hizo frente a las cámaras lo que solía con sus compinches años atrás, entre la polvareda del barrio: eructar blasfemias. Ya instalado en las marquesinas mejor iluminadas —festival Vive Latino, por ejemplo— Monttana le enseñó a quienes descubrieron el mundo del *rock* gracias a Ticketmaster que al nivel de las coladeras también existe una industria musical desde hace décadas. Y lo hizo con los pantalones bien puestos. Los pusilánimes se burlaron de él, sin embargo, Charlie ha sabido ignorar a esa gentuza desde hace décadas porque siempre ha tenido la certeza de que la suya no es una pose. Después de todo, bajo ese erizado cabello hay un tipo que tiene muy claro que su ruta cuenta con una sola dirección: las estrellas.

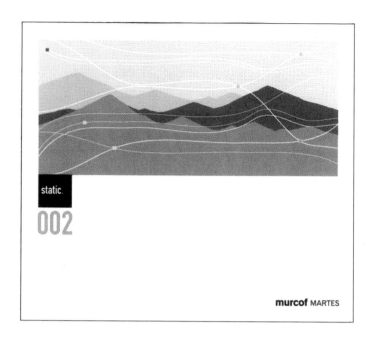

Murcof

Martes
Static Discos/ Leaf, 2002

Julián Woodside

Martes es el primer LP del músico tijuanense Fernando Corona bajo el seudónimo de Murcof, uno de los músicos experimentales mexicanos que más reconocimiento ha recibido en los últimos años por parte de la crítica internacional. Fue grabado, mezclado y producido en el estudio Plasma, en Tijuana, Baja California, por el mismo Corona. El disco, conformado por nueve piezas compuestas en su totalidad por Murcof, ha significado un parteaguas dentro de la producción musical electrónica en México por la sutileza e impecabilidad en la producción, además de ser considerado por la crítica internacional como, literalmente, una "obra maestra" dentro del género, recibiendo buenas críticas en Francia, Alemania, Inglaterra y España. En este sentido, *Martes* ha sido comparado con lanzamientos de músicos contemporáneos de amplio reconocimiento como Aphex Twin, Alva Noto y Arvo Pärt; mientras que en México su música ha sido, en conjunto con la del músico de Mexicali Rubén Tamayo "Fax", una de las principales propuestas de la escena electrónica experimental minimalista.

El sonido de *Martes*, difícil de describir en un inicio, pero que indudablemente genera placer al escucha, consiste en bases y texturas electrónicas minimalistas con sutiles elementos rítmicos y arreglos instrumentales de piano y cuerdas, además de algunas inserciones vocales, ocasionando que el disco sea ubicado dentro de los estilos denominados como clásico moderno, *glitch* e *intelligent dance music*, todos caracterizados por una fuerte experimentación sonora y manipulación digital. Asimismo, la producción de Murcof demuestra maestría en la edición de audio, generando fracturas y manipulaciones microscópicas que dan como resultado un disco con mucha sensibilidad, energía y fluidez que atrapa desde los primeros instantes a través de múltiples capas y texturas sonoras.

Fernando Corona, quien además ha colaborado con el colectivo Nortec bajo el seudónimo de Terrestre y fungido como productor y músico de diversos proyectos musicales del norte del país como Sonios, Kobol y Fax, presenta en *Martes* una producción sólida y una madurez musical que no sólo pocas veces ha sido percibida en la electrónica mexicana, sino que también tomó por sorpresa a los críticos alrededor del mundo por la calidad, elegancia y propuesta sonora de este músico tijuanense. Tras el lanzamiento de *Martes*, Corona se ha dedicado a editar otros discos que también han sido bien recibidos por el público y la crítica. En este sentido encontramos producciones como *Utopía* (2004), *Remembranza* (2005), *Cosmos* (2007) y *The Versailles Sessions* (2008), todos bajo el sello británico Leaf, además de un disco en conjunto con el trompetista suizo/ francés Erik Truffaz (2008, Blue Note/ EMI Music France), donde explora con las sonoridades del *jazz*; asimismo produjo la banda sonora de la película del 2007 *La sangre iluminada* (2009, Intolerancia) del mexicano Iván Dueñas, donde además de haber compuesto piezas originales para la película, realizó una remezcla de la canción "Cómo Quisiera Decirte", original del conjunto chileno Los Ángeles Negros.

La propuesta musical y la particularidad de su sonido le ha permitido a Corona abrir puertas en diversos festivales de música, arte sonoro y artes visuales tanto en México como en otros países, tales como Mutek en México, Sonar en Barcelona, Decibel en Estados Unidos y Boom Festival en Portugal, además de recibir el premio francés de música electrónica QWARTZ como artista promesa y participar en infinidad de instalaciones y presentaciones financiadas por diversos gobiernos, tal como ocurrió con su presentación en el *Grandes Eaux Nocturnes* del Palacio de Versalles en Francia. Finalmente, la música de Murcof, que ya desde *Martes* demostraría mucho potencial, es considerada actualmente como una de las propuestas electrónicas experimentales más interesantes, tanto en México como el mundo, haciendo de Fernando Corona un músico que podría denominarse "de culto" para los seguidores del género, ocasionando el posicionamiento de México como un espacio de producción musical electrónica de calidad dentro del mapa de la escena global.

Varios

Emergente. Un retrato de la escena alternativa mexicana   Suave Records, 2002

Alejandro Mancilla

Mucho de lo que con el paso del tiempo se consideraría como sinónimo de vanguardia juvenil y modernidad en la segunda mitad de la primera década del siglo actual, comenzó con este par de discos. Se trata de un catálogo post 2000 de lo que fue el *rock*, el *pop* y la electrónica nacional en esos años un tanto perdidos en la historia de la música alternativa en México y que reúne a esas bandas que supuestamente eran el futuro de la escena... si las cosas hubieran fluido sin depender de factores como el hecho de que el *rock* mexicano de manufactura tradicional no estaba muy acostumbrado a las maniobras del *indie*.

El acoplado originalmente iba a ser triple y tras muchos cambios se quedó como un CD doble —dividido por material electrónico y *rock*, es decir, sonidos más viscerales— y fue la consecuencia de la búsqueda de bandas nuevas que en su momento emprendió el efímero sello, hoy de culto, Suave Records, tomando también el muestrario de algunos sellos independientes como Happy-Fi o Nimboestatic. Si bien finalmente fueron seleccionados muchos grupos relucientes, recién estrenados, se trató más bien de la reunión de los lados B de muchos músicos ya consolidados en ese momento.

Es así como encontramos en el primer disco la única canción inolvidable de Julián Lede (Titán) y su personaje Silverio, "Yepa, Yepa, Yepa", tema que se convertiría en un himno para los jóvenes *kitsch* que gustaron de los grupos de *playback* y *laptop* con sonidos ásperos en los años posteriores. También encontramos a Sonido Lasser Drakar, el proyecto de Emilio Acevedo (otro Titán), cuyas ramificaciones luego tuvieron aires más *pop*, pero que con "Pontiac Firebird 82" influyó a ese movimiento electrodoméstico que prosperó entre los años 2005 y 2008. En el primer volumen destacan Duopandamix, con "Royal Robot" y sus 8 *bits* bailables; Cometa, con "Holy Paprika" y sus evocaciones a la "bella época"; Natos, practicante del *mexican avant garde* con sombras de Esquivel y *beats* heredados de Kraftwerk; y el IMS (Instituto Méxicano del Sonido), debutando con "Cha, Cha, Cha", uno de los primeros esbozos del proyecto de Camilo Lara, fundador del sello. Aunque también hubo lugar para *tracks* más densos y experimentales, como "Memoria", de Murcof, y "Dance May", del ex-Titán Sánchez Dub. El primer disco aborda una especie de electrónica moderna que quizás en su momento, y de manera inconsciente, trataba de recuperar esas raíces mexicanas de antaño para revolverlas con lo que entonces era denominado actualidad; una filosofía DIY ayudada de una Internet retardada.

En el segundo CD destaca el *hip-hop* nacionalista e irónico de Orgullo Mexicano, con "El Sindicato de los Morenos", además de "Polvo", la canción de Bikini, el proyecto de Paco Huidobro, de Fobia (con Jay de la Cueva), que con los años se denominaría Los Odio! Otro de los buenos momentos del acoplado es "Voltage is ok!", de Los Fancy Free, con sus nexos muy a la *disco-punk-new wave* que aún resisten el paso de los años. También es destacable la inclusión de Intestino Grueso, combo *punk* clasemediero que hacía letras increíbles y que de vivir en un mundo justo se hubiera convertido en estrella de *rock* si un Raúl Velasco zombi le hubiera dado la patada de la suerte. El resto del disco consta de bandas como Sofá (sobreviviente de los noventa que incluía a integrantes de Kinky y Resorte), Villa Jardín (el proyecto instrumental de Rubén Albarrán de Café Tacvba), Niña (con "Godzilla", su mejor canción a la fecha), Maple (una desaparecida buena banda regiomontana onda Stereolab, cuya cantante era de Córdoba, Veracruz), d3NdRON (proyecto de un integrante de

Niña), Misioneros (con una muy buena canción llamada "No Quiero") y Revólver (capitalinos que le debían la vida a Pixies).

Pepe Casanova, quien posteriormente fuera el rostro de MySpace México, fue el encargado de la selección musical y de armar el numerito, además de tener que soportar a tantos músicos que le llevaban *demos* para luego telefonearle a cada rato preguntándole por qué su grupo quedó fuera de la lista final. Con los años, el compilado, engalanado con la foto de Sergio Andrade, se ha convertido en un curioso documento de lo que pudo ser un nuevo *boom* del *rock* mecsicano, pero del cual sobreviven pocos (algunos editaron luego sus discos de manera independiente, o se refugiaron en sellos como Noiselab). Sin embargo, el acoplado dejó huella en las huestes que luego harán del *mecsican indie* un estilo de vida, independientemente del uso distorsionado del término al asociarlo con cuestiones estilísticas más que con una forma de distribución musical o de principios.

Volován

Volován
Suave, 2002

Alejandro González Castillo

¿Se puede responsabilizar al alguien en especial de los prejuicios funda-
mentalistas que, aún en pleno siglo XXI, atascan ese engranaje llamado
rock hecho en México? Porque el *pop* se ha erigido, desde hace décadas,
como una suerte de enemigo a vencer y la aparición de un disco como éste,
el debut de Gonzalo y Gerardo Galván, Alejandro Gulmar y Jorge Nájera,
significó en su momento una grave ofensa para quienes, sin previo aviso,
encontraron que el contrincante de modos lindos no sólo había burlado
las vallas de seguridad del sagrado templo del *rock*, sino que se había me-
tido hasta la cocina para hacer a un lado el murciélago crudo que estaba a
punto de servirse como cena para preparar unos inofensivos volovanes.

Una vez que el imperio de Siempre en Domingo y del Rock en tu Idioma se vieron ignorados por ciertos movimientos con ambiciones igualmente comerciales, pero sin escala de registro y con rimbombantes de-
nominaciones (Avanzada Regia y Sonido Seattlelite fueron los motes más

sonados), muy pocos grupos se atrevieron a guiñarle el ojo a melodías más amables y de paso darle la espalda al aún vigente empeño nacionalista que ya apestaba a rancio. La Gusana Ciega (*La Gusana Ciega*, Intolerancia, 1996; y *Súper Bee*, Manicomio, 1997) y Jumbo (*Restaurant*, BMG, 1999), acompañados del combo angelino Pastilla (*Vox Electra*, BMG/RCA 1999), fueron de los pocos que jamás negaron su afición por el *pop*, sin embargo unos lo diluían con historias de ánimo sicodélico, otros entre fraseos con aspiraciones al *rap* y los últimos con experimentos bilingües para así generar una suerte de estruendo que no permitía escuchar lo que debajo de todo aquello había en estado puro. En realidad, fue Volován quien primero "salió del clóset", y lo hizo, por si fuera poco, con una facha que The Knack aplaudiría. Para llevar a cabo su osadía, el grupo recibió el cobijo de Suave, el entonces edén de los sellos disqueros independientes, quien rodeó aquel escape del ropero con un cuidado trabajo gráfico acompañado de un despliegue publicitario hasta entonces inusitado.

El disco debut de Volován significó un suspiro para quienes llevaban tiempo apuntando los oídos hacia España para así satisfacer su hambre de *pop*. Y vayamos entendiendo el *pop*, esa temida palabra, tal como Sinnamon Records, Elefant y Mushroom Pillow —por sólo mencionar tres sellos españoles— suelen barajarla para no extrañarse al saber que los de Monterrey consiguieron que "Ella es Azul", su primer sencillo, fuera denominado como la canción del verano en tierras donde hablar de sol y arena no es sinónimo de cumbia. Y es que con ese tema, Galván y sus compinches dieron justo en el clavo, ayudados del aliento coral de The Beach Boys, pues su aparente simpleza instrumental fue bienvenida por una generación que encontraba en The Strokes a los salvadores del *rock and roll*. Sin embargo, emparejar el sonido de los neoyorquinos con el de los norteños, como algunos se han atrevido a hacer a falta de herramientas, sería injusto; si acaso "Panqué" recuerda las bases rítmicas de Fabrizio Moretti, pero el resto de los temas, pese a no extraviarse en recovecos oscuros, luce pleno de soluciones sorprendentes de tan simples.

En *Volován* conviven en armonioso amasiato cuerdas con distorsiones, en buena medida gracias a la producción de Joe Robinson, Alejandro Rosso (con todo y su discreto autohomenaje a Plastilina Mosh en "Flor Primaveral") y especialmente Andy Chase, quien dotó de un halo de calidez las líneas de Gonzalo para así emparentar, inevitablemente, su trabajo vocal con el obtenido por el trío donde militó: Ivy.

"Lindo", "Violines", "En mi Cielo"; desde los propios títulos de los temas se determina que el cuarteto no sufría empacho al mostrarse susceptible o, por qué no decirlo tal como es: cursi. En los compases de "No

Quieres Venir" es donde se resumen con eficiencia las posibilidades de un grupo que eligió la confesión abierta como medio de escape y donde también surge la invitación a integrarse a un convite que hasta entonces muchos consideraban de lo más frívolo, pero que a estas alturas invita a plantearse la pregunta arrojada al inicio de este texto. Y la respuesta es clara: definitivamente no existen responsables certeros. Pero sí es posible decir que Volován desenmarañó algunos nudos y puso en claro que el *pop*, ese tipo campechano y sonriente que parecía inofensivo entre tanto greñudo con estoperoles, debía ser tomado un poco más en serio. Después de todo, quienes sin esforzarse demasiado llaman la atención de las chicas en las fiestas, finalmente resultan ser los contrincantes más peligrosos.

Banda Elástica

Ai te encargo
Luna Negra, 2003

David Cortés

Siempre sorprendente, imprevisible y a la búsqueda de la vanguardia, Banda Elástica es un grupo inclasificable en la historia de la música en México. Si se le ha encasillado en el *rock* progresivo, la fusión o el *jazz-rock*, esto es por una mera comodidad y porque una de sus principales influencias, reconocida y retribuida, es la obra de Frank Zappa; pero en su música hay mucho más, como lo podemos atestiguar en cada una de sus producciones.

Desde sus comienzos el grupo ha tratado de establecer un lenguaje propio y este disco no es la excepción; sin embargo *Ai te encargo* tiene la peculiaridad de que es el único álbum de Banda Elástica en donde ninguna de las composiciones pertenece a alguno de los integrantes del colectivo, compuesto en esta aparición por Juan Alzate, saxofón tenor y alto; Luis Miguel Costero, batería y tabla; Guillermo González, guitarra; Sósimo Hernández, bajo y contrabajo; José Navarro, marimba y percusiones;

Guillermo Portillo, saxofón barítono, alto y flauta. En vez de ello, la agrupación recurrió a seis compositores del ámbito de la música de concierto: Javier Álvarez, Arturo Márquez, Eduardo Soto Millán, Roberto Morales, Hilda Paredes y Gabriela Ortiz .

Evidentemente, en la mayoría de las composiciones de este álbum, aflora el *jazz* y el espíritu lúdico de la banda. "Modelo Para Armar", el corte abridor, es un *track* muy rítmico, juguetón, con pasajes que recuerdan la obra de Frank Zappa, pero en donde también se advierte la presencia de un lenguaje académico. La marimba tiene un papel protagónico, los saxofones dialogan e inclinan el tema hacia el *free jazz*, incluso hay instantes en donde la guitarra incorpora elementos del son.

La tónica impuesta prosigue en "Azul Ocre", un tema de Arturo Márquez que funciona como una mezcla entre el *blues* y el son, cargado de dinamismo, con tintes muy festivos y en el cual se presentan algunos pasajes improvisados.

"Suite Antonia", de Eduardo Soto Millán, es la pieza con una orientación más decidida hacia la música contemporánea. Se divide en dos partes y en la primera es la flauta el instrumento dominante; en la segunda se recupera el *input jazzístico* y destaca el solo del sax invitado de David Barrett y la guitarra *funky-jazzeada* de Guillermo González.

En "Banda 1" se hace presente otra de las tendencias sonoras de Banda Elástica: el *rock* en oposición. Aquí hay una fusión que se teje elegantemente con los elementos *jazzísticos* de la banda y la música contemporánea y una prueba palmaria es, entre otras, cómo la flauta va "volando" sobre un bajo que le sirve de red de protección.

"Tres Piezas" de Hilda Paredes está compuesta para instrumentos acústicos, un panorama nada nuevo para la banda, pues ya en *Maquizcoatl*, su cuarta grabación, incursionaron en dicho territorio. Aquí la reverberación natural de cada uno de los instrumentos se aprovecha y va enlazando los sonidos precedentes con los subsecuentes. Las piezas tienen un carácter lúgubre, a veces roto por algún diálogo (marimba y flauta) y por momentos parecen no llevar a ninguna parte y se hacen misteriosas porque incluso aquí el peso del silencio es muy importante. En la última sección, destaca la incorporación de la tabla y la utilización de la voz como un instrumento más.

"Alien Toy" es probablemente la composición que más se apega al espíritu de Banda Elástica a partir del entrelazamiento entre el mambo y el *funk*, sin olvidar pasarlo por los aprendizajes adquiridos a lo largo de los años y que tiene en la conjunción entre tres saxofones su mejor momento.

Ai te encargo es la culminación lógica, hasta el momento, del trabajo de una de las agrupaciones más interesantes y propositivas de la escena nacional. Integrada por virtuosos que se reúnen a tocar por el gusto de hacerlo, dieron el paso siguiente para no enquistarse y éste consistió en tender un puente hacia la música de concierto. Si bien como integrantes individuales cada uno de ellos está familiarizado con este mundo, como grupo fue la primera incursión realizada de manera formal. Los resultados no podían ser mejores, además, como daño colateral, está el hecho de abrir nuevas puertas al tránsito sonoro y cuyo aprovechamiento sin duda servirá para enriquecer el ambiente musical nacional.

San Pascualito Rey

Sufro, sufro, sufro
Intolerancia, 2003

Guillermo Galindo

El inicio del siglo XXI trajo consigo una serie de nuevos sonidos, junto a ellos, diversas opiniones acerca de la evolución que podría tener la música en nuestro país. Muchas fueron las bandas que surgieron, pero muy pocas las que propusieron un rumbo diferente en la música hasta que llegó el primer álbum de San Pascualito Rey.

Sufro, sufro, sufro, reunía todas las características de un material de rock, pero se acercaba bastante al sonido del arrabal que distintos artistas mexicanos habían mostrado a lo largo de casi cincuenta años.

San Pascualito Rey tomó las fórmulas establecidas en cada uno de los géneros creados en nuestro país, para combinarlas con el potente sonido de la distorsión.

Cuando una canción tiene una excelente instrumentación las letras de la misma pueden pasar desapercibidas, al menos en la mayoría de los casos, pero con San Pascualito Rey no es así, se trata de una agrupación que logra matizar una letra cálida y una dolorosa para ir más allá de los objetivos comunes de una banda.

El disco abre con "Te Voy a Dormir", una combinación de la Sonora Santanera con un poco de son jarocho que denota la oscuridad de la agrupación. Después llega "Disturbios", un tema potente, contiene una muestra perfecta de cómo se puede realizar una canción lenta con instrumentación fuerte y poderosa, con guitarras que recuerdan al sonido de Caifanes pero que encuentran diferencia en los *riffs*.

"Espero" es una canción un tanto más mediterránea, con elementos de la música ranchera, pero con líneas que pueden leerse hermanadas al sur de España. "Beso de Muerto" es quizá el tema que se acerca más a lo que San Pascualito Rey tenía proyectado para su futuro, representando un sonido oscuro, combinado con letras de amor. Contiene la voz de Javier Corcobado en uno de los puentes musicales, lo cual lleva a la canción a un plano intenso y siniestro.

El tema número cinco es "Si Pudieras Ver", una canción digerible, quizá su acercamiento al *rock pop*, una balada romántica que marca un parteaguas en sus presentaciones en vivo, canción en la que luce de un modo distinto la manera de cantar de Pascual.

Con claros destellos de la cumbia y ritmos latinoamericanos en las percusiones y el bajo, pero aderezados con elementos básicos del *rock* llega "Hoy No Es Mi Día" un claro ejemplo del sonido que ha caracterizado a la banda hasta la fecha.

Uno de los sencillos más sonados del disco es "Flush" canción que logra una perfecta mezcla entre el *rock* oscuro y distorsionado con sonidos tristes y depresivos, contiene una de las mejores baterías de todo el álbum. Para contrarrestar el sonido de esta canción llega "Historias", una balada a base de guitarra acústica, teclados y bajo, la cual toca temas un tanto más inherentes junto a una instrumentación ambiental y atmosférica.

"Nos tragamos" es el sencillo con el que la agrupación se coló al gusto del público, canción que comenzó el viaje por los medios de comunicación. Una balada que logra un perfecto equilibrio entre la melodía triste, característica del género y una conmovedora letra que reclama en algunas líneas y coquetea en otras.

Sigue "Cerquita de Dios", canción que contiene un violín grabado por Jorge Gaitán, el cual evoca de primera instancia a un mariachi, tema que por obviedad lleva en sí la bandera del género ranchero y del arrabal.

Ya cerca del final llega "Tuyo", una letra que nuevamente retrata una manera muy oscura de seducir a una mujer, en ésta colabora un grupo de cuerdas y contiene la participación del productor del disco, Gerry Rosado, tocando un piano.

El penúltimo *track* del disco es "Tírame", donde se puede escuchar una carga de guitarras distorsionadas con una alta dosis de gritos por parte de Pascual que consiguen hacer de este tema una perfecta balada de dolor y reproche. El álbum cierra con "Caminito", una balada con guitarras y atmósferas en las voces hechas por Juan Pablo Villa. Un cierre nostálgico y perfecto para un disco tan solemne.

Sufro, sufro, sufro es el retrato de una escena musical naciente, un movimiento pluricultural que engrandece las raíces de la música en nuestro país con la herencia de un *rock* sicodélico y potente que, a su vez, busca elevar al máximo las emociones de todos los escuchas, así, logra una comunión perfecta entre el espectador y el artista, los sitúa en el mismo nivel, no importando que exista una bocina de por medio. El objetivo de la música se plasma en su totalidad en las trece canciones del álbum, se trata de crear emociones.

Zoé

Rocanlover
Sony Music México, 2003

Francisco Zamudio

Desde la difusa imagen que ilustra la portada, puede adivinarse que el segundo álbum de Zoé es una puerta lista para abrirse hacia un sicodélico éxodo por estados alterados de conciencia. Rompecabezas sónico conformado de disímiles piezas, cuyo todo se materializa en una montaña rusa de emociones inducidas por sicotrópicos y crípticos pasajes líricos; ambientes atmosférico-espaciales, así como una caleidoscópica tarea de producción cuyos créditos, aunque divididos, fueron liderados detrás de la consola por Phil Vinall, reconocido colaborador de agrupaciones extranjeras tipo Placebo, Elastica o Pulp, quien había mezclado su primer disco.

El nombre de la placa es un juego de palabras surgido entre los títulos de "Rocanroler", cuyos párrafos están inspirados en una *table-dancer*, y "Love", que a la postre sería una de sus canciones más celebradas. A partir de este momento, Zoé comenzó a llamarles "rocanlovers" a todos sus seguidores.

El despegue hacia lo etéreo inicia con "Peace and Love", escrita durante la invasión norteamericana a Irak, cuyo mensaje pacifista permea el siguiente *track*: "Love", pieza de alma *beatlesca* que contó con un trabajo adicional de producción realizado por Gerardo "Chetes" Garza, ex cantante de Zurdok, declarado fan a ultranza de The Beatles. Los climas envolventes proyectados desde los sintetizadores y teclados, incluidos los pianos Fender-Rhodes y los órganos Hammond tocados con extrema precisión por Jesús Báez, mantienen una cadencia acelerada desde "Solo" (ejercicio lírico donde la muerte ocupa un lugar preponderante incluso en la última línea: "Y te vas a morir de cualquier forma") hasta "Veneno", deteniéndose un poco en "Frío", corte que esconde tras su ritmo acompasado, escoltado por un teclado distorsionado, una ácida crítica a la manipulación ejercida por los medios sobre las masas. Aquí la guitarra de Sergio Acosta hace recordar el elegante quehacer sobre las seis cuerdas practicado por el argentino Gustavo Cerati; mientras la voz de León Larregui, la cual se escucha procesada durante gran parte de la placa, te incita a desplegar las alas en "Polar", y a perderte de noche entre los placeres ocultos tras los anuncios de neón, en la ya antes mencionada "Rocanroler", con todo y que en la travesía puedas encontrarte con alguna sorpresa ("Viste de sombra, de fino plástico, no la conozco, pero pienso que es gay", canta León).

Ya fuera por mero gusto o por tratar de abrazar el sueño de la internacionalización, desde su debut la banda grabó en inglés, por lo cual no impresionó a nadie la anexión de dos piezas escritas e interpretadas en dicho idioma: "Whatever" y "Mars200", esta última producida por Jesús y el bajista Ángel Mosqueda, a cuyo término se escucha una partida de ping-pong entre los músicos. El detalle no pasaría de la mera anécdota, salvo porque de inmediato se escucha "Soñé", un *track* autoproducido de manufactura a la Stone Roses, que un año antes había visto la luz a través del *soundtrack* de la película *Amar te duele*. El baterista Beto Cabrera termina de conformar la alineación que grabó este álbum, acompañada con invitados como el bajista Andrés Sánchez, los percusionistas Eder, Bizarro y Pedrinho; la corista Carmen Sierra, y el ya antes referido "Chetes". Grabado entre el estudio del sello, así como en El Submarino Del Aire, lugar donde suele trabajar con mucha regularidad La Barranca, y cuyo ingeniero de cabecera, Eduardo Del Águila, participó no sólo en la totalidad de la grabación, sino además en la mezcla de "Mars200" y "Polar", *Rocanlover* queda como una evolución lógica en la construcción de una personalidad sónica distintiva. Sin embargo, la escasa visión de una disquera acostumbrada desde siempre a estigmatizar al *rock* mexicano (años antes le habían regresado una carta de intención a Los Caifanes), los dejó fuera de ella a principios del 2004.

A partir de entonces, iniciaron un peregrinaje por la independencia y contra sus propios demonios —quienes les aconsejaban separarse si no llegaban a las metas trazadas— el cual por cierto no duró mucho, ya que para el 2005 lanzaron *The Room*, uno de los EP's más vendidos de todos los tiempos, y hacia el 2006 se encontraban nuevamente entre las filas multinacionales, desde donde editaron el disco *Memo Rex Commander y el corazón atómico de la Vía Láctea*, el cual los colocó en la elite de bandas aztecas más exitosas durante las dos primeras décadas del nuevo siglo, tornándolos de paso en involuntarios voceros de su generación.

Cabezas de Cera

Metalmúsica/ Aleaciones aleatorias
El Angelito Editor-EAR Audio-CONACULTA-FONCA, 2004

David Cortés

Cabezas de Cera comenzó como el proyecto de los hermanos Francisco (batería) y Mauricio (guitarra) Sotelo, quienes en sus comienzos completaban un trío con Juan Cristóbal Pliego en el bajo. Con esa formación grabaron una cinta hoy inconseguible físicamente; pero la historia más conocida de la agrupación comienza cuando los hermanos Sotelo incluyeron a Ramsés Luna en los alientos.

Fue con ese formato que Cabezas de Cera inició un peregrinar por algunos de los foros de la ciudad, aunque cabe aclarar que en ese momento ninguno de estos lugares parecía entender su propuesta, encaminada a la fusión. Sin embargo, el trío desde un principio mostró desconocimiento de los límites. Su primer disco aún guarda resabios de sus influencias; pero deja ver su vocación al tratar cada una de sus producciones como una entidad íntegra; música y arte (portada) ensambladas, entrelazadas para crear una especie de arte-objeto. En ese sentido, *Metalmúsica* no sería la excepción.

Al arribar el nuevo milenio, el grupo dejó sus instrumentos convencionales para abrazar una instrumentación más amplia y rica, misma que redundó en la música y que durante la grabación de *Metalmúsica/Aleaciones aleatorias*, su tercera producción, se convirtió en una propuesta sí inclinada a la fusión, a la *world music*, pero con la cualidad de haberse hecho de una voz propia. Mauricio Sotelo dejó a un lado la guitarra para apoderarse del *stick*; Ramsés tomó el *wind midi*; y Francisco Sotelo agregó *pads* electrónicos a sus tradicionales percusiones. Pero había algo más, para entonces el grupo incluyó una serie de instrumentos (jarana prisma, kalimba, tambor kitai, arpa de ocho cuerdas, charrófono, tricordio, metales de lluvia) diseñados por el propio Francisco, mismos que vinieron a imprimir un espectro más amplio a la música de Cabezas de Cera.

El primer disco de este álbum doble (*Metalmúsica*), es un paso hacia adelante en la trayectoria del trío, una música plagada de dinamismo y en donde cada uno de los elementos que la conforma propicia la invención. Hay composiciones muy amables al escucha y que con el tiempo se convirtieron en indispensables en su set en directo ("Nocturno Incandescente"), atisbos a la música de África ("Espejismo", "Enjambre"), guiños al *world beat* ("Indomable") y temas que están muy cercanos a un *rock and roll* alienígena ("Mutación").

El segundo disco, *Aleaciones aleatorias*, aunque menos uniforme en su desarrollo, no deja de presentar a una banda siempre deseosa de acercarse a la música de forma arriesgada. Aquí hay composiciones que se utilizaron para un cortometraje y un performance, respectivamente ("Del Noise al Nais", "Para Mercedes"), improvisaciones en solitario de cada uno de los integrantes ("Telarañas", "Banda Sonora Para un Cuento", "Moviendo el Vote") y otras en donde las tendencias acostumbradas de la banda se hacen presentes ("Cazador de Ballenas", "Correr y Caer").

Paradójicamente, este álbum es uno de los menos celebrados en la vida de Cabezas de Cera, probablemente porque es el menos condescendiente. Hay momentos en los cuales la agrupación acomete una furiosa música más cercana al *rock* en oposición. Entonces, los temas en los cuales intervienen los instrumentos fabricados por Francisco Sotelo poseen una vocación experimental enmascarada bajo un aura de sencillez y simplicidad que a la vuelta de la esquina resulta engañosa.

Luego de este disco, Cabezas de Cera encontró su verdadero nicho en el extranjero. El trabajo de Mauricio Sotelo en el *stick* se había vuelto muy solvente, lo suficiente para captar la atención fuera de México y la comunicación entre los tres había fecundado en un sonido sólido, bien amarrado, lo que posibilitó que a partir de este momento el trío se convirtiera en la agrupación progresiva de fusión y experimental por antonomasia, al menos en la primera década de este siglo.

Posteriormente llegaron otros álbumes, uno en directo, otro de recopilación, más un DVD grabado en vivo, y también la noticia de la salida de Ramsés Luna del cobijo de la banda para formar Luz de Riada; sin embargo, el corazón permanece allí y Cabezas de Cera sigue en pie de guerra.

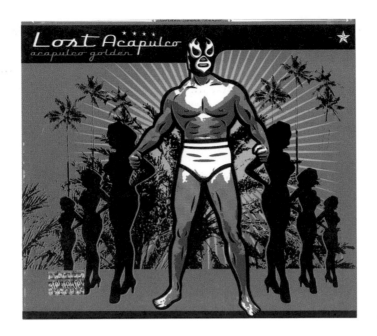

Lost Acapulco

Acapulco Golden
Mostríssimo Records /BMG, 2004

Jorge Rugerio

Acapulco Golden es el cuarto material de Lost Acapulco. No tiene algo que ver con *4*, de 1998, que había marcado su debut en la escena bajo la producción de Danny Amis, de Los Straitjackets, e Iván Leyva. La única coincidencia, además de respetar el género *surf* como emblema, es que *Acapulco Golden* cuenta con trece *tracks* (once de ellos firmados por López, Moragues, Franco y Muñoz) que, gracias a la velocidad del *surf*, se escuchan en una sentada camino a la fiesta.

Acapulco Golden fue un disco muy esperado ante la incertidumbre de la caída de una industria discográfica. Se escogió la canción "Surf Mongol" como sencillo a promocionar, que primero se escuchó en el circuito subterráneo de la Ciudad de México, llegando posteriormente a medios masivos que hicieron se fortaleciera una nueva generación *surf*, bailando con canciones como "Tangatutanga", "Misión Malvarosa", "Frenesí" y "Acapulco Golden".

El grupo creó un sello discográfico propio llamado Mostríssimo Records donde se editó este disco con sus trece *tracks*, de los cuales se pueden rescatar los temas para el ligue calmadito, como "Roqueta to the Moon" o "Luna Luau".

Lost Acapulco fue de la contadas bandas pioneras en fortalecer una escena totalmente *surf* en México. Su constancia le permitió llevar a los 3000 metros de altura la vida del *surf* e infinidad de seguidores salieron a las calles a buscar su música. *Acapulco Golden* inspiraría a las siguientes generaciones con lo auditivo y visual del proyecto.

El disco fue trabajado en el estudio por Leonardo de Lozanne y Jorge Amaro, "La Chiquis"; quienes arriesgaron con *surf*, *garage*, *swing*, *rockabilly*, *punk* y todo lo que reverberara o pudiera crear ondas sonoras en el cuerpo.

Las tocadas en el Alicia fueron de boca en boca, haciendo el rumor de la banda defeña que tocaba *surf* y que también usaba máscaras de luchadores, como sus amigos los Straitjackets, con quienes en 2005 tocaron en el Zócalo de la Ciudad de México.

Acapulco Golden merece una mención especial, además de su música, debido al trabajo visual del ilustrador argentino Dr. Alderete, quien logró una pieza de colección en el *digipack* que envolvió a las primeras copias del disco.

Lost Acapulco tomó su nombre de ese Acapulco perdido, familiar, limpio en sus aguas, añorado, vivido por algunas generaciones en la década de los cincuenta y sesenta y que se inmortalizó en el mundo como uno de los paraísos de México. Los músicos han sido fieles a su sonido sin encasillarse, ya que cada presentación hasta el día de hoy es divertida y desmadrosa, motiva a nuevas generaciones de público y a músicos también. Su compromiso es real, por eso el *surf* aún vive.

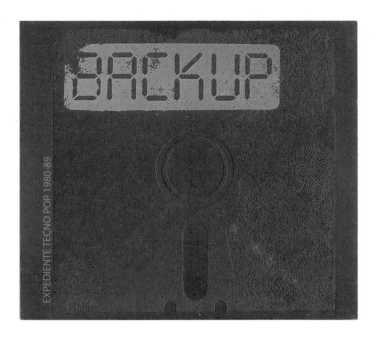

EXPEDIENTE TECNO POP 1980-89

Varios

Back Up: Expediente Tecno Pop 1980-89
AT-AT RECORDS, 2005

Jorge Gutiérrez

El futuro. La idealización imaginaria del mundo basada en la ciencia ficción; una concepción futurista, fría y decadente emerge a finales de los setenta como una consecuencia cultural de las sociedades industrializadas. El futuro llega a Europa en 1978.

Esta nueva forma de entender la existencia influyó en el arte contemporáneo, incorporando la estética *punk* de finales de los setenta y principios de los ochenta con los sonidos artificiales de las herramientas tecnológicas modernas. Las nuevas generaciones de músicos tomaron a las máquinas como medios de expresión.

En México, la influencia de los sonidos sintéticos provenientes de Inglaterra y Alemania también fue recibida por las tribus del *underground* interesadas en las vanguardias musicales. Sin embargo, durante la primera mitad de los ochenta, los obstáculos se resumían básicamente en la dificultad para conseguir sintetizadores a precios razonables; la desconfianza del público por lo moderno y en las peripecias que había que hacer para concretar una grabación.

La importancia de este compilado consiste precisamente en poner al alcance del público los registros y grabaciones de aquellos grupos cuyo trabajo en muchos casos ni siquiera alcanzó la categoría de álbum oficial; algunos de ellos sólo pudieron grabar en vivo y con un nivel de calidad mínima; otros dejaron sesiones incompletas de estudio, demos caseros; y los más afortunados autoeditaron álbumes con tirajes muy cortos.

La selección de los grupos para este compilado estuvo a cargo de Roberto Castañeda, miembro del dúo electrónico Ford Proco y director de AT-AT Records, sello disquero tijuanense que desde 1997 se ha dedicado a editar en su mayoría música electrónica hispanoamericana.

Entre los participantes del *Back Up*, se encuentra el trío de *synth-pop* alterado Syntoma, uno de los primeros grupos que en 1981 autoeditó su trabajo en un LP. "No me Puedo Controlar" es la canción con la que participa en este compilado.

Size fue la banda más importante de su generación. La banda que juntó a Walter Schmidt y Carlos Robledo con Illy Bleeding (RIP), nació en 1979 y definió su estilo pasando del *post-punk* sintetizado de su primera época a las melodías de *pop* tecnológico de su etapa final. Su canción más conocida es "El Diablo en el Cuerpo".

Casino Shangai o el proyecto alterno de Size, tuvo como vocalista a la emblemática Ulalume Zavala, una especie de Nina Hagen vía Edith Piaf. Las baladas futuristas de *cabaret* o su *chanson* francesa electrificada colocaron la música de Casino Shangai en una posición importante como titulares de la vanguardia cosmopolita del *pop* electrónico. Participa con un *track* inédito.

El lado más oscuro y vampirizado es representado por el dueto Silueta Pálida. Edita en 1984 un maxi con la canción "El Paso del Tiempo". Aparece aquí en el compilado una versión *remix*.

Se especula que la movida electrónica tijuanense tuvo su origen con el trío Avant Garde antes de 1985. Sin haber dejado ninguna grabación oficial, el grupo inspiró a muchos otros músicos fronterizos que ya empezaban a hacer música con sintetizadores. Entre ellos Artefakto y Vandana, quienes se convirtieron en embajadores absolutos del *pop* electrónico tijuanense hacia finales de la década de los ochenta.

Provenientes de María Bonita y Silueta Pálida, los del dueto Década 2 se decantan por un sonido más orientado a la pista de baile en "Alfabeto". La particularidad en su propuesta es el contenido de su discurso cargado de crítica social.

Desde Guadalajara, llega el proyecto de José Fors (Cuca, Forseps) y el músico de formación clásica Carlos Esegé. El primer y único disco de Duda Mata se editó en 1987 y está definido por un *pop* de cámara lleno de drama y experimentación electrónica. Una rareza.

Luego de la disolución de Casino Shangai, el pretexto de Cou Cou Bazar es hacer *pop* electrónico sin esquemas, pero tras la desaparición de éstos vinieron Los Agentes Secretos, de estética industrial, pero sin desentenderse de la floritura *tecno pop* de la época (1987). Otro de los atractivos del compilado es Volti, el dueto que el mexicano Eddie Rubello formara con Lyndell Brookhouse luego de emigrar a Nueva York. Editaron su electro-rumba resonante en un maxi *single* para un sello belga del que pocos se enteraron.

Se trata entonces de que el *Back Up*, es algo más que un documento esencial para entender el pasado, es desde luego un recurso para medir nuestra distancia con el futuro.

La Barranca

El fluir
Fonarte Latino, 2005

Alejandro González Castillo

Existe la maldición del segundo álbum. El *knock out* del *round* dos. Si trasladamos las escenas pugilísticas a las de la discografía *rockera*, es posible certificar que existe una larga lista de grupos que lucen victoriosos al escuchar el segundo campanazo, pero en realidad traen consigo un agotamiento creativo que no les permite ir más lejos de éste. Cierto, algunos músicos consiguen colocar unos cuantos golpes, pero ya en calidad de rozones, bien alejados del tino de la primera tanda de guantazos.

El *fluir* no es el segundo álbum de La Barranca, propiamente se trata del quinto, sin embargo puede calificarse como el número dos debido a que fue el sucesor de *Denzura*, el disco con el cual José Manuel Aguilera decidió acompañarse de una nueva plantilla de músicos con aptitudes distintas a las de sus viejos camaradas. Así, los recién llegados arrojaron un cubetazo de agua helada a ese colmilludo pugilista de apellido Aguilera para que éste confeccionara su álbum mejor logrado.

Si bien *El fluir* es un disco cuyo eje temático es la turbulencia acuosa, las referencias boxísticas con las que este texto abre obedecen al hecho de que, desde el *track* número uno del CD, queda claro que lo que José Manuel y sus compañeros confeccionaron fue un retrato fiel de lo que significaba vivir en la capital mexicana a inicios del siglo XXI, es decir: un descarnado intercambio de puñetazos contra muros y avenidas, burocracia y corrupción, delincuencia y polución. Se trata, pues, de una lucha donde el vencedor levanta los brazos en señal de triunfo sólo hasta que su oponente fallece sobre la lona. De entrada, el duelo se anuncia disparejo —una ciudad bestial contra un transeúnte común, desprovisto de guantes, no es un encuentro equitativo— así que se intuye el desenlace. Por eso "Dormir Sin Miedo" advierte tomar precauciones —"ey... aprieta los puños, ponle otro piso a tu terror, rechina los dientes"— y "Una Tarde en la Vida" vaticina el cruento fin: "megaciudad se acerca el colapso, ya se presiente la inmovilidad".

La *New Power Generation*, es decir, Alonso y Chema Arreola y Alex Otaola, fue quien concretó el cuarteto que junto a José Manuel decidió encerrarse en un estudio de grabación para no permitirle el acceso a herramienta alguna, cuya ejecución requiriera un esfuerzo muscular mínimo. Sin *sampleos*, sintetizadores, ni programaciones de por medio, el conjunto manufacturó un disco tan áspero como *El fuego de la noche* (Opción Sónica, 1996), pero distante de sus devaneos tropicales. El tema que da título al trabajo es clara muestra de las virtudes de la obra en su totalidad, porque si alguna vez "Quémate Lento" significó la carta de presentación para el grupo, esta vez las rimas del tercer número del listado operan como una declaración de principios que desatiende el empeño de asirse a referentes del *folklore* sonoro para así obtener cierta identidad: "entre la hierba dejo aquello en que creí, mientras abajo arrastra el agua su canción sin fin en la corriente del río".

Sin ancla alguna lastimando el tobillo, La Barranca ofrece un cancionero que se ejecuta con dos guitarras, bajo y batería acompañando a una voz que, por vez primera, recibió un trato tan dedicado como el ofrecido a la guitarra. En esa ruta, "Hendrix" se asoma como uno de los puntos más sólidos del imaginario de Aguilera —y de paso se enciende como veladora para uno de sus Santos más orados— con la "simpleza" verbal y musical como aliados: "vale más la gracia de la imperfección que la perfección sin gracia".

Sin la necesidad de mostrarle cosa alguna a nadie, el entonces cuarteto no sólo fue capaz de reinventar un sonido que parecía domado y que con *Denzura* y ese experimento con forma de ¿EP? llamado *Cielo protector* parecía adormecerse, sino de demostrarle a una generación que se empeñaba en autodenominarse indie que el arte fluye en una ruta alterna a la que la corriente masiva indica (llámese *facebook*, *blog*, *twitter* o, para los más viejos, radio, TV, *myspace* y revistas); que la música y las palabras, debajo de toda la parafernalia que se les coloque encima, son las que verdaderamente conducen a la aceleración del pulso. Fue el propio Alonso quien en su momento sintetizó efectivamente la principal cualidad de *El fluir*: "José Manuel hace grandes canciones. Entonces, cuando tienes una canción que sólo posee guitarra y voz y puede sonar bien así, el edificio que le construyas puede ser tan alto o tan bajo como quieras. Puedes tener una canción con sólo tres instrumentos y lograr algo verdaderamente arriesgado".

¿Qué ocurrió con La Barranca luego de este álbum? En la misma entrevista donde uno de los Arreola aduló las virtudes de Aguilera, apuntó también, metafóricamente, su visión del futuro: "si el grupo flotase en un río no sabríamos si lo que sigue es darnos en la madre o caer en un remanso líquido". Más claro imposible: entonces el cuarteto estaba seguro de que usar chaleco salvavidas no formaba parte del trato. Es decir, volviendo a las referencias boxísticas, lo que los músicos hicieron con *El fluir* fue saltar al cuadrilátero sin protector bucal. Después de hacer este disco, José Manuel se desencontraría con Otaola y los Arreola para aliarse de nueva cuenta con Federico Fong (su viejo camarada) y así continuar con La Barranca. Pero aquella ya fue otra pelea, porque éste, el segundo asalto de una "novel" banda también llamada La Barranca, fue el más aguerrido, y el "último", de su carrera. Efectivamente: la maldición del segundo álbum existe.

Los Nena

Volumen II
Discos Nena, 2005

Alejandro González Castillo

Dicen los que saben que se trataba de cuatro nenas difíciles de complacer, y que por eso decidieron denominarse así, no sin antes torcer sintácticamente su apelativo. José Miguel González, Melchor Magaña, Daniel Goldaracena y Abel Membrillo fueron Los Nena algunas cuantas veces, muy pocas, sobre el escenario, porque su hogar verdadero fue el estudio de grabación. Aunque eso sí, cada vez que se toparon bajo los reflectores hicieron su mejor esfuerzo por reproducir los *tracks* que contiene el par de álbumes que dieron a conocer. Labor arrojada, tanto como raspar el sarro de la dentadura de un tigre de bengala.

Sin nombre alguno ocupando el lomo del empaque (apenas un par de curvilíneas siluetas), el volumen II de la discografía Nena no hace más que reafirmar lo que su predecesor (*Volumen I*. Nena Discos, 2001) advirtió puntualmente: para escucharlo se requiere de un estómago resistente. Aunque esta vez portar un casco antes de presionar *play* no estaría de más, porque hay caídas, de esas que producen descalabros, y también giros, violentos y malintencionados, que pueden terminar con vísceras regadas por el suelo. Vamos, que el vértigo y el vómito son lo de menos. Y tal como si de una autopsia se tratase, el primer tiraje de este álbum, enfundado de rojo, desnuda sorpresas conforme el bisturí se abre campo. Cada disco fue numerado a mano y está acompañado de una *polaroid* disparada por el propio combo, algo que hace de cada ejemplar una copia única cuyo contenido —trece *tracks* unidos con una soldadura hecha de *feedbacks* oxidantes y corrosivos— recuerda al puerto de Veracruz y a la plaza de Garibaldi, pero también a un congal ubicado en los alrededores de La Merced y a un agujero de Cd. Neza barnizado con *thinner*.

Grabada en el Cinema —nada menos que una sala de cine ubicada en El Pedregal, Distrito Federal, de cuyo suelo fueron arrancadas las butacas para instalar una consola, una computadora y una máquina de 16 pulgadas— la colección de temas que el cuarteto registró en largas jornadas interrumpidas por cascaritas futboleras y, claro, proyecciones de películas por la madrugada (una de ellas fue *The Texas Chainsaw Massacre*), bien podría calificarse como un desprejuiciado *collage* sónico donde Membrillo y González untan el engrudo, mientras Magaña y Goldaracena recortan y seleccionan los trozos de metal, aliento y cuero que conforman el amasijo.

Alguna vez José Miguel procuró definir la personalidad sonora de Los Nena como "mariachi-*thrash*-metal con jarana veracruzana y la chingada"; una descripción de lo más afortunada, sobre todo en lo que respecta a "la chingada", porque cuando ésta hace acto de presencia el vacío comienza a devorar al escucha. Como prueba de ello se encuentra "Papel de las Culpas"; ahí, Los Ángeles Azules, John Zorn y Juan Gabriel se unen con el Mariachi San Francisco para elogiar aquella "espiral de la madrugada que sólo hallo en tu mirada".

"Señor Primas", donde el *rock* urbano más complaciente se burla de sí mismo, es un buen ejemplo de cuan lejos puede llegar el escarnio sonoro para luego atender los desvaríos vocales de Abel Membrillo en "Segundo Misterio", donde se aborda el caso de un sujeto que anda "hecho nudos. Voy hecho mil nudos. Voy a tratar de acelerar para poder ir hecho más nudos. ¿Y esta tempestad, y estas olas? ¿De dónde sale toda esta fuerza que mueve así las olas? Me recuerda cierta lágrima mía". Por otro lado, en "Una Sentadita" Membrillo enumera la carta de una fonda, pero lo hace entre sugestivos suspiros y gritos desgarrados que hacen pensar en el efecto que la manteca de cerdo produce en los intestinos. Por otro lado, "Hombre Valiente" podría calificarse como el *track* más convencional del disco, aunque en su letra habita el espíritu primordial del combo: el arrojo. Una cualidad perceptible en "Final de Ora Verás", donde, como un *loop* interminable, una pregunta primordial lleva al delirio: ¿pos qué hago aquí?

En otra esquina se sacude "La Rola de la Banda", un son jarocho empuercado por los groseros modos del grupo y cuyo fin se baila con la sabrosura de la cumbia. Un jaranero anónimo advierte certeramente en ese tema: "sepa la chingada cómo", pero cada uno de los trozos, aparentemente irreconciliables, que integran esta obra terminan siendo amigos.

Sin la cursilería folclórica de Café Tacvba, a años luz de la vulgaridad de Molotov y lejano de las aspiraciones artísticas que empantanan a un buen número de proyectos que sobreviven bajo las coladeras, ahí está el testimonio sónico de Los Nena, cuatro tipos que decidieron juntarse una vez que Abel y Daniel planearon hacer un grupo de "*punk* ruidoso" bajo una fotografía de Tom Waits. Un combo que nació después de que José Miguel pasara largas horas "dosificándose", divagando lo suficiente como para llegar a "Puerto Marqués".

Dicen los que saben que se trataba de cuatro nenas, aunque lo que se escucha en el *Volumen II* son los aullidos que emergen de los hocicos de cuatro bestias a las cuales, como ya antes se dijo, pocos se acercan, pues esto significaría cometer una suerte de acto suicida.

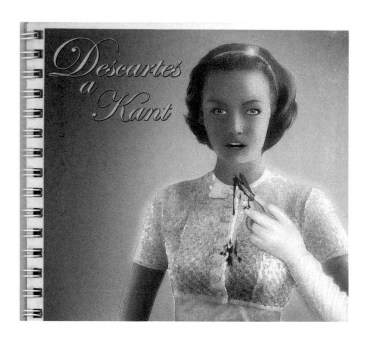

Descartes a Kant

Paper Dolls
Intolerancia, 2006

Enrique Blanc

Es quizás uno de los discos más radicales, lírica y musicalmente, que se hayan producido en el horizonte del *rock* mexicano. Un drástico ejercicio de vena *punk*, de 25 y medio catárticos minutos, que arropa letras que desde una rabiosa perspectiva femenina hablan de la disfuncionalidad entre sexos y, a su modo, hacen un tajante ajuste de cuentas. Baste decir que "Atascatto", su primer *track*, es la declaración de odio de una mujer que ha resuelto asesinar a su pareja. "Tienes que quemar al maldito cerdo", dice su verso final escrito en inglés. Un atrevimiento en todo sentido que inicia con las imágenes que lo ilustran, realizadas por el diseñador tapatío Yazz, y de las cuales la más escandalosa de todas es la de su contratapa, en la que se ve un par de piernas femeninas con las bragas arriba de los tobillos, manchadas de menstruación. Pero si *Paper Dolls* es en principio el testimonio de rabia e irreverencia ante lo establecido de las dos guitarristas y cantantes de Descartes a Kant, Sandrushka Petrova y Dafne, el disco también abona otra serie de cosas a favor de su relevancia.

En 2006, el año en que *Paper Dolls* salió a la luz pública, Descartes a Kant estaba vinculado a la escena de las *9 corners*, un colectivo de bandas de *rock* y música experimental que solía reunirse a ensayar en una casa abandonada del conocido barrio de las 9 esquinas en la zona centro de Guadalajara. Fue allí donde el quinteto complementado por Andro Muñoz (pianos y sintetizadores), Charlie (bajo) y Frankie Mares (batería), vio nacer algunas de las canciones que más tarde terminarían en su disco debut. En ese sentido, *Paper Dolls* es uno de los discos que ratifican la efervescencia que experimentó la escena musical subterránea de Guadalajara a mitad de la primera década del siglo XXI, sustentada por una generación de jóvenes músicos que impusieron sus reglas en gran medida movidos por el auge de Internet, de allí que optaron por componer en inglés, buscando reconocimiento más allá de las fronteras nacionales. Un objetivo que Descartes a Kant vería cumplido luego de ser elegidos por Sonic Youth para abrir su presentación en el Foro Expo de la referida ciudad en 2007, en un publicitado concierto que les significó un paso importante a su carrera.

Musicalmente, Descartes a Kant exhibe en *Paper Dolls* una fuerte influencia del *rock* alternativo de los noventa evocadora de aquellas bandas anglosajonas encabezadas por mujeres como The Breeders o L7, aunque también evidencia un gusto por el *punk* más visceral e incluso la música *country*. Sin embargo, no debe darse por sentado que el quinteto persigue la ortodoxia de los estilos antes mencionados, sino todo lo contrario. Sus canciones toman a capricho elementos de aquello que les inspira y con ellos confeccionan canciones que drásticamente y a capricho cambian sus ritmos e intensidades, simbolizando con ello la bipolaridad a la que a menudo sus integrantes aluden como elemento distintivo de su estética. "Babossa Nova", por ejemplo, una de sus trece canciones, parte del estilo brasileño al que refiere su nombre, aderezado con percusión electrónica, para luego irse de frente hacia un *rock* crudo y visceral, en un contrastante juego de vaivenes. "Dolce" presenta en sus dos minutos el rango de intensidades en que Descartes a Kant polariza su sonido, yendo del *noise* a una melodía suave y conmovedora, en una especie de *collage* al que también se agregan *sampleos* de voces y breves puentes instrumentales; una canción que recuerda los contrastes sonoros de Primus.

Un valor agregado tiene *Paper Dolls* en el hecho de que su elaboración estuvo asesorada por la mano de Gerry Rosado, quien con ello sumó puntos a su prestigio como uno de los productores artísticos más destacados y versátiles de la música nacional del siglo XXI. Lo mismo puede decirse de Discos Intolerancia, la discográfica independiente que él dirige y que con el lanzamiento del disco afianzó su reputación como la plataforma musical de más amplio criterio en México.

Jaime López y su Hotel Garage

Grande sexi tos
Inventario Comunicaciones, 2006

Alonso Arreola

No extraña que este sea uno de los cien mejores discos del *rock* en México. Primero porque lo firma Jaime López, figura señera, esencial para entender el punto de unión entre las músicas de *blues*, norteña, urbana y de trova desde finales de los años setenta y hasta el presente; segundo porque compila seis temas emblemáticos de su vasto repertorio cantados y grabados originalmente por mujeres, pero que en su propia voz alcanzan una dimensión distinta, congruente con momentos de inspiración nocturnos, violentos. Eso más otras cuatro piezas inéditas escritas para Hotel Garage Band, y una previamente aparecida en otro disco.

Nacido en Matamoros, Tamaulipas, el conocido Malafacha es más chilango que muchos oriundos del Distrito Federal. Ha dicho que por fuerzas de causa mayor tuvo "que ser un mimo del gorgoreo, tocar la lira, la armónica, el bajo, una pizca de piano y mover el bote siempre a la caza de una canción". Incluso ha señalado que tuvo que ser un "solista involuntario *graffitiando* el aire". Siempre dice cosas como ésas, Jaime López. Y le encanta repetirlas aunque no se las crea por completo. A nosotros, por supuesto, nos encanta que las diga y rediga, que nunca deje de decir diciendo. Porque si algo tiene claro es que más valen los procesos que los resultados cuando se comprometen con las palabras y con el juego. Prueba es su libro *El diario de un López* (R&B, 2011).

Así son las cosas en este *Grande sexi tos:* Jaime tocó el bajo y las cuerdas de su garganta; Roberto Villamil y José Luis Domínguez (ex Arpía, banda iniciática de Cecilia Toussaint), las guitarras; Iván García golpeó la batería y Montserrat Revah le entró a las percusiones. La producción corrió a cargo del propio Domínguez, quien grabó, mezcló y masterizó todas las canciones en Mula Producciones, estudio de la escuela de música DIM. Trabajando así dieron vida al décimo noveno proyecto en estudio del cantautor, si tomamos en cuenta sus trabajos solistas y múltiples colaboraciones desde las *Sesiones con Emilia* al lado de Roberto González y hasta *No más héroes por favor* con José Manuel Aguilera (con quien también hizo *Odio fonki*), pasando por *Nordaka*, en colaboración con Eulalio González "Piporro".

Aparte dejamos su contribución a numerosos álbumes ajenos, de entre los que se desprenden, como adelantamos, la mayoría de los *tracks* en *Grande sexi tos*, que comienza con el clásico "Ámame en un Hotel", originalmente grabado por Cecilia Toussaint en su *Arpía* de 1987. Enfatizando el carácter del conjunto, esta lenta y cachonda versión dura más de ocho minutos; augura un recorrido en pos de la interpretación, lejos de la perfección. Improvisar, bajar, subir, susurrar, gritar... todo en torno a la infidelidad: "Me sales con que tienes siete días de casada, falta de confianza, y dices que me quieres, yo también, a capa y espada. ¿Cómo le vamos a hacer? Tengo la solución, Mabel: ámame, ámame en un hotel".

Sigue "Tres Metros Bajo Tierra", aparecido en la banda sonora de la película *¿Cómo ves?* de 1986, y también editado en *Demos*, de 1992. "Tres metros bajo tierra, escárbale bien, tres metros allá abajo (del árbol aquél), están los huesos de nuestro amor", canta este clásico que también esparciera en el aire la Toussaint, la cantante más involucrada con los temas de López. Con larga introducción de guitarras oceánicas, la lentitud se rompe con un *rock* franco, urbano. "El Muerto al Pozo y el Vivo al Gozo", repite incansablemente adelantándose a "El Diablo Habla en Esperanto", tema que da un gran brinco en el tiempo. Extraído de *Gran quinqué*, disco compuesto para Maru Enríquez en 2003, presenta otra clase de oquedades. Su base es un *shuffle funky*, ternario, cuyo bajo destaca y canta a la par de la voz, encomiablemente. La cereza es el gran solo de guitarra de José Luis Domínguez.

"Cinco Amigos Míos" y "Me Siento Bien Pero me Siento Mal", otra vez, vienen de trabajos para Cecilia (*En esta ciudad* de 1988 y el mencionado *Arpía*). También aparecen "No Culpen a mi Amante", "Traqueteado Otra Vez" y "Puñalada Trapera", aparecido en el homónimo *Jaime López* de 1989. Luego suena "Muriéndome de Sed", escrito para el disco *Mar adentro* (1988) de Eugenia León, energético y pleno de dinámicas ("¿Qué hago aquí de pie en este acantilado? ¿Qué hago aquí de pie con tantos a mi lado?"), antes de cerrar con "Sexi Tos" y "Óyeme", ambos compuestos exprofeso para el álbum. Un indispensable para odiar y amar la megalópolis azteca.

Alonso Arreola

LabA: Música horizontal
Discos Intolerancia, 2007

Luis Clériga

Alonso Arreola, con herencias y bagajes sonoro-literarios, es uno de los artistas experimentales más productivos que vio México durante la década pasada. Tras su salida de La Barranca, en donde cubría el rol de bajista, fue en 2007 el momento en el que detonó una carrera solista que ya venía desarrollándose previamente desde varias vertientes.

Múltiples salidas para la emancipación de una figura amorfa; el momento que vivió en ese instante fue una mezcla entre un proceso hermético y otro social, ya que justo por esa época, Arreola —además de la maestría de su instrumento, el bajo— **estaba publicando para más de una decena de medios. Por el lado musical, inició un laboratorio de docencia a jóvenes bajistas que a la fecha incuba talentos de alto nivel.** *LabA* **fue un álbum pero también un laboratorio.**

El concepto de *Música horizontal* fue y es único a la fecha. En primera instancia, cada uno de los *tracks* contenidos en el álbum fue auspiciado por un diferente benefactor u organización cultural, algo poco visto en la música experimental. Por el lado de la distribución: el disco nunca estuvo a la venta. En vez de hacer algo "vertical", en donde el músico está endiosado en un escenario lejano (pedestal) y llega a los espectadores que aspiran a hacerse de la música, Arreola apeló a una dinámica en la que el álbum era entregado de manera gratuita a sus lectores y escuchas en Internet en puntos de encuentro organizados por él mismo y en sus conciertos. Similar a como funciona la red, el álbum llegaba de manera orgánica y por azares, empaquetado en una edición especial con postales, agradeciendo a cada benefactor.

Contrario a su salida, social y amigable a los escuchas, la música de *LabA* no es autoindulgente. Contiene *sampleos* dramáticos y grabaciones de campo urbanas, algunos pasajes ambientales hechos con múltiples instrumentos autóctonos y, como núcleo, *rock* progresivo de estructura matemática, corrosivo, crudo y obscuro. Se hizo mucho uso de la técnica del *tapping* y adornos aportados por una lista de colaboradores quizá modesta en su presentación, pero muy lujosa en su contenido. La parte más interesante de la obra radica en que aunque musicalmente no es complaciente en lo absoluto, la relación con el público fue incluyente. De forma muy aleatoria y pese a su poca accesibilidad, este disco se convirtió en la banda sonora de algunos devotos y más importantemente, de unos cuantos incautos.

Alonso Arreola es una especie de *punk* intelectual. Uno que en vez de oponerse al sistema (como usualmente lo hace la vanguardia mexicana), hizo uso del mismo para desafiar a la industria. El resultado fue uno de los modelos de lanzamiento de álbum más innovadores que un servidor haya percibido no sólo localmente, sino de manera internacional. Hasta la fecha nadie lo ha imitado y es probable que su valoración sea gradual. Conforme pase el tiempo será más difícil encontrar este material que ya no se está editando, quizá en el futuro sólo lo tengan los coleccionistas en su formato original o con un poco de suerte se encuentre la más austera, pero rara edición japonesa.

Así como el laboratorio apoyaba a los emergentes, para los músicos invitados del disco Arreola se fue a lo más grande, convocando a sus colaboradores de cabecera y un par de leyendas internacionales. Entre los locales, estuvieron el productor Gerry Rosado, su compañero Alex Otaola (ambos guitarristas), Mónica del Águila en el cello, Celso Duarte en el arpa, José Manuel Aguilera y Jaime López en voces, Mauricio Sotelo (Cabezas de Cera) en cuerdas, Carlos Maldonado en el contrabajo y Demian Galvez en la guitarra (ambos de Los Dorados), su hermano Chema Arreola en la batería y un *sampleo* de su abuelo, Juan José Arreola. Entre los internacionales, figuraron Dave Fiuczynski (conocido por su trabajo con Screaming Headless Torsos) y Trey Gunn (de King Crimson).

Ojalá la producción sonora de *LabA: Música Horizontal* hubiera sido tan completa como su lista de invitados o tan innovadora como su distribución, ya que es el lado donde flaquea el disco. La grabación, pese a retratar fielmente las ejecuciones impecables de sus músicos, no es tan impactante como sus composiciones. Se puede escuchar con muy altos decibeles, pero no se aprecian rasgos de difuminación, ni detalles. No es una producción musical tan vanguardista como los otros aspectos del disco, o una que reviente tímpanos de la misma forma que lo puede hacer Arreola y su séquito en vivo. Quizá el único punto débil en lo que de otra forma podría ser una obra maestra. Al hacer el balance de todo lo que representa el primer disco de Alonso Arreola, nos encontramos con un álbum que, con gran trabajo musical, una producción que deja al escucha sediento, su edición limitada, un modelo de lanzamiento analógico y contemporáneo al Internet; es una obra que sin duda tiene algo de revolucionario en su visión. Pocos discos tan complicados se han aprovechado del sistema de una forma tan interesante, en un momento en el que era tan difícil hacer las cosas por sí solas.

Alex Otaola

Fractales
Discos Intolerancia, 2007

Luis Clériga

Alejandro Otaola es un nombre importante en la escena del *rock* mexicano y un músico cuya creatividad y productividad se han extendido a través de los años. Su trayectoria se desarrolla alrededor de dos décadas, siendo el guitarrista de grupos como Santa Sabina y La Barranca; sin embargo, Otaola consolida su historia personal en *Fractales*, su primer disco solista. Alejándose de las convenciones, se trata de un disco que rompió varios de los clichés de donde provenía. En las quince piezas que lo conforman no se perciben ni rastros de las estructuras coro/verso/coro del *rock*. Fue un trabajo solista entrecomilladamente, ya que a la vez de ser la primera obra en solitario, contó con varias colaboraciones. No hay una sola composición que no cuente con invitados, dando pie a una cualidad incluyente de todas las corrientes, un esfuerzo colectivo para un disco "en solitario" que pocas veces se aprecia dentro de la música experimental.

Otaola estableció una dinámica de improvisación libre en cada una de las canciones, donde todos los músicos invitados llegaron a tocar de forma espontánea sobre bases creadas con *loops* y secuencias. Se conjugaron medios electrónicos y sicodelia para dibujar episodios de un viaje lisérgico que navega por diferentes estímulos, estados de ánimo y progresiones atípicas. Los cambios anímicos van de la melancolía a momentos luminosos, pero el énfasis de su paleta sonora y estructura amorfa llega a manifestar de forma eficaz un juego mental: la misteriosa manera en la que funciona la memoria humana y la forma en la que la misma se conecta con el espacio abstracto.

En cuanto a los invitados, se hizo una curaduría multidisciplinaria de contemporáneos de Otaola, como la sección rítmica de los hermanos Chema y Alonso Arreola, aunados a los veteranos Patricio Iglesias, Sabo Romo, Alfonso André; jazzeros como Dan Zlotnik o Carlos Maldonado y arreglistas como la flautista María Emilia Martínez. En percusiones estuvieron Hernán Hecht, Frankie Mares y se sumaron otros personajes como DJ Rayo (tornamesista de Los Dorados y Troker), el escritor Jordi Soler e incluso gente del *pop*, como Fratta (que contribuyó con líneas de bajo) o Jesús Báez y Ángel Mosqueda (Zoé).

Las bases electrónicas y capas sicodélicas se conectaron con las dinámicas mediante la instrumentación colaborativa. Para ser un *collage* tan ácido, el aspecto más destacable de *Fractales* fue su potencial rítmico y colectivo. Los sampleos electrónicos dieron forma a un intenso camino que pese a su no accesibilidad —en tinta—, crea un hilo conductor y un punto de encuentro entre toda una generación de artistas latinoamericanos que expresaron tanto su genialidad como su delirio.

Para rematar la conjunción, el disco incluyó un DVD en donde la música se visualizó mediante imágenes caleidoscópicas y perturbadores retratos urbanos, guiando al espectador con su visión de prisma tetraédrica por el mar de creatividad que se reunió en el álbum. En vez de saturar de elementos dispares, todo sigue los trazos coloridos de la guitarra distorsionada de Otaola.

La abstracción de *Fractales* es algo que evidentemente no se midió bajo los mismos parámetros, ni costumbres de la música popular. Más que un álbum, es una especie de película que retrata el ingenio sonoro de Otaola y su inquieta manera de trabajar por un tipo de vanguardia incluyente. Las tomas son rolas que cuentan con ritmos electrónicos sincopados en la naturaleza del IDM (Intelligent Dance Music), los tintes de *free jazz* y la sicodelia, todos elementos que normalmente podrían ser del gusto sólo de unos cuantos exquisitos; sin embargo, el contexto, apoyo de medios y de su propia disquera, abrieron un modelo compatible con un público grande, mismo que sería explotado con éxito en un futuro proyecto más explícitamente cinematográfico, *El hombre de la cámara.*

El paso del tiempo valora al álbum como un posible clásico del *acid rock* mexicano, que pavimentó una ruptura de convenciones y procesos inusuales, al igual que nuevas posibilidades. Como obra audiovisual y electroacústica fue uno de los discos más propositivos en salir a la luz en el 2007. *Fractales* se encontró con un nuevo camino para la música abstracta y consolidó a Otaola como un interesante experimentalista mexicano.

Joe Volume & Los Vincent
Black Shadows

I (heart) broken (heart)'s
Independiente, 2007

Alejandro González Castillo

Dicen los que saben que las clínicas de rehabilitación para adictos operan como sucursales del infierno. Joe Volume opina lo mismo, aunque agrega que "están de la verga", así, categóricamente, como para no permitir que la duda gane terreno. Y el tipo sabe lo que dice; fue llevado a un lugar de esos por sus amigos —él mismo se los pidió— una vez que se descolgó la guitarra tras dar un concierto que lo dejó con las manos temblorosas y el sudor de su frente transformándose en hielo, mientras éste descendía hacia su nuca. Cierto, las historias de adictos con guitarras eléctricas siempre han gozado de buena reputación y hay que dudar un poco cada vez que alguna sale a la luz, pero Joe jamás se anunció como un vicioso sin futuro con tal de hacerse de un nombre, pese a que durante algún tiempo sus actuaciones indicaban lo contrario; en realidad, para asolear su indigencia emocional el músico optó por los temas que integran su álbum debut. Ellos fueron los encargados de cubrir con ropas rasgadas a aquél, su conflictivo personaje.

Tal como ha ocurrido con las anécdotas respecto a sus conciertos —plagadas de escupitajos, *feedback* y sangre— la infancia de Joe también cuenta con pasajes que la hacen excepcional. El mismo cantautor comenta que sus primeros años tuvieron lugar entre discos de Miles Davis y John Coltrane; el impulso necesario para que de ellos se pasase a creadores tan distantes entre sí como Daniel Johnston, Wire, Robert Johnson, The Velvet Underground y Johnny Thunders, entre otros, una vez que el acné hizo acto de presencia en sus mejillas. Sin embargo, el combustible que haría que aquel chico se sacudiera de verdad sería la cultura del *skateboarding* y el *punk rock* de la generación del 77, una mezcla adictiva que desembocaría en el nacimiento de Los Vincent Black Shadows, donde Tommy Twist, Aarón Flash y el joven de apellido Volume encontraron un buen pretexto para usar sus codos como arma.

Con dos años de historia como trío y un disco previo distribuido de manera gratuita ("totalmente casero. Lo grabamos como en diez días y yo siempre andaba pedísimo, la neta no me acuerdo de muchas cosas que pasaron entonces", comenta Joe al respecto) *I (heart) broken (heart)'s* se escucha cutre porque sus autores así decidieron que tenía que ser. Vamos, que Escar Casablanca (encargado de la mezcla y la producción) consiguió que la guitarra pareciera amplificada en una caja de galletas y las voces grabadas en el cubículo de un baño público porque eso era lo que buscaba. Se trata de un disco de sustancia *punk* (acaso los conatos campestres titulados "Maybe by Chance, Maybe by Accident" y "I Watch You Every Night While You Sleep" escapen de la tónica), pero ejecutado con precisión, es decir, posee detalles que el grueso de los músicos mexicanos que presumen contar con un corazón con pelos de punta está bien lejos de conseguir (para comenzar, está plagado de armonías vocales correctamente afinadas) y ahí radica su principal atributo: no hay puñetazos inútiles, los manotazos al aire no tienen cabida. Sin divagaciones de por medio, sin panfletos, ni berridos quejumbrosos, en el álbum no se está encontrando una fórmula inédita; simplemente hay tres sujetos con ganas de rasparse los dedos y la garganta durante una decena de *tracks*. ¿Peros? Uno, inmenso: los temas están interpretados totalmente en inglés.

Mención aparte merece el trabajo gráfico de Dr. Alderete, con rayones aparentemente extraídos de su cuaderno de notas más tieso y amarillento. Una serie de dibujos sobreviviente a noches de juerga donde el pulso luce tembloroso gracias al alma callejera de "The Kids (Still Waiting)" y "Tell

Me a Lie" para luego recobrar la cordura con el aliento de la armónica de "Stupid, to Begin With" y "Lies".

Joe jamás fanfarroneó respecto a sus vicios, mucho menos filosofó sobre las cualidades lumínicas de su futuro; simplemente un día decidió colgarse su guitarra para encontrar en este disco la química apropiada para ganarse un lugar al lado de Dangerous Rhythm, Size o el primer Rebeld'Punk, aunque él mismo se empeñe en deformar cualquier línea de encuentro con aquellos pioneros. Después de *I (heart) broken (heart)'s*, el tipo aniquilaría a Los Vincent Black Shadows para deambular con otros músicos bajo distintos denominativos; desde entonces, sus viejos atributos sónicos se diluyeron para únicamente dejar intocable el viejo caos escénico.

Post Scriptum.

Hasta el momento de colocar el punto final de este texto, Joe no había pisado de nueva cuenta una sucursal del infierno y parecía no sufrir más de indigencia emocional, aunque algunos aseguran que siguieron viéndolo en diversos foros —alguna vez, incluso, riñendo en un concierto de los Buzzcocks— regularmente tirado sobre las tablas, interpretando desgarradamente algo de Jonathan Richman o Lee Hazelwood entre baladros eléctricos y charcos de cerveza tibia.

Los Explosivos

Los Explosivos
Grabaxiones Alicia/Slovenly Recordings/Get Hip Records, 2008

Iván Nieblas

Los Explosivos eran una banda muy joven cuando salió su primer álbum.
No hacía mucho habían sido seleccionados para abrir un concierto de The
Cynics en la Ciudad de México. La respuesta del público fue tan buena,
que les pareció pertinente comenzar a editar su música para que la gente pudiera adquirirla y reproducirla donde así considerara pertinente. El
rock de *garage* es la bandera que enarbolan estos muchachos. Aunque el
garage no sea otra cosa más que una actualización del *rock and roll* que
escucharon nuestros padres (o abuelos ya) en los cincuenta, lo importante en esa nueva formulación de bandas *garageras* es su acidez y violencia
emanada de su hermano natural, el *punk*. Su sonido es infeccioso, como
si al escuchar su música de repente nos atacara un virus de esos que no
desaparecen fácilmente.

Así tenemos que un nombre como Los Explosivos no pudo ser más
adecuado para denominar a una banda de este tipo. Su sonido le hace

justicia al nombre, cual si fuera una combinación de pólvora, dinamita y fuegos artificiales al por mayor. Por supuesto, al igual que para muchos grupos durante los últimos quince años, el grupo tuvo como casa el Multiforo Alicia, donde comenzaron a hacer sus primeros conciertos y quienes les abrirían las puertas para grabar este álbum debut. La energía que se derrocha por los altoparlantes es inaudita, no se necesita tocar *death metal*, ni tener una producción de un millón de dólares mientras tengas buenas canciones y un estudio dónde grabarlas.

A la salida de este álbum se les comparó inmediatamente con los pesos pesados del género como The Sonics, The Cynics y The Cramps, pero mexicanizados. La parte mexicana les viene evidentemente de cantar sus canciones en español (algo poco habitual para una época en la que todas las bandas estaban componiendo en inglés) y de sus modismos chilangos, como cuando profieren un "no te la vas a acabar" en la demoledora "Cállate Ya!". No necesitaron más de dos minutos para crear buenas canciones como "Hombre Lobo" (donde se lamentan "ya me puse de peludo otra vez"), "Fuego" y "Trampa Mortal". Siendo que la música físicamente es vibracional, escuchar este álbum de manera adecuada (de preferencia no en archivos digitales comprimidos) hará que las propiedades electromagnéticas cumplan su cometido y no se pueda evitar moverse al ritmo frenético de *tracks* como "Los Hermanos Dinamita" y "A Toda Velocidad".

El álbum refleja el amplio conocimiento de sus integrantes en las lides del *garage rock* y plasma quizás mejor que muchos otros álbumes de otros géneros, el sentir de la juventud del siglo XXI, esa generación que nació conectada al Internet, con dispositivos digitales y móviles en mano, que tienen todo y se aburren de tenerlo todo; esta juventud desempleada, desobligada y desencantada retoma la vieja forma en la que sus predecesores y contemporáneos disipan su hastío: escuchar *rock and roll* que los haga pasarla bien, sin mayores complicaciones. Incluso el álbum apenas alcanza la marca de los 27 minutos en total, la intensidad con la que tocan sus canciones, cual si fuera el ultimo día de su vida que podrían hacerlo, hacen que el tiempo dedicado a los surcos sea suficiente (además en la versión CD se puede poner en "repeat" si se hace necesario repetir la dosis).

Los Explosivos no están descubriendo el hilo negro, ni creando un nuevo género y mucho menos innovando con cuestiones técnicas de ninguna índole; no hay teclados, armonías, ni cortes abruptos en el ritmo. Simplemente cumplen con la función de servir al espíritu esencial del *rock and roll* muy bien, no por nada han logrado hacer extensas giras por Europa en los mejores festivales y clubes que acogen al *garage*, cuyos asistentes siempre se refieren a ellos como "el mejor *show* que haya visto".

Somos afortunados de que Los Explosivos sean una banda muy joven al momento de escribir esto, pues eso significa que los tendremos activos y haciendo buena música por varios años más, para nuestra fortuna y deleite. Los Explosivos son una banda de malcriados, valemadristas, tatuados, acelerados con ganas de hacer *rock and roll* y sudar. Lo volvemos a decir: son como un virus, y este disco es la inyección que te lo puede inocular.

Los Fancy Free

Never Greens Vol. 1 & 2
Independiente, 2008

Vicente Jaúregui

La historia del *rock* es cíclica y su mejor argumento se encuentra en México. Durante los orígenes del *rock* hecho en nuestro país, los músicos se limitaban a importar las canciones y los estilos anglos sin aportar demasiados elementos originales; años más tarde, las bandas se preocuparon por buscar una identidad, y desde finales de los ochenta y casi toda la década de los noventa, muchos grupos lograron discos únicos dentro del panorama internacional. Sin embargo, con la llegada de Internet todo esto se vino abajo, pues centenares de bandas emergieron cantando en inglés, la mayoría con influencias demasiado cercanas al grupo original (por no decir clonadas). Dentro de esa camada, quizá la banda más peculiar e interesante son Los Fancy Free, caracterizada por integrar elementos musicales menos obvios, amalgamados en un trabajo de estudio inédito en México (léase cochambroso y lisérgico).

Mientras todas las bandas querían ser los nuevos Strokes, el imaginario Fancy Free brillaba por su irreverencia, le importaba un carajo el *mainstream*, y los *jeans* ajustados de diseñador. Lo suyo estaba atrás, en los gloriosos sonidos consecuencia de la producción artesanal, en el retro futurismo hasta entonces poco manoseado por el *hype*. De repente, géneros aparentemente "trasnochados" como la sicodelia y el *folk* se pusieron de moda con apellidos raros como *neo/freak*, pero los Fancy Free los retomaron previo al *boom* mediático.

En un arranque de valentía y fertilidad compositiva, decidieron lanzar un disco doble, arrojo que incluso a bandas consagradas les cuesta lograr, tanto creativa como financieramente hablando. Bendita sea la independencia cuando un disco con las exigencias estéticas de *Never Greens*, pretende gestarse en un país como México. Por suerte, Martin Thulin *aka* Menonita Rock, además de ser cantante de la banda, es un productor que sabe exactamente cómo delinear el paisaje *low fi* que predomina en ambos volúmenes. Para ello fueron esenciales la batería *geek* de Carlos Icaza, la acidez e inventiva de "El Bona" en la guitarra y el bajo de Julio Navarrete totalmente sesentero.

A juzgar por las 20 canciones que componen los dos volúmenes de *Never Greens*, imagino la sala de ensayo de los Fancy atestada de aparatos *vintage*, de los que ahora se piden por Internet, pero que antes implicaban la emocionante visita al Tianguis de Taxqueña. Ahora, ¿a qué suenan esas rolas? A la aventura de descubrir un sótano repleto de vinyles empolvados de finales de los sesenta, vertidos en un caleidoscopio sonoro cuatro décadas más tarde. No es casualidad que el nombre de la banda signifique "sin compromisos o etiquetas", hecho que se patentiza en la disposición natural al eclecticismo de parte de los cuatro músicos.

Por otra parte, llama la atención el sonido análogo filtrado aquí por técnicas digitales, así como la reinterpretación del *art rock* y la sicodelia, pero vistas desde un reventón chilango en la colonia Narvarte, donde el código de vestimenta demanda ropa de segunda mientras te bebes un *chartreuse*. *Never Greens* fue grabado totalmente en vivo —como solían hacer los grandes en Abbey Road—, pero si antes era necesario cortar y pegar las cintas a mano, en este caso los efectos corrieron a cargo del *click* derecho de una compu. Si le preguntamos a Martin —cantante y productor nacido en Nueva Escandinavia, Chihuahua— las letras que escribió aquí poseen un fundamento político, pero en el sentido lúdico de la palabra, ya que lejos de aburrir con panfletos y choros trasnochados, ofrecen una postura crítica del mundo, una que no incita a las marchas, sino al delirio y a la comunión dionisiaca que caracteriza sus presentaciones en vivo.

En resumen, éste es un compilado que todo nostálgico de vanguardia apreciará, y que recomendamos escuchar minuciosamente, pues de
sus múltiples capas, tempos, armonías y arreglos, nacieron dos decenas
de canciones de alcances cosmopolitas, de esas que recelan su tesoro para
oídos pacientes y educados.

Los Llamarada

Take the Sky
SSS Records, 2008

Iván Nieblas

Banda formada en 2002 y un ejemplo más de cómo el talento local es mucho más apreciado fuera de la propia patria que en ella. La historia de Los Llamarada se gesta en la ciudad de Monterrey, Nuevo León. Adrián (voz, teclado), Juan (guitarra) y Manuel (batería), tres amigos que se reunían en fiestas para escuchar discos y beber alcohol, se sentían frustrados ante el panorama musical a su alrededor.

Las bandas que ocupaban los escenarios y los medios de principios de la década, las que llegaban a tocar a la ciudad y las que se ofrecían en las tiendas de discos, no satisfacían el gusto de estos tres que eran ávidos consumidores de *shoegaze*, el *postpunk*, el *noise* y la sicodelia. Así que viendo la oscuridad de la situación, decidieron formar una banda que satisficiera sus propias necesidades de escuchar la música que les gustaba en vivo, siendo que no podían encontrarla en otro lugar.

Ninguno de los tres tenía experiencia tocando, pero les sobraba entusiasmo, se hicieron de instrumentos y comenzaron a desarrollarse como banda. Realmente no tenían un objetivo determinado, desarrollaron su sonido sin centrarse en el aspecto musical de la creación, sino en las propiedades físicas de los sonidos, la vibración misma de los instrumentos y sus modulaciones. Haciéndose de experiencia grabaron algunos CD's caseros (cinco en total) y comenzaron los primeros conciertos. Fue dentro de la escena *punk* en la que tuvieron mejor acogida por un público mucho más abierto a nuevas propuestas. Al trío se unió Estrella (guitarra, teclado, voces), su llegada trajo también un nuevo uso del teclado, que en lugar de aportar sólo texturas, también era usado como elemento rítmico.

Un nuevo CD casero fue creado y sus canciones subidas a MySpace, donde las escuchó Scott Soriano, de la californiana SSS Records, quien tomó esas canciones y lanzó un vinyl, *The Exploding Now*. Este material les abrió la puerta para tocar en Norteamérica y Europa, y ser recomendados como lo más novedoso del *underground* mexicano. Con la venta de su mercancía en los conciertos lograron hacerse de una grabadora Tascam de cuatro canales y así grabaron *Take the Sky*.

Lo que encontramos en esta producción es el *noise rock* más puro que se haya fabricado en tierras mexicanas. No hay un objetivo de crear un sencillo para tararear mientras se da un paseo por el bosque, más bien se trata de provocar emociones a través de las canciones. Para el oído no entrenado en las artes de Sonic Youth, The Dead C, Birthday Party, Wire o The Fall, lo que hacen Los Llamarada en este álbum podría resultarle un poco alienante. Pero si se es paciente y se sobrepasa el hecho de que el álbum esté grabado con una calidad mínima (pues de eso se trata el Lo-Fi), se puede encontrar con piezas interesantes de talante *punk* como "The Future Scream" y "I've Got Your Face", que parecieran haber sido concebidas en el extinto CBGB en una mala noche lluviosa. Igual hay piezas más en la vena poética-ambiental-experimental de The Velvet Underground como en "No One Can", "Ten to Dawn" y "A Chance to Become Transparent", obvia influencia de Sonic Youth en "Another Big Come Down", así como verdaderas avalanchas de texturas ruidosas como "Atanareska" y "The Late Great Monterrey Trip".

Su sonido es apocalíptico sin duda, cual si fuera un vestigio del futuro que nos habla del horror de vivir en estos tiempos, sobrecargados de todo lo que es posible concebir por medio de los sentidos. Los Llamarada afortunadamente aún conservan ese espíritu de rebeldía del *rock*, son unos buceadores musicales, antiarreglistas que se atrevieron a tomar instrumentos que desconocían y una lengua extranjera para crear algo que viniera desde sus entrañas, y no desde la ambición por la fama y fortuna fatuas. Son verdaderos artistas en el estricto sentido de la palabra "arte". *Take the Sky* es un claro testimonio de ello; es confrontacional, audaz, hiriente y no da lugar a las concesiones. Es la personificación de un trabajo libre cuya única regla es que no haya reglas. Es la bomba de autodestrucción que nos salvará de la desesperanza cuando todo esté perdido.

Nos Llamamos

Nos Llamamos
Intolerancia, 2008

Guillermo Galindo

Son pocos los grupos que en tiempos recientes han logrado conmocionar de tal manera a personajes del medio de la comunicación como a los seguidores de la música.

Nos Llamamos es uno de esos proyectos que te enganchan desde los primeros acordes para llevarte a lugares poco reconocibles en el *rock*, identidades abstractas que logran entenderse entre diversos subgéneros y llegan a un punto en común, música diferente.

El material debut de la banda originaria de Pantitlán, en el oriente de la ciudad, se resume en el reencuentro de las guitarras con las baterías para lograr un sonido exacto, conceptual, melódico y firme, virtuoso y conmovedor.

En los inicios de 2008, llegó a la escena una banda sin pretensiones ni tapujos, deseosa de hacer música y de expresarse, basándose en batería, bajo, guitarras, voces y sintetizadores.

Nos Llamamos ofreció al *rock* nacional un disco homónimo el cual recorre en gran parte la historia del *rock and roll*, guardando los elementos en cada canción con un hilo conductor entre ellas, las cuales logran un equilibrio perfecto entre el *rock*, *punk*, *garage*, progresivo y aquel *shoegaze* británico que conocimos a finales de la década de los ochenta.

Una especie de resumen de cada una de las vertientes mencionadas se plasma en los nueve temas que incluye el álbum, mismo que se traduce de manera exacta en los conciertos de esta novel banda integrada por **Damián Pérez, Héctor Melgarejo y Aarón Bautista.**

El disco abre con "Esa", canción con la combinación perfecta entre guitarras distorsionadas y un *phaser* recurrente, así, muestran a través de melodías largas en las voces, una serie de ambientes que pueden llegar a clavarse en tu cabeza.

Una de las canciones más importantes del álbum es "Monstrua" debido a su papel como primer sencillo promocional en estaciones de radio como Reactor e Interferencia y que formó parte de la música que definió el 2008.

"Auscencilina" tiene una línea de bajo que sobresale de los demás elementos del disco. "Ranchera" es un tema lento, con notables combinaciones rítmicas que se muestran a través de bajo y batería, una canción que alcanza un ambiente extremo debido al paneo de la voz y que contiene una de las letras más interesantes de la banda.

Con "Marina" sucede algo muy interesante, se trata de un tema con unas secuencias en las baterías demasiado complicadas y rápidas, pero que contiene una melodía en la voz y unas guitarras que recuerdan en algunos momentos a la *bossanova* y a un *pop* melódico que se asemeja a un Café Tacvba de mitad de la década de los noventa.

Con "Frenesí" se alcanza un nivel distinto en lo que respecta a los ambientes antes mencionados, nos muestra un lado más agresivo de la banda, con percusiones y teclados cercanos a los utilizados por Radiohead en *The Bends* pero con una melodía de voz muy tenue y sin prisa.

Uno de los momentos más interesantes del disco llega con "Línea", tema que también fue tocado en diversas estaciones de radio en el interior del país. Una canción que muestra el virtuosismo de cada uno de los elementos que integran a la banda; cumbre en la carrera del grupo ya que se traduce el sonido que se puede escuchar en sus conciertos, contiene un postcoro donde la voz juega con los silencios y protagoniza el espectro musical.

"Rompevientos" logra llenar las expectativas de los amantes de los bajos, ya que contiene movimientos alrededor de una marcada batería que son acompañados por guitarras y vocales suaves, además de que también contiene una letra interesante.

"Roquera" es la canción con la que cierra el disco y tiene un espectacular cambio en el ritmo que difícilmente se espera en la banda, se trata de una especie de *rock and roll* que te lleva directamente a Memphis acompañado de un piano que juega durante la segunda mitad de la canción hasta marcar el ritmo durante un divertido puente musical.

Álbum redondo que puede ser producto de un notable virtuosismo de los integrantes de la banda, pero en donde, sin duda, el trabajo de producción que corrió a cargo de **Alexis Ruiz, Martin Thulin y los mismos muchachos de la banda,** afina y conlleva a la obtención de una finura musical, sutil en algunos momentos y densa en muchos otros.

Básicamente se trata de un disco de *rock*, que sin pretensiones, ni mayores tapujos logró cautivar a los amantes de la música, sin necesidad de tener que buscar entender lo que sucede.

Furland

Historia de la luz
Terrícolas Imbéciles, 2009

Alejandro Mancilla

Cuando este disco de aventuras cosmo-*folkies* relatadas por chicos de vein-
titantos con espíritu de bibliotecarios, cuyas guitarras lucían más grandes
que ellos, irrumpió sin hacer demasiado ruido, la escena del *rock* independiente nacional continuaba dominada por la saturación y el culto a la
personalidad impuesto por las redes sociales y la moda juvenil etiquetada
arbitrariamente como "indie rock". Una de las virtudes de Furland fue
apostar por una obra conceptual con raíces en sus influencias, interpretada en su propio idioma a través de un hilo conductor; una serie de pequeños momentos narrados en primera persona por cierto visitante espacial,
el cual, más que Major Tom defeño, en realidad representa a un simple ser
humano que experimenta la mayoría de las emociones existenciales por las
que casi todos pasamos: enamoramiento y decepción; las alegrías y amar-
guras del mundo que suceden mientras uno se pregunta quién es. El final
de la historia es feliz, triste o incierto. Como quiera verse.

El primer sencillo del disco, "Quiero Ser un Color", un optimista tema en clave *country-pop* ("wanna be" George Harrison) fue bien recibido entre la gente que recién los descubría y por los entusiastas de *A casa voy* (EMI/ ¿Cuál es tu rock? 2006), su EP debut, sin embargo los momentos más brillantes del álbum se pueden encontrar en "Colores, Colores, Colores", una oda que remite lejanamente a The Verve, y en "La Luna Más Lejana", con sus teclados iniciales y esa línea melódica de terciopelo. El tema homónimo al disco es un puente instrumental que se liga con "El Explorador" y su bajo reluciente, el cual nos conecta a la vez con "Las Lunas, las Estrellas..." y su *pop* bien logrado con un diálogo incluido entre trompetas, banjo y guitarra; el mejor momento del disco. Casi inadvertidamente comienza un tema instrumental con un *beat* más rápido, la pausa necesaria para arrancar con la secuencia de canciones que le sigue: "Bit Trip", "Una Brevísima Eternidad" (donde destacan el trabajo del sintetizador y el *vocoder*) y "Astrorrey (Rey Astronauta)"; una despedida que lo confirma: el cuarto de ensayo del cuarteto cuenta con una buena colección de libros de *sci-fi* revueltos con novelas románticas.

Si bien la influencia *beatle* es omnipresente en gran parte del disco, es evidente que Furland continuó hurgando en sus obsesiones *britpoperas*, sobre todo en los coros. Obviamente en la ecuación no podían prescindir del factor amor/ desamor tan presente en el cancionero popular. Por otro lado, arreglos de cuerdas, violines, banjos, guitarras, flautas, trompetas, pianos y sintes galácticos conviven muy bien ensamblados por una voz que no busca ser protagonista, sino proyectar el sentimiento que embarga a las canciones, no sin cierto dejo de angustia y monotonía. Es importante el hecho de que nadie trata de anotar el gol decisivo; más bien se escucha a una banda reunida en un *picnic* justo en la azotea de un edificio, observando las estrellas sin interrumpirse los unos a los otros más que para rolar el telescopio, es decir, los instrumentos.

Historia de la luz se encuentra poblado de personajes instalados en la tierra, pero lunáticos de corazón, que buscan trascender el tiempo y el espacio entre recuerdos, luces, obscuridad, metáforas, promesas y colores. Evidentemente la elección del productor fue decisiva, ya que Emmanuel del Real (Café Tacvba), con la ayuda de Ramiro y Renato, logró plasmar lo que los músicos buscaron durante varios meses de trabajo: no caer en las obviedades de la sicodelia o el *folk* ni ser una calca de Flaming Lips, pero asimilando muy bien *Revés/ Yo soy* (Warner, 1999), uno de los trabajos más introspectivos de Del Real con Café Tacvba. La mezcla, a cargo de Marco Moreno, igualmente es un punto de equilibrio a favor.

Así, con ciertos momentos a la *Hombre sintetizador* (Manicomio, 1999) del Zurdok más eficiente, se escucha un álbum que en su momento gustó a quienes buscaban el *single* de moda en las estaciones radiales "alternativas" y que, pese a contar con intenciones un tanto pretenciosas, permitió que Sergio, Carlos, Jacinto y Ricardo lograran cruzar el pantano sin que alguna criatura con corazón de pasto consiguiera hacerlos caer.

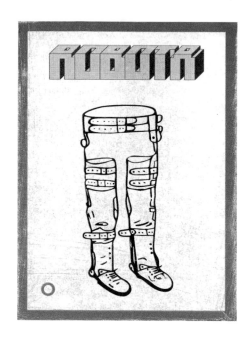

Robota

Robota
Happy Garlic, 2009

Marcos Hassan

Robota no pertenece al presente, ni al pasado, pese a que esta obra está fechada en 2009 y fue lanzada por la ya desaparecida Happy Garlic en formato de casete. Cada copia de este trabajo se encontraba en una caja de cartón que contenía mucho arte gráfico en adición a la cinta, guardada en su tradicional caja de acrílico, con librito y todo. Algo típico considerando la era en que el trabajo vio la luz.

Dentro de la oscura cinta se encuentra un sonido que le da un saludo respetuoso al pasado para inmediatamente saltar hacia el futuro. Kraftwerk es una de esas primeras referencias que brincan a la mente al escuchar los tonos análogos de teclados que se enfundan en envolturas sónicas de formas cuadradas y triangulares, atacando como olas o como sierras. El grupo también visita influencias más cercanas, como a grupos agresivos que desenfundaban los procesos electrónicos para entonces primitivos y así hacer música excitante que no necesariamente se encuentra en la pista de baile; bandas como Atari Teenage Riot o Add (N) to X, las cuales *rockea-ban* muy duro con sus Junos, ARPs y Moogs, aunque también se encuentran rastros de Stereolab, es decir, sintes sin complicación, pero de alto impacto. Sin embargo, pese a las influencias, como todos los grupos que en verdad vale escuchar, Robota nos da su muy particular interpretación de la música electrónica.

El proceso de concepción y grabación del disco fue rápido, según sus creadores. Conectaban sus diferentes instrumentos e improvisaban hasta que les sonaba a algo que valiera la pena preservar para siempre, armando las canciones a partir de eso. En el disco, las piezas fluyen de tal manera que no se escuchan como armadas con diferentes trozos. Hablamos de creaciones con teclados y cajas de ritmos que no tienen un gran rango sonoro o un versátil arsenal de timbres; sino de temas que fueron hechos alrededor de los sonidos que cada componente poseía. Es decir, en Robota el compositor sirve al instrumento, más que ejecutantes se trata de usuarios. Las herramientas no son los instrumentos, sino los propios músicos.

El origen de muchas de estas rolas tuvo lugar entre 1998 y 1999, cuando Hugo Quezada, Alfredo Moreno y Alejandro Heredia (y también Israel Moreno, en la etapa más temprana del proyecto) aún fundamentaban su sonido en el uso de guitarras. Es posible decir que el grupo tiene un carácter algo errático, pues es difícil cacharlos en una etapa creativa o de mucha actividad en el circuito de conciertos. Fue hasta 2004 cuando convergieron en el estudio de Bona Bonson en la colonia Narvarte para documentar los sonidos que habían logrado. Pocas semanas después tuvieron el *master* en sus manos, pero fue cinco años más tarde que alguien ajeno al grupo escuchó las ondas atmosféricas y agresivas que componían sus espectros sonoros.

Después de familiarizarse con el concepto y obra de Robota, detrás de todos los diseños retrofuturistas que adornan sus álbumes —plagados de androides imaginados en los sesenta y setenta, colores fuertes, elementos cuadrados y directos—, uno se encuentra con la frase "bad vibes", mencionada en entrevistas y demás medios donde la banda ha encontrado espacio. Una sentencia acorde con los sonidos de sintetizadores análogos que son buscados por los músicos debido a su calidez e imperfección, por su nobleza al tacto y por lo impredecibles que son si se les compara con los digitales. En manos de los Robota, estos aparatos no arrojan sonidos agraciados, mucho menos familiares; por el contrario, se oyen siniestros, agresivos, gordos, descontrolados. Cada pieza contenida en su primera cinta pareciera advertir que algo malo estuviera a punto de suceder, irrumpiendo en los cables para mandar todo a la chingada, desbaratándose totalmente para dejarle a los escuchas un tumor o algo peor con lo cual cargar de por vida.

No hubo que esperar mucho tiempo para recibir un segundo álbum por parte de la banda: *Vulgar Display of Power*. Éste, captura un poco mejor el sonido del grupo en vivo, comparado con el debut, contiene mayor agresión, sin embargo el primer lanzamiento fue el que presentó a Robota con el mundo para erigirse como uno de los más peculiares y característicos grupos de la escena mexicana a finales de la primera década del siglo XXI. El lugar justo en la historia, ni un minuto más, ni uno menos.

Juan Cirerol

Ofrenda al Mictlán
Vale Vergas Discos, 2010

Alejandro González Castillo

Juan Antonio Cirerol Romero es un *punk* desterrado del reino de las coladeras. Su cabeza no ofrece pruebas de que alguna vez haya portado un *mohicano*, sin embargo es bien conocido su paso por diversos grupos de *punketo* perfil donde solía aferrarse al bajo, la guitarra y la batería. Afortunadamente, el futuro de Juan se definió cuando rondaba los quince años de edad y algunos casetes de Nirvana y The Beatles giraron por su cabecera al mismo tiempo que su abuelo lo educaba con las rimas agrias de Johnny Cash y el pulso campestre de Los Alegres de Terán. Fue así, entre la *polka* y el corrido, entre la música *country* y el *rockabilly*, que la pose inconforme del *punk* adolescente desapareció para cederle lugar a las botas picudas y las hebillas aparatosas.

Chalino Sánchez y El Tigrillo Palma. Nombres que podrían definir a primera oída las influencias de este ranchero *punk*, aunque jamás tracen la ruta de sus rimas. Porque el bestiario del autor de Mexicali no se forja entre el rumiar del ganado, sino que retumba como un eructo cínico, citadino. ¿Coincidencias con Rockdrigo González? Bueno, ambos expelen un tufo similar en sus vaivenes vocales, ciertos fraseos parecen encontrarse, pero el bajacaliforniano dice haber conocido la obra del tamaulipeco cuando su personalidad como cantautor ya se encontraba definida. En ese carril, Piporro sí que es un referente ineludible.

Construido básicamente por guitarra y voz, en el álbum debut de Cirerol reluce especialmente "¿Cómo la Ves Carnal?", una composición que deja sin posibilidades de defensa a esos "baquetones" que se las dan de "fresones"; un desmenuzamiento puntual de la fauna con ínfulas artísticas que plaga ciertas colonias de la capital mexicana (La Condesa y la Roma, por ejemplo) uniformada como *hipster*. Es este tema el que más puntos de encuentro plantea con Rockdrigo; no sólo por su fraseo, sino por el tino y la mala leche con los cuales el provinciano describe al chilango. Porque eso sí, Cirerol presume orgulloso su gentilicio, de ahí que "La Chola" se anuncie como una tonada de amor cándido a cierta *shula shola* que se *guasha* en *shicali*, aunque entre renglones su autor confiese una adicción un tanto más grave que la que padece por las cinturas estrechas.

"Clonazepam Blues" es un corrido vertiginoso donde las pastillas y las caguamas dirigen el viaje de un tipo que aprovecha su euforia anfetamínica para ejercitar los dedos sobre el diapasón de su guitarra; el antecedente ideal para "Toque y Rol", una cruda balada resacosa que describe un acto de lo más heroico: rolar un toque de mota en Rosarito antes de que el fuego se extinga y el cansancio tumbe a los cuerpos sobre la arena. Por otro lado, "Maldita Maestra" invita a abandonar el juego sucio del amor y a la "estúpida poesía" (¿acaso la contenida en el tinglado lírico más abstracto del disco: "Quiero Ver mi Rostro"?) para hacer contrapunto con "Hace Mucho Calor"; una queja de carácter climático sin más intención que la de provocar bostezos gracias al bochorno solar.

Disponible como descarga gratuita en el sitio del sello que lo guarece y en vinyl (con menos temas que la versión digital), la ofrenda del cantautor al D. F. —el lugar donde grabó los temas bajo la producción del Doctor Bona Bonson— marca su raya con respecto a la generación de músicos que ya no asume su condición *indie* como un atributo y que aparentemente genera sus propios canales de difusión y distribución, pero que se aferra a mantener vivas las dinámicas de intercambio musical que operaban décadas atrás y cuya facha es tan determinante como el perfil estético de su cancionero. Paralelamente, se trata de una obra que no reivindica el *folklore* del norte del país descarnadamente, si acaso celebra su condición arrabalera y gandalla, es decir, no podría comparársele con el arribismo que algunos DJ's asolean cuando pinchan cumbias con el afán de lucir gamberros.

Por su espíritu de juerga, *Ofrenda al Mictlán* suena como la cantina más grasienta de Mexicali justo cuando la borrachera ha alcanzado su punto climático. Congela el tiempo en el punto donde los vasos chocan entre sí con violencia y las risotadas operan como la ovación que los vidrios necesitan para mantenerse agitados. Se manifiesta donde lo que solía lucir como un convite entre camaradas corre el peligro de transformarse en un zafarrancho. Y es Juan quien se faja la camisa para deshebrar los rostros de los parroquianos, y lo hace apenas acompañado de una guitarra acústica cuyas cuerdas lucen oxidadas con chorros de ese combustible ligero llamado Tecate.

Justo cuando un oleaje nauseabundo de cantautores lindos y perfectamente despeinados colma los foros del país, aparece este Juan, y todo indica que viene borracho y con ganas de puños. Una auténtica bocanada de aire fresco.

Hello Seahorse!

Lejos. No tan lejos
MUN, 2010

Alonso Arreola

Un metrónomo y dos acordes de piano entrando en anacrusa, muy por lo bajo. Luego de cuatro compases: plenitud con la voz de Lo Blondo (Denise Gutiérrez), la batería de Bonnz (Gabriel G. de León), la guitarra de Joe (José Borunda) y los teclados de Oro de Neta (Fernando Burgos), quienes juntos dan vida a Hello Seahorse!, proyecto de *pop* alternativo nacido en la Ciudad de México en 2005.

"Ginebra Dulce", corte inaugural de *Lejos. No tan lejos*, es uno de los seis producidos por el estadunidense Money Mark, figura en el equipo de los Beastie Boys. Su letra arranca con una conjunción entre paréntesis, continuando algo invisible: "(Y) bebimos ginebra dulce". Más allá de establecer un ánimo superficial, invita a pensar en historias circulares, en narraciones fracturadas con cantos influenciados lo mismo por Björk que por Beth Gibbons o Anna Netrebko.

La manera como entra "Casa Vacía", segunda pieza, es tan abrupta que no permite levantar los frutos iniciales. También producida por Mark, en ella continúa el sentido reflexivo. Se trata de una de las mejores letras, pues presenta segmentos poéticos como: "He prometido no volver. Llevarme hasta la última semilla. Las flores muertas ya caídas. Desaparecer".

"7 días" es consecuente con el discreto tributo a los ochenta (arpegios de teclados y pulsos constantes), aunque regala una visión más poderosa. Ésta ya es producida por Yamil Rezc, su principal aliado y fundador del sello MUN. "Pela los dientes, por favor. Me encanta tu sonrisa", dice Lo Blondo entre improvisaciones etéreas, coros y armonizaciones que cerca del minuto 2:30 tocan tierra con una pesante batería.

Aunque *Lejos…* es el cuarto álbum de Hello Seahorse!, en realidad representa el segundo bajo la lupa de seguidores y críticos, por lo que se aplaude su desapego a "Bestia", una de las canciones más exitosas del periodo 2008-2009 y que los llevó a presentarse en festivales como el Vive Latino, a ganar premios otorgados por MTV y a escalar las listas de popularidad y ventas por Internet.

Reflejo de un cuarteto interesado en los procesos más que en los resultados, "Perla Blanca" —regreso de Mark a la consola— regala un ensamble rítmico intrincado. Percusiones en *loop* se enciman a los tambores de un Bonnz comprometido con las pausas y el silencio, al órgano rebanado en dos acordes y al bajo que serpentea con frases de cuatro notas. Es un interesante momento textual: "El canto y la canción. El grito de liberación", dicen los caballos de mar apelando a su propia exploración.

A pura guitarra y voz, el siguiente bosquejo podría no pertenecer al disco y sin embargo se celebra, pues lo escinde con un momento de respiro: "No hay miedo. Hay miedo", expresan paradójicamente las "Fieras" antes de liberarse en "Un Año Quebrado", tema que irrumpe como diluvio recordándonos su presencia en radio, la euforia a que invita en los conciertos de Hello Seahorse! Es uno de los más significativos en *Lejos…*, pero también en la carrera del grupo. Contrario a lo que cantan sus versos, "con el tiempo me he dado cuenta de que aún no encuentro, no invento bien quién soy", queda consolidada la personalidad de quienes saben hallar oro.

"La Tumba" es más orgánica. Alejada de la electrónica, se acerca al *rock* gracias a su base rítmica. Escuchándola es imposible no pensar en Rita Guerrero. "Oro y Plata" y "Me Has Olvidado", empero, apelan nuevamente al sello distintivo de Hello Seahorse! Nacen, se desarrollan y crecen sin explotar jamás, contenidas contra su propia naturaleza electropop.

Sorpresiva como "Fieras", la llegada de "Velo de Novia" anuncia la conclusión del recorrido con una larga introducción —y final— de grillos nocturnos. Grabada en vivo, es un corrido atípico inspirado en "La Llorona" que vale por la conciencia geográfica que acusan los músicos. Aparece entonces la pieza que da nombre a *Lejos. No tan lejos*, la de despedida, que juega con una grandilocuencia de aliento oceánico. Largo exordio que nunca se resuelve, regala un término que en realidad es vuelta al principio, giro de tuerca en el que reaparecen los grillos antes de un *reprise* acústico de "Casa Vacía".

Este último atrevimiento funciona porque, como pasa con todas las canciones de Hello Seahorse!, se yergue solo, independientemente de los elementos que lo vistan, subrayando la sinceridad de su andamiaje. Buen cierre para un álbum que define al otro *pop* mexicano, lejos, no tan lejos del *rock*.

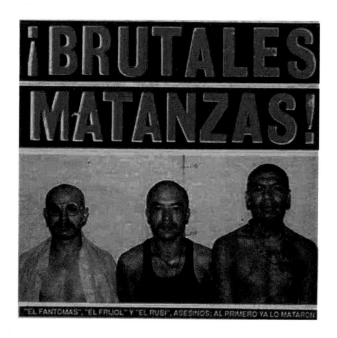

"EL FANTOMAS", "EL FRIJOL" Y "EL RUBI", ASESINOS; AL PRIMERO YA LO MATARON

Varios

¡Brutales matanzas!
Cintas Pepe, 2010

Marcos Hassan

La presentación de este compilado de *punk* ocurrió una noche que los asistentes no podrán olvidar; vivirá en la infamia por mucho tiempo. Cuatro de los grupos presentes en el acoplado tocaron. Antes de que Los Monjo se montaran sus instrumentos, un *punk* muy roto, quien al final de la noche se hallaba meando y vomitando en la banqueta, se puso a debatir con la gente del recinto, ya que ésta hizo una colecta para apoyar a amigos que habían llevado a la cárcel por manifestarse, pero a este individuo no le encantó ese detalle. El *slam* se puso frenético y violento muy rápido, pero todos le entraron y se la pasaron como si el mundo allá afuera no importara. Inservibles fueron bien salvajes mientras las caguamas fluían en el suelo, Ratas del Vaticano tocaron con la guitarra de Yecatl Inservible, mientras el público les gritaba en sus caras, aunque la actuación de Crimen, quien cerraría el concierto, era dudosa debido a que el guitarrista fue a ver a Kiss esa misma noche.

El disco compila canciones de varias bandas mexicanas y algunas peruanas que hacen *punk rock* muy podrido. Nadie toca algo nuevo y nadie pretende que el público piense que se está inventando algo; tres acordes, actitud de la chingada y gritos muy perros. Es lo que es. Es lo que se tiene. Y aunque cada una de las bandas cuenta con una forma muy particular de interpretar ese sonido, hay muchos elementos que unen a cada una de ellas. Todas cantan en español, traen *riffs* simples, un valor de producción muy bajo, voces estridentes y letras, por mucho, encabronadas. Se podría decir que estos músicos ejecutan el sonido de una era si ¡*Brutales matanzas*! no compartiera perfil con colecciones de bandas *garageras* de otras partes del mundo, como la *Bloodstains Across...* y *Killed By Death*. Después de todo, se trata del sonido folclórico de las ciudades donde la gente está inconforme, enojada, con ganas de beber un chingo y meterse en una pelea para sentir algo que no sea asco por el mundo y ellos mismos. Y todos ellos representan una tradición, aunque lo quieran negar.

El disco abre con Masturbator, quien cuenta con un vocalista que suena muy parecido a Alex Lora o Chabelo, que reniega debido a que los "hijos de mierda" no lo dejan vacilar; Los Margaritos siguen con dos rolas enfurecidas con mucho respeto a los Dead Boys; Los Killer Cassettes se presentan con un vocalista que escupe su inconformidad con gran rapidez y desprecio por su propia voz, mientras la banda va a paso de mono cilindrero. Todo bien bonito. Tres al Hilo pudo haber sido una banda salida de Londres en 1977, con rolas cantables y un sonido furioso que se asemeja a una brisa de aire fresco en medio de este compilado de suciedad. Por otro lado, Los Nassis, de imagen provocadora, tienen la rola más elocuente del disco, aludiendo al sentido del humor del *punk rock* en su definición más significativa.

Las cuatro bandas que tocaron en la presentación antes mencionada salen muy bien paradas en todo esto. Los Monjo, de Guadalajara, comparados constantemente con los legendarios Eskorbuto, tocan con mucha rabia y perdición, sin perder el sentido de hacer canciones memorables; Ratas del Vaticano salen con furia y ruido, representando a Monterrey; Crimen, con más claras influencias *hardcoreras* que el resto, muestra canciones dignas de ser gritadas en tocadas en lugares inapropiados. Mención aparte merecen Inservibles, sonando rápidos, gritones y podridos hasta la raíz. Sus dos temas no tienen concesión con nada, ni siquiera con ellos mismos. En ellos resuena la vitalidad desde los escombros de las ciudades perdidas y las morales olvidadas, vendidas para mantener los hábitos de los individuos que los hacen vivir pero, al mismo tiempo, los acerca a la muerte, lejos de la felicidad atrapada en un tiempo que pudo no haber existido. De la frustración por el gobierno, la impotencia ante el consumo, o el pinche hecho de existir sin poder encontrar felicidad o siquiera saber si eso se busca, porque puede que no haya satisfacción dentro de ella y no exista más remedio que resignarse a sentirse de la vil puta chingada.

Compilados como estos hay pocos en la vida. ¡*Brutales matanzas*! está destinado a ser buscado por los coleccionistas de *rock* mugroso y peligroso. Es bueno saber que gente como Yecatl, las bandas presentes y todos los involucrados en el acoplado, quieren preservar estos sonidos, pagar tributo a la clase de madres que escuchan y les prenden con tal de atrapar un momento en la historia.

Los coordinadores

David Cortés

Escritor y periodista. Ha colaborado en los principales diarios del país (*El Nacional, La Jornada, Milenio*, entre otros), y en revistas especializadas (*Conecte, La Banda Elástica, Latin Pulse!, Switch, La Mosca en la Pared, Día Siete*). Es autor de los libros: *Los pasos de la vanguardia*; *El otro rock mexicano. Experiencias progresivas, sicodélicas, de fusión y experimentales*; y *La vida en La Barranca*. Actualmente escribe para *Nexos, Afterpop Magazine* y *La Mosca en la Red*.

Alejandro González Castillo

He escrito en la mayoría de revistas mexicanas que han apostado por el rock desde que la red se tragó al papel —y en otras menos cursis, como *Proceso*— en diarios chilenos y en publicaciones españolas y estadounidenses. Hago crónicas de conciertos para Auditorio Nacional y en *music:life magazine* tengo una sección llamada Distor. Bajo el nombre de GRITAR NO ES LLORAR canto y toco la guitarra. Me gustan los libros de segunda, las olas y la cerveza oscura.

Los autores

José Manuel Aguilera

Es miembro fundador de las bandas de rock Sangre Asteka, Nine Rain, Jaguares y La Barranca, para las que también ha escrito música y canciones. Ha editado más de una docena de discos de larga duración y ha participado como guitarrista o cantante invitado en decenas de grabaciones. También ha hecho música para cortometrajes y documentales. En 2011 publica *Estambul, cuadernos nocturnos*, su primer libro de textos literarios.

Arthur Alan Gore

Nació en 1978 en el DF. No tuvo de otra que responder a su impulso rockero periodístico y comenzó a escribir en revistas como *La Mosca en la Pared, Rock Stage, Marvin, Indie Rocks!, Gótica, Emo, Nocturna y Nuestro Rock*, algunas de ellas ya desaparecidas. Es Jefe de redacción de *Playboy México*; ha publicado *Cuentos de hadas para no dormir, Como una sombra vil, Provocaré un diluvio* y *Tormenta de sangre*, este último un anecdotario de periodismo rock en conjunto con Chico Migraña.

Alonso Arreola

Liderando sus propios proyectos o como integrante del grupo La Barranca (2001-2007), el bajista Alonso Arreola ha tocado en los principales festivales y foros del país, al lado de reconocidas figuras del rock y el jazz nacional e internacional: Michael Manring, Trey Gunn, David Fiuczynski, Pat Mastelotto, Jaime López y Alfonso André, entre otros. Es fundador del taller didáctico LabA en el que imparte clases a más de 30 bajistas. Como escritor, destaca su columna Bemol Sostenido en *La Jornada Semanal* y también editó el libro *Sara más amarás* con cartas inéditas de Juan José Arreola. Su trabajo más reciente es la trilogía Cruento conformada por *Las transfusiones de Cruento, Los contagios de Cruento* y *Los restos de Cruento* (Discos Intolerancia).

José Ángel Balmori

Me llamo Balmori, nací en 1979. Pasé la infancia en un pueblo llamado Tuxtepec en donde tuve mi primer encuentro con el rock a través de la radio en AM. Soñaba despierto con girar por el mundo y destruir habitaciones en hoteles de 5 estrellas. He escrito sobre música desde los 16 años, publicando en casi todas las revistas del tema. También acabo de publicar mi primer libro, una recopilación de relatos llamada *Ascópolis* (Editorial Moho 2011).

Bishop

Músico/productor desde 1990. Ha trabajado en distintas áreas de producción y difusión de música electrónica y desarrollado diversos proyectos culturales independientes. Fundador de distintos proyectos y sellos independientes; becario del FONCA, de la Secretaría de Cultura del DF e investigador de la historia y desarrollo de la escena de música electrónica mexicana y mundial a partir de su identidad sociocultural. Su obra ha sido nominada y galardonada en distintos festivales tales como Qwartz Electronic Music Award 2004 (Francia), The Smoked Mirror 2004 (India), Encuentro Latinoamericano de Sonidos Electrónicos e Industriales 2005, y Bogotrax 2009 (Colombia).

Enrique Blanc

Escritor, periodista y productor de radio. Fundó en Los Ángeles el fanzine *El Acordeón* y así comenzó a escribir sobre música. Fue editor de la versión impresa de *La Banda Elástica*, publicada en Estados Unidos. Ha colaborado con distintos diarios y revistas, nacionales y extranjeros, destacando *Los Angeles Times*, *El Financiero*, *Milenio*, *Día Siete*, *Nexos*, *El Universal*, *Reforma*, *Zona de Obras* y *Marvin*. Contribuyó a la edición del *Diccionario de Rock Latino* (Zona de Obras/ SGAE, 2000). Es autor de *Puro Power Mexicano. Conversaciones con Molotov* y *De mis pasos. Conversaciones con Julieta Venegas*, publicados en España. Es coautor de "Rock Mexicano. Breve Recuento del Siglo XX", incluido en la antología *La música en México. Panorama del Siglo XX* (FCE/Conaculta, 2010). Conduce Radio al Cubo, emisión de Red Radio Universidad de Guadalajara, donde funge como Coordinador de Programación. Forma parte del Comité Organizador de la Feria Internacional de la Música.

Miriam Canales

Estudié comunicación y me dedico a escribir desde los 19 años. Como periodista he contribuido para medios locales como la *Revista de Coahuila* en reportajes de investigación sociocultural y con entrevistas, crónicas y fotografía para *Milenio Diario*, *Replicante*, *La Mosca en la Pared*, *Día Siete*, el sitio web de *Muy Interesante*, el portal de noticias *Eje Central* y el diario *El Nuevo Mexicano*, entre otros. He cursado talleres con Miguel Ángel Bastenier (*El País*), Johan Galtung (sociólogo noruego especializado en periodismo de paz) y con el colombiano Javier Darío Retrepo. Desde 2005 escribo el blog sirenadealcantarilla.blogspot.com

Luis Clériga *"Biz"*

Lleva documentando el acontecer musical desde hace media década, como fundador de un colectivo de música independiente, como voz de un par de estaciones de radio, *booker* de una decena de artistas y pluma en varios medios digitales e impresos. Recolector de viniles, aficionado del ruidismo y el arte sonoro, ha trabajado como locutor de programas especializados. Actualmente se desempeña como editor adjunto de *Afterpop Magazine*.

Alberto Escamilla Cadena

Doctor en Estudios Sociales por la Universidad Autónoma Metropolitana, profesor de tiempo completo en la UAM Iztapalapa y miembro del Sistema Nacional de Investigadores. Impartí conferencias sobre diversos tópicos de rock en el Museo Ex Teresa Arte Actual y talleres de apreciación musical en la UAM Iztapalapa. Coordino la serie de libros temáticos sobre rock independiente titulada *Cuerdas extrañas* y he participado en la radio, promoviendo música independiente de los años ochenta. También colaboré en el fanzine de rock independiente *Lulú Roja*.

Miguel Galicia

Desde 1996 he trabajado en ambos lados del periodismo, como reportero o colaborador y jefe de prensa en compañías discográficas y como *frilans*; soy Coordinador de Asesores del Festival Diego Rivera y Feria de Disqueras Independientes; he publicado en medios como *Día Siete*, *Crónica*, *Milenio Semanal* y *Revista Por fin!*, de *El Universal*; he hecho entrevistas con músicos de todo tipo... y amo la música por encima de cualquier artista, género y prejuicio... sólo eso.

Memo Galindo

Locutor y productor de Reactor 105; conduce junto a Luis Pérez el programa *Hispanoparlante*. Productor y A&R en Sonidos Urbanos Producciones donde lleva la curaduría del Ciclo "Sonidos Urbanos en Casa del Lago".

Hugo García Michel

Tlalpan, DF, 1955. Músico, escritor, editor y periodista. Director de *La Mosca en la Pared* (1994-2008). Ha colaborado en diversos medios desde 1979 hasta la fecha. Autor de la novela *Matar por Ángela* (1998); actualmente escribe para *Milenio Diario*, *Nexos* y *Marvin*, entre otras publicaciones.

Ali Gardoki (aka Ali Gua Gua)

Candyflipper. Estudié cine. Hice cortos, documentales y videoclips. Publiqué en Editorial Moho, *La Mosca en la Pared*, *Generación*, Dixo.com y *Excélsior*. He tocado y cantado con Las Ultrasónicas, THC, Intestino Grueso, Afrodita, Afrodyke y Kumbia Queers. También pincho discos como DJ Guaguis. Vivo entre Buenos Aires y México, DF.

Rogelio Garza

Soy publicista, periodista y editor independiente. He colaborado en diversos medios como *El Financiero*, *Milenio Diario* y *Semanal*, *Revista Replicante* y *La Mosca en la Pared*, donde mantuve durante más de una década la columna Zig-Zag. Ahora soy Director Creativo en una agencia de publicidad, escribo para medios especializados en ciclismo y preparo mi segundo libro: *Zig-Zag, lecturas para fumar*.

Sr. González

Percusionista, compositor y productor mexicano. Ex integrante de Botellita de Jerez donde militó nueve años. Productor de una veintena de discos y colaborador de Fratta, Monocordio, Café Tacvba, Julieta Venegas,

Tex Tex, Jaime López y su Chilanga Banda, entre otros. Ha publicado seis discos con su proyecto personal El Sr. González y los Cuates de la Chamba y el libro *Mi vida pop*.

Jorge Gutierrez

Huatabampo, Sonora, 1973. Es narrador y periodista cultural, conductor del programa de radio online *La Sonosfera*. Ha escrito crónica y reseña para las revistas *AltaNoche*, *El Tijuaneo* y el portal peruano *Sugar-Time*. Actualmente vive en Tijuana.

Marcos Hassan

Nací en 1982 en México, DF. Me enamoré de la música desde temprana edad y muchas veces escribí reseñas "de mentiras" en mis cuadernos escolares. Mis escritos han aparecido en revistas nacionales como *Switch*, *Indie Rocks!*, *Vice*, *Nocturna* y *Gótica*, así como en espacios fuera del país como *Village Voice* (EUA) y *Bad Acid* (Reino Unido). Actualmente colaboro en *Círculo Mixup* y *Tiny Mix Tapes* (EUA). En 2004 fundé mi proyecto de harsh noise/ industrial I/C/O/C con el que hice ediciones limitadas para disqueras internacionales, presentándome en espacios formales y marginados del país, después empecé un proyecto de power electronic violence: Monosodic. Desde 2010 toco en WORDS.

Javier Hernández Chelico

Después de ejercer por cinco lustros, con más gozo que sabiduría, el oficio reporteril, Javier admite con humildad las enseñanzas recogidas, principalmente, en revistas como *Conecte*, *Rock Pop*, *Primera Nota* y *Fixiones*. Igualmente, rememora con afecto su estancia en el periódico *El Nacional*. Desde hace un decenio, colabora en el diario *La Jornada* con la columna "En el Chopo". Asimismo, hay un texto suyo en el libro *Reporteros de a pie* y otro en *Blues con sentimiento* de Jorge García; escribió la contraportada del libro de José Cruz, *De los textos del alcohol*, y el prólogo de *Subterráneo fonqui* de Hugo Serna.

Vicente Jáuregui

La duplicidad música-filosofía lo llevó al periodismo musical. Como guitarrista ha tocado con San Pascualito Rey, El Haragán y Cía., El Mastuerzo, Leticia Servín, Fernanda Martínez, Botas Negras, Selle y actualmente con Capo. En el plano editorial, ha colaborado para *Playboy*, *Pic Nic*, *El Fanzine*, *Nauta*, *Estilo Hoy*, *Pasport* y *DJ Concept*. Desde hace cuatro años trabaja como editor de la revista *Marvin*.

Iván Luna Luna "Chapu"

Nací en la Ciudad de México en 1982. Licenciado en Relaciones Internacionales por la UNAM y actualmente *copy* creativo en agencias de publicidad. Lector efervescente y admirador de Juan Villoro. Baterista desde los 14 años, colecciono vinilos, *cassetes*, viajes, papeles de todo tipo –desde boletos de conciertos hasta entradas al cine— y piedras de playas de todo el mundo. Diseñador gráfico frustrado con una biblioteca en construcción, al punk le debo parte de mi personalidad.

Ramses Mactoo (AKA Marcos Mateos)

Cd. De México, 1967. Estudié artes plásticas y participé en una exposición colectiva con retratos de rockeros en 1999. Orgullosamente Universitario, colecciono discos viejos, principalmente de rock mexicano y soy locutor amateur (www.radiovibraciones.com) del programa dominical *Rescatando al Rock Mexicano*. Creador y administrador del blog sangrepesada, sitio especializado en rock mexicano de todas las épocas, también he participado en proyectos como *La Enciclopedia del Rock Mexicano*, de Arturo Lara, y *La Cloaca Internacional*, con Ulysses Ozaeta.

Alejandro Mancilla

Durante muchos años he devorado discos. Algunos me han hecho daño, pero otros han dibujado paisajes permanentes en mi subconsciente. Desde niño combinaba mi gusto por ver *Don Gato* con escuchar discos de Cri Cri y Cepillín. Comencé a escribir sobre música en *Círculo Mixup*, aunque antes ya lo había hecho en algunos fanzines punks como *Rebelión* y *Vuélvete*

Underground. También he colaborado en *Conozca Más*, *Marvin*, *Spot Magazine*, NoiselabTV, Telehit, LifeBoxSet, Ambulante y *Sónika*. Toco con el dueto electropop Dixybait y entre mis proyectos está realizar una *sitcom* y formar un grupo de casio-dark: Zor y Los Invencibles.

Iván Nieblas

Más conocido como "El Patas", se inició en los noventa como colaborador y columnista de la legendaria revista *Banda Rockera*, así como en su programa radial. Ha incursionado en otras actividades musicales como *booking agent*, *personal manager*, DJ, organizador de conciertos, locutor, podcaster, y ha sido guitarrista de varias bandas, entre ellas, Bloodsoaked, El Diablo y 34-D. Fue columnista y coordinador editorial de la revista *R&R* por seis años. Actualmente dirige su propio blog ElPatas.Net.

Pilar Ortega

Dos de mis pasiones son referenciales: adoro la música, pero no toco ningún instrumento, y adoro la letra escrita, pero no soy escritora. Hace casi 20 años pude unir estas dos pasiones en un solo trabajo que ejerzo hasta el día de hoy: soy editora de la revista *Círculo Mixup*.

Alex Otaola

Guitarrista experimental integrante de Santa Sabina, La Barranca y San Pascualito Rey. Ha colaborado con Iraida Noriega, Monocordio, Alonso Arreola, Los Dorados, Zoé, El Haragán, Eblen Macari, Klezmerson, Cecilia Toussaint, José Cruz, y Fratta, entre otros. Su proyecto solista, *Fractales*, lo convirtió en el primer guitarrista mexicano en aparecer en *Guitarra Total* (España) y lo llevó a tocar a Marruecos, y su material visual fue seleccionado en festivales de videoarte en Grecia, Siria, Canadá y Cancún. *El hombre de la cámara*, su segundo CD, es el primer disco en haberse grabado en la Cineteca Nacional.

Patricia Peñaloza

Nació en la Ciudad de México, estudió Comunicación, con especialización en Periodismo, en la Universidad Iberoamericana. También estudió música en el INBA y canto con particulares; compone y canta desde 2004 en la banda de rock Los Licuadoras. Desde 1996, en diversas publicaciones (*La Jornada, El Financiero, Viceversa, Etcétera, La Mosca, Sónika, Laberinto, Gatopardo*) ha escrito poesía, narrativa, reportajes sociales, crónica, entrevista y crítica musical, sobre todo de rock. En *La Jornada* escribe la columna *Ruta Sonora* desde 2001.

Carlos A. Ramírez

Me llamo Carlos, me apellido Ramírez y me gusta el rock and roll. Estudié periodismo en la FES Acatlán y desde entonces —bendito lugar común— he colaborado en distintos periódicos y revistas de circulación nacional. Además, dirigí durante cerca de 10 años *Gorila*, una revista en donde, entre otras cosas, se invitaba al lector a mentarle la madre al Presidente y a robarse discos de las tiendas departamentales. Eso, pues...

Jorge Rugerio

Explorador de ruidos y melodías, locutor de barrio coyoacanense, trotamundo aun de laptop. Desde 1995 involucrado en la realización y conducción de programas de radio. Medalla Nacional de Locución como conductor de cabina, Premio Ángel de la Creatividad, locutor comercial, responsable de la serie *30 Fragmentos del Rock Mexicano*. Fundador y director general de GritaRadio que durante dos años consecutivos obtuvo el reconocimiento como mejor medio virtual de la escena independiente en México.

Daniel Segundo

Es periodista por la Universidad Nacional Autónoma de México con especialización en marketing en la Miami University. Ha sido productor del programa *Muchmusic* de Canal 11 del Instituto Politécnico Nacional, Editor en Jefe de revistas como *DJ Concept* y *Sónika,* además de colaborar con distintos medios y marcas como *Círculo Mixup*, *Marvin*, *Blink*, Código, Radio Única Miami, Cadena Caracol Colombia, Horizonte 107.9 FM, Coca-Cola de México y Glup!, entre otras.

Tajobase

Nació en la Ciudad de México hace ya un montón de años. De primer oficio voceador de periódicos y revistas, hasta que descubrió la música y se volvió rockero. Después se volvió chopero por poco más de 20 años, y tocó en bandas de punk y ska; al mismo tiempo, fue promotor de shows, manager de bandas, y productor ejecutivo de otras; tuvo un sello discográfico, grabó temas melosos en plan solista, y actualmente estudia la Lic. en Ciencias de la Comunicación en la FCPyS de la UNAM. Último oficio reconocido: promotor cultural.

Líber Terán

México, D.F. 1973. Cantante y compositor, fundador de Los de Abajo (1992), banda con la cual grabó seis discos. Con dicha agrupación obtuvo el premio de mejor banda de América en los BBC World Music Awards en 2003. Entre 1995 y 1997 participó como músico invitado con Santa Sabina y su trabajo quedó plasmado en *Acústico* y *MTV Unplugged*. En 2007 inició su carrera como solista; ha grabado *El gitano Western* (2008), *Tambora Sound System* (2010), y su más reciente álbum *Errante* (2012) producido por Quique Rangel de Café Tacvba.

Jacobo Vázquez

Nací en la Ciudad de México cinco meses después del festival de Avándaro. Fui locutor en XSGritaradio en un programa llamado *Canciones de andar por casa* y en Ibero 90.9 FM en *Mole Mogollón*; ambas emisiones enfocadas al rock en español. Actualmente escribo para la revista *Círculo Mixup* la sección "Se Habla Español", también dedicada al rock en la lengua de Cervantes. Cuando dejo la pluma tomo la guitarra para tocar en la banda emergente Otoño en Pekín.

WARpig

Productor y locutor para Radioactivo 98.5 FM y Reactor 105.7. Columnista en diversos medios como *R&R*, *Dónde Ir*, *Switch*, *Dixo*. Conduce el programa radiofónico GABBA-GABBA y es blogger/podcaster para el sitio indio.com.mx. Entre sus proyectos musicales dignos de citarse están Atoxxxico, Lost Acapulco y, claro, 34-D.

Julián Woodside

México, 1982. Comunicólogo, periodista y académico especializado en música y cultura; ha colaborado con diversos medios de comunicación relacionados con la crítica musical en México. Se ha dedicado de manera independiente a la conformación de un archivo digital de rock y música popular mexicana, además de estudiar fenómenos relacionados con la construcción de identidades sonoras contemporáneas. Ha impartido conferencias y publicado textos académicos sobre estos temas, además de haber entrevistado a un gran número de músicos tanto de México como del extranjero.

Francisco Zamudio

Inició su carrera profesional en el periodismo de rock en 1992. Desde entonces, ha llevado su amor y obsesiones por los 4/4 y sus múltiples superposiciones rítmicas, lo mismo al papel que a las ondas hertzianas, o al océano digital de la web, donde es uno de los pioneros del periodismo de rock en la radio por internet, tras haber colaborado hacia 1998 en MFW, prototipo creado por la extinta WFM. En la actualidad, edita una página web (www.rockmx.com.mx), dirige un espacio radiofónico también por la red (www.rockconexion.com), y es editor de un nuevo proyecto editorial dedicado al rock: Revista Kuadro (www.revistakuadro.com).